Rechtsprechung und Schrifttum
in
Reichssteuersachen

Herausgegeben von

Dr. R. Kloß,

Senatspräsidenten am Reichsfinanzhof, Sächsischem Geheimen Rat.

IX. Band

enthaltend das Jahr 1927.

1928

München, Berlin und Leipzig

J. Schweitzer Verlag (Arthur Sellier).

Dr. F. P. Datterer & Cie., Freising

Vorwort.

Der vorliegende Band weist für das Kalenderjahr 1927 zu 40 Reichsgesetzen und Staatsverträgen die in Reichssteuersachen ergangenen amtlich oder sonst veröffentlichten Entscheidungen des Reichsfinanzhofs und anderer oberster Gerichtshöfe, sowie das in den Fachzeitschriften und in Einzelschriften enthaltene Schrifttum zum Reichssteuerrecht nach. Er schließt ab mit Band 22 der amtlichen Sammlung der Entscheidungen und Gutachten des Reichsfinanzhofs, im übrigen je mit dem letzten im Jahre 1927 erschienenen Stück der in Betracht kommenden Zeitschriften und amtlichen Blätter.

Für die Reihenfolge der behandelten Gesetze ist die alphabetische Ordnung, bezogen auf die bei RFH. üblichen Abkürzungen der Gesetzesüberschriften, beibehalten worden.

München, im April 1928.

Dr. R. Kloß.

Inhaltsverzeichnis.

Abkürzungen.

BA.	=	Bankarchiv (Bandzahl).
Bek.	=	Bekanntmachung.
DJZ.	=	Deutsche Juristenzeitung.
DStBl.	=	Deutsches Steuerblatt.
DVR.	=	Deutsche Verkehrsteuer-Rundschau.
DStZ.	=	Deutsche Steuerzeitung.
E.	=	Entscheidungssammlung (Bandzahl).
FA.	=	Finanzamt.
FG.	=	Finanzgericht.
G.	=	Gesetz.
JndMitt.	=	Mitteilungen der Steuerauskunftsstelle des Reichsverbandes der deutschen Industrie.
JW.	=	Juristische Wochenschrift.
LFA.	=	Landesfinanzamt.
n. v.	=	Nicht veröffentlicht.
OVG.	=	Oberverwaltungsgericht.
PrOVGSt.	=	Entscheidungen des Preußischen Oberverwaltungsgerichts in Steuersachen (Bandzahl).
PrVBl.	=	Preußisches Verwaltungsblatt (Jahrgang).
RFBl.	=	Amtsblatt der Reichsfinanzverwaltung.
RFH.	=	Reichsfinanzhof.
RG.	=	Reichsgericht-Zivilsachen.
RGBl.	=	Reichsgesetzblatt.
RGSt.	=	Reichsgericht-Strafsachen.
RStBl.	=	Reichssteuerblatt.
S.	=	Sammlung der Entscheidungen und Gutachten des Reichsfinanzhofs (Bandzahl). — Gutachten sind durch ein D im Aktenzeichen kenntlich.
StA.	=	Steuerarchiv.
StuW.	=	Steuer und Wirtschaft.
StZdL.	=	Die Steuerzeitung des Landwirts
V.	=	Verordnung.
VR.	=	Verkehrsrechtliche Rundschau.
VGH.	=	Verwaltungsgerichtshof.
ZfZ.	=	Zeitschrift für Zollwesen und Verbrauchssteuern.
ZStFr.	=	Zeitgemäße Steuer- und Finanzfragen.

Die Abkürzungen der Steuergesetze sind diesen im vorstehenden Inhaltsverzeichnis beigesetzt.

1.

Allgemeines.

I. Schrifttum.

Lotz, Die deutsche Staatsfinanzwirtschaft im Kriege. (Stuttgart: Deutsche Verlagsanstalt 1927).

Bühler, Lehrbuch des Steuerrechts I. Bd. Allgem. Steuerrecht. (Berlin: Vahlen 1927). — Becker, Rundschau zur Rechtsprechung. StuW. 1927, 606. — Feilchenfeld, Steuerhandbuch; Nachtrag. (Berlin: Hobbing 1927). — Kloß, Die Rechtsprechung und das Schrifttum in Reichssteuersachen. 8. Bd. (München: J. Schweitzer 1927). — Koppe, Jahrbuch des Steuerrechts. 7. Jahrg. 1926. (Berlin-Wien: Spaeth u. Linde 1927). — Strutz, Handbuch des Reichssteuerrechts. 3. Aufl. (Berlin: Spaeth u. Linde 1927).

Bilfinger, Die Geltung deutscher Gesetze im besetzten Gebiet. DJZ. 1927. 567. — Mirre, Nachprüfungen von Entscheidungen mit Hilfe des Funktionsbegriffes. StuW. 1927, 371. — Boethke, Über die Kunst des Urteilfassens. StA. 1927, 1.

Ball und Koppe, Steuerformularbuch. (Berlin: Spaeth u. Linde 1927). — Becker, Stellung und Aufgabe der akademisch gebildeten Finanzbeamten im Hinblick auf Rechtsschutz und Rechtsverwirklichung. VSchrStFR. 1927, 250. — Beuck „Vertrauensschutz" im Steuerrecht. DStZ. 1927, 981. — Boelkner, Reform des Kassendienstes in der Finanzverwaltung. DStBl. 1927, 79. — Lademann, Organisationsfragen der Reichsfinanzverwaltung. ZStFr. 1927, 128. — Langenberg, Reichsfinanzverwaltung und Reichssteuern. (Köln: Du Mont Schauberg 1927). — Schiffer, Die Neuordnung des Reichsfinanzministeriums und ihre Rechtsgrundlagen. DJZ. 1927, 113. — Senf, Reichsfinanzhof und Reichssteuerblatt. StA. 1927, 171. — Zimmermann, Vereinfachung der Steuergeschäfte. DStBl. 1927, 497.

Bauer, Die Besteuerung d. öffentl. Betriebe u. Verwaltungen. PrVBl. 1927, 253. — Becher, Das Steuerrecht der Aktiengesellschaften und der Gesellschaften mit beschränkter Haftung. (Berlin: Spaeth u. Linde 1927). — Behlke, Steuerlich vorteilhafte Besitzübertragung. StZdL. 1927, 84. — Friesecke, Die Steuerpflicht unerlaubter und unsittlicher Geschäfte. StA. 1927, 70. — Fürnrohr, Unterbilanz und Steuer. (Berlin: Spaeth u. Linde 1927). — Grabower, Die neueste Literatur über Konzern- und Steuerrecht. VSchrStFR., Lion 1927, 459. — Heider, Die Steuerpflicht der Angehörigen religiöser Orden. DStBl. 1927, 464. — Jacobi, Theater und Kino in der Rechtsprechung des Reichsfinanzhof. StA. 1927, 33. — Koppe, Steuerfragen auf der Stockholmer Tagung der Internationalen Handelskammer. DStZ. 1927, 584. — Lehrmann, Das steuerliche Risiko der Frau bei der Heirat. StZdL. 1927, 221. — Marcuse, Das Steuerrecht der Rechtsanwälte und Notare. (Leipzig: W. Moeser 1927). — Moos, Die Besteuerung der Interessengemeinschaften und Kartelle. VSchrStFR. 1927, 27. — Raab, Wege der Steuermäßigung 1925. (Veröffentlichung des Kuratoriums für Spar- und Ver-

einfachungsmaßnahmen 1925). — Rehdans und Selle, Die Besteuerung der Ausländer im Deutschen Reich. (Berlin: Carl Heymann 1927). — Riewald, Personal- und Realsteuern. IndMitt. 1927, 75.

Aust, Kapitalneubildung und Steuerpolitik. StZdL. 1927, 103. — Bühler, Verwaltungsreform als Steuerreform. Konkrete Vorschläge zu ihrer Förderung durch Selbsthilfe der Wirtschaft. IndMitt. 1927, 342. — Oelrichs, Steuerwünsche der Wirtschaft. IndMitt. 1927, 42. — Evers, Die Zusammenhänge zwischen Steuern und Betriebswirtschaft. DStZ. 1927, 864. — Popitz, Gegenwartsaufgaben der Finanz- und Steuerpolitik. (Leipzig: Quelle u. Meyer 1927). — Peter, Die Bearbeitung der Steuerangelegenheiten. (Stuttgart: Muth 1927). — Raab, Die Steuerleistung der deutschen Landwirtschaft. (Berlin: Deutschenspiegel 1926). — Derselbe, Die Steuerleistung der deutschen Aktiengesellschaft. (Berlin: Deutschenspiegel 1926). — Rohde, Die Besteuerung nach dem dreijährigen Durchschnitt. ZStFr. 1927, 248.

Geiler, Steuerrecht und Privatrecht. StuW. 1927, 498. — Hensel u. Bühler, Der Einfluß des Steuerrechts auf die Begriffsbildung des öffentlichen Rechts. (Berlin u. Leipzig: Walter de Gruyter & Co. 1927). — Hensel, Die Abänderung des Steuertatbestandes durch freies Ermessen und der Grundsatz der Gleichheit vor dem Gesetz. VSchrStFR. 1927, 39. — Karger, Reichsfinanzhof und Wirtschaftsleben. IndMitt. 1927, 297. — Lion, Steuerverwaltung und Ethik. DJZ. 1927, 1238. — Derselbe, Steuerrechtliche Wirtschaftsbegriffe. Zugleich ein Beitrag zur Lehre von der Gesetzesauslegung und -umgehung. VSchrStFR. 1927, 132. — Olbertz, Steuernachteile durch unklare oder widerspruchsvolle Gesetzesfassung. IndMitt. 1927, 362. — Wolffheim, Steuerrecht als Wissenschaft. StA. 1927, 332.

Lippert, Das internationale Finanzrecht. (Leipzig: Quidde 1912). — Flügel, The income tax. (Berlin: Ebering 1927). — Schmalz, Die Vertreter- und Zweigniederlassungsfrage in England den Vereinigten Staaten, Rußland und Deutschland. DStBl. 1927, 139. — Westendorf, Die englische Lohnsteuer. ZStFr. 1927, 14. — Schachian, Die Besteuerung deutscher Zweigniederlassungen in den Vereinigten Staaten. IndMitt. 1927, 142. — Pfaundler, Der Finanzausgleich in Österreich. (Wien: Österr. Staatsdruck. 1927). — Schranil, Die Steuern und die Steuerbelastung in Österreich im Jahre 1927. IndMitt. 1927, 158. — Wolf, Das österreichische Zollstrafrecht. 2. Aufl. (Wien: Manz 1927). — Lederer, Tschechoslowakisches Steuerrecht. (Berlin: Carl Heymann 1927). — Schranil, Die Steuern und die Steuerbelastung in der tschechoslowakischen Republik im Jahre 1927. IndMitt. 1927, 162. — Derselbe, Die Reform der direkten Steuern in der Tschechoslowakei. IndMitt. 1927, 304. — Hensel, Sowjetrussische Finanzprobleme. StuW. 1927, 1203. — Rabinowitsch, Die Neuordnung der Einkommen- und Gewerbesteuer in Rußland. StuW. 1927, 71/72.

Der Entwurf eines Steuervereinheitlichungsgesetzes: Hog, I. Preußische Gesichtspunkte. — Hammer, Bayerns Stellung. Vielhaber, Der Entwurf des Steuervereinheitlichungsgesetzes und der rheinisch-westfälische Industriebezirk. — Hensel, Die Bedeutung des Steuervereinheitlichungsgesetzes f. d. Steuerrechtswissenschaft. StuW. 1927, 1058. — Becker, Ausbau des Reichssteuerrechts. StuW. 1927, 2. — Derselbe, Der Entwurf des Steuervereinheitlichungsgesetzes. StuW. 1927, 914. — Gaertner u. Jessen, Ein Reichsrahmengesetz für die Realsteuern? (Berlin: de Gruyter 1927). — Haekel, Die Probleme des Steuervereinheitlichungsgesetzes. PrVBl. 1927, 145. — Hensel, Der Entwurf eines Steueranpassungsgesetzes. (Gesetz über Vereinheitlichung des Verfahrens in Steuersachen über die Anpassung des Reichssteuergesetzes.) Ind.-Mitt. 1927, 318. — Koppe, Das Steuervereinheitlichungsgesetz. DStZ. 1927, 680. — Meyer, Die Änderungen des Reichsbewertungsgesetzes nach dem Entwurf des Steuervereinheitlichungsgesetzes. DStZ. 1927, 1048. — Oelrichs, Das kommende Steuervereinheitlichungsgesetz. DStBl. 1927, 445, 555. — Schwede, Gedanken zum Reichsrahmengesetze für die Gewerbesteuer und Grundsteuer. DStBl. 1927, 261. — Strutz, Das Gewerbesteuerrahmengesetz. DStZ. 1927, 851. — Tschöpe, Gewerbesteuer und Körperschaften. ZStFr. 1927, 159.

II. Rechtsprechung.

Reichsverfassung Art. 4.

1. Die Befreiung der Exterritorialen von den Personalsteuern (Einkommensteuer und Vermögensteuer) bezieht sich, sofern keine besonderen zwischenstaatlichen Vereinbarungen getroffen sind, nach allgemein anerkannten völkerrechtlichen Grundsätzen nicht auf die Einkünfte oder die Vermögensbestandteile, die der beschränkten Steuerpflicht unterliegen. RFH. 28. Mai 27 VI A 621/26 RStBl. 1927, 185.
2. Das Reich ist völkerrechtlich nicht gebunden, von den Ländern vor Entstehung des Reichs zugestandenen Befreiungen von der Vermögensteuer zu wahren. RFH. 9. März 27 VI A 429/26 StuW. 1927 Nr. 174 = DJZ. 1927, 1276.

Art. 52.

1. Unter Reichsregierung ist nicht stets das gesamte Reichskabinett zu verstehen, sondern es ist der Reichsregierung überlassen, im Wege der Amtsorganisation festzustellen, welches Ministerium im Einzelfalle die Reichsregierung darstellt. Die Geschäftsordnung der Reichsministerien von 1924 (56, 58) ist maßgebend. RG. 21. Okt. 1925 E. 112, 10.

Art. 178.

1. Die Gemeinde Helgoland ist nicht befugt, Einfuhrzölle auf Spirituosen zu erheben. RFH. 23. Mai 27 D 1/27 S. 21, 234 = DJZ. 1927, 953 = DStZ. 1927, 630 = DStBl. 1927, 703 = StuW. 1927 Nr. 708 = JW. 1927, 1775.

Vertrag von Versailles

(Ges. v. 16. Juli 1919, RGBl. S. 687.)

Allgemeines.

1. Durch den Ruhreinbruch und die Maßnahmen der Einbruchsmächte sind grundsätzlich die deutschen Gesetze im Einbruchsgebiete nicht außer Kraft gesetzt worden. RFH. 9. März 27 VI A 548/26 Zfz. 1927, 181.

Art. 432.

1. a) Die Bestimmung der Artikel 7 bis 9 der Gesetzgebungsverordnung der Interalliierten Rheinlandkommission, daß die deutschen Gesetze und Verordnungen erst dann in den besetzten Gebieten in Kraft treten sollen, wenn sie der Kommission zur Prüfung vorgelegt und wenn nach ihrer Registrierung 10 Tage verstrichen sind, ohne daß die Kommission dagegen Einspruch erhoben hat, findet im Vertrag von Versailles oder im Rheinlandabkommen keine rechtliche Grundlage.

b) Dem deutschen Richter steht ein Prüfungsrecht dahin zu, ob die von der Rheinlandkommission erlassenen Ordonnanzen sich im Rahmen des Rheinlandabkommens halten.

c) Das Völkerrecht begründet nur Rechte und Pflichten zwischen den Staaten als solchen, seine Normen richten sich nicht an die einzelnen Staatsorgane oder an die Staatsbürger. Diese unterstehen allein dem Landesrechte, dem Völkerrechte nur insoweit, als es durch Gesetz oder Gewohnheitsrecht in Landesrecht umgewandelt ist.

d) Die Kohlensteuerordonnanzen der Rheinlandkommission werden nicht durch das Rheinlandabkommen gedeckt.

e) Der Umstand, daß durch die Kohlensteuerordonnanzen und durch die Machtverhältnisse im besetzten Gebiete der tatsächliche Vollzug des deutschen Kohlensteuerrechts gehemmt war, hindert die rechtliche Entstehung der Kohlensteuerschulden nicht.

f) Die Steueraufwertungsverordnung ist demgemäß im besetzten Gebiete zu gleicher Zeit wie im unbesetzten Gebiet in Kraft getreten. RFH. 7. Dez. 26 IV A 85/26 S. 21, 68 = StuW. 1927 Nr. 173 = RStBl. 1927, 81 = DStBl. 1927, 171 = DStZ. 1927, 107 = JW. 1927, 2330 *(m. Bespr. v. Heyland)*.

Rheinlandabkommen.

1. Nach Art. 9 Abs. 2 steht den alliierten Truppen keine Befreiung vom Monopolausgleich zu. RFH. 21. Dez. 26 IV A 460/26 Zfz. 1927, 105.

Koblenzer Befriedungsabkommen

vom 6. Oktober 1926 (RGBl. II S. 620).

1. Ob das Koblenzer Befriedungsabkommen im ordentlichen Rechtsmittelverfahren von der zur Entscheidung über das Rechtsmittel berufenen Stelle anzuwenden ist, ist dahingestellt gelassen. Im Rechts-

beschwerdeverfahren ist es jedenfalls dann nicht anzuwenden, wenn die angefochtene Entscheidung vor der Bekanntmachung des Abkommens erlassen ist. RFH. 7. Dez. 26 IV A 85/26 DStBl. 1927, 174.

Strafprozeßordnung.

2. Soll wegen einer Vollstreckungsvereitelung (§ 288 des Strafgesetzbuches), die zum Nachteil des Reichsfiskus (Reichsfinanzverwaltung) begangen worden ist, strafrechtlich eingeschritten werden, so ist der Vorsteher des Finanzamts berufen, namens des Reichs Strafantrag zu stellen. OLG. Celle 7. Jan. 27 287/26 RStBl. 1927, 82.

Konkursordnung. § 43.

Arlt, Kein Aussonderungsrecht des Reichs aus § 43 KO. wegen einbehaltener Lohnsteuer beim Konkurse über das Vermögen des Arbeitgebers. DStBl. 1927, 37.

Fabricius, Zum Konkursprivileg der Tabaksteuer. DJZ. 1927, 1268.

§ 61 Ziff. 2.

1. Ein Streit über das Vorrecht der Forderungen der Reichskasse wegen öffentlicher Abgaben im Konkurs ist im ordentlichen Rechtsweg vor den bürgerlichen Gerichten auszutragen. RFH. 11. Febr. 27 V A 890/26 S. 20, 240 = DStZ. 1927, 340 = JW. 1927, 1172 = RStBl. 1927, 121 = ZStFr. 1927, 143 = StuW. 1927, Nr. 197 = DJZ. 1927, 816 = LZ. 1927, 855.

2. a) Zur Entscheidung, ob die Voraussetzungen des § 61 Nr. 2 KO. hinsichtlich einer Steuerforderung gegeben sind, sind die ordentlichen Gerichte zuständig.
b) Der Konkursverwalter ist zur Erhebung der Feststellungsklage, daß ein Vorrecht nicht besteht, legitimiert.
c) Für die Fristberechnung gemäß § 61 Nr. 2 KonkO. ist das erste Fälligwerden der Steuer maßgebend. Von den Steuerbehörden etwa gewährte Stundungen sind bedeutungslos. RG. 18. März 27 VI 540/1926 StA. 1927, 153 = RStBl. 1927, 129.

3. Bevorrechtigte Forderung des Reichs, wenn der Lagerinhaber Steuerzeichen entnommen, verwendet, aber nicht bezahlt hat. RG. 8. Okt. 26 VI 209/26 DStBl. 1927, 52.

2.

Reichsabgabenordnung

vom 13. Dezember 1919 (RGBl. S. 1093).

Lottner, Die Besteuerung nach der Reichsabgabenordnung. (Berlin: Hermes 1927). — Nieberl, Reichsabgabenordnung. (Berlin: de Gruyter 1927). — Pendele, Das Steuerrecht der Reichsabgaben-

ordnung für das Gebiet der Zölle und Verbrauchssteuern. (Berlin: Carl Heymann 1927).

§ 1.

1. Die für zoll- und steueramtliche Warenuntersuchungen zur Erhebung gelangenden Gebühren sind keine Steueransprüche. RFH. 10. Nov. 26 VI A 244/26 ZfZ. 1927, 44.
2. Der Branntweinmonopolausgleich hat das Wesen einer Steuer. RG. 28. Jan. 27 Recht 1927 S. 291.
3. Die AO. gilt auch dann, wenn Reichserbschaftssteuer von Erwerben, für die unter Anwendung der bisherigen Vorschriften Landeserbschaftsteuer zu erheben gewesen wäre, nach § 43 ErbStG. 1925 für Rechnung dieses Landes erhoben wird. RFH. 14. Okt. 27 V e A 397/27 S. 22, 83.

§ 2.

1. Die auf Grund des § 44 Abs. 1 RBewG. erlassenen Richtlinien sind für die Steuergerichte verbindlich. Allgemeines zur Rechtsverbindlichkeit von Richtlinien, Grundsätzen, Bestimmungen usw. RFH. 12. Juli 27 I A 01/27 StuW. 1927 Nr. 396.
2. Zur Unterscheidung zwischen Durchführungs- und Ausführungsbestimmungen. Vgl. zu § 15 IndBelGes. Anm. 1.

§ 4.

Friesecke, Steuerrechtliche Auslegungspraxis. DStB. 1927, 335.

1. Über die Grenzen der Bedeutung eines an sich klaren Wortlauts für die Auslegung von Gesetzesvorschriften. RFH. 3. Nov. 27 VI A 354/27 S. 22, 191.
2. Der § 4 ermächtigt den Richter nicht, aus Billigkeitserwägungen, um etwaige Härten zu beseitigen, an Stelle der gesetzlichen Regelung eine andere Regelung zu treffen, die mit dem Gesetze nicht vereinbar ist. RFH. 7. Dez. 26 VI A 85/26 ZfZ. 1927, 105 = StuW. 1927 Nr. 173 = JW. 1927, 2330 *(m. Bespr. v. Heyland)*.
3. § 4 gibt den Steuerbehörden nicht die Befugnis, von der Anwendung einer allgemeinen Regel des Gesetzes allein deshalb abzusehen, weil im Einzelfall ausnahmsweise die Nichtanwendung der Regel mit dem Zwecke der Vorschrift vereinbar wäre. RFH. 11. Jan. 27 V A 746/26 S. 20, 147 (149) = DStBl. 1927, 175 = JW. 1927, 2238 *(m. Bespr. v. Hensel)*.
4. Steuerbefreiende gesetzliche Bestimmungen wie überhaupt alle Privilegien sind einschränkend auszulegen. Die Möglichkeit ist als gegeben anzunehmen, daß eine Rechtsregel ohne förmliche Änderung ihres Wortlauts unter dem beherrschenden Einfluß neuerer Gesetze einen neuen Inhalt gewinnt, und es kann dies nach dem Inhalt neuerer Grundsätze insbesondere dann angenommen werden, wenn Zustände beseitigt werden sollen, deren Fortbestehen aus sittlichen, sozialen, wirtschaftlichen oder politischen Gründen unhaltbar erscheint. PrOVG. 22. Febr. 27 VII D 113/114/25 (n. v.)
5. Bei einer Aktiengesellschaft kann eine Darlehnshingabe durch den Besitzer des größten Teiles der Aktien unter Umständen für die Vermögensteuer als verdeckte Erhöhung des Grundkapitals behandelt werden. Dazu ist aber der Nachweis erforderlich, die Beteilig-

ten könnten verständigerweise nicht beabsichtigt haben, die Gesellschaft mit kreditiertem Gelde arbeiten zu lassen, die Erhöhung des Grundkapitals sei vielmehr der wirtschaftlich einzige Weg gewesen. RFH. 18. Okt. 27 I A 1/27 StuW. 1927 Nr. 735 = DStBl. 1927, 1097.

§ 5.

1. Grunderwerbsteuer Es ist nicht gerechtfertigt, mit Hilfe des § 5 AO. die Übertragung von Anteilen an einer Grundstücksgesellschaft regelmäßig dem Erwerb eines Bruchteilseigentums an dem Grundstück gleichzustellen. Vielmehr bedarf es dazu der Feststellung, daß das Grundstück selbst Gegenstand des Rechtsgeschäfts sein sollte, was außer von dem Zweck der Gesellschaft in der Regel von dem Vorhandensein von Beziehungen zwischen den einzelnen Anteilseignern abhängig wird. RFH. 24. Sept. 26 II A 313/26 und 8. Juli 27 II A 313/27 S. 21, 260 = StuW. 1927 Nr. 280, 476 = StA. 1927, 321.

2. — Läßt sich ein Makler ein Grundstück fest an die Hand geben, indem er es kauft, ermittelt er sodann einen Kaufliebhaber und veranlaßt er den Verkäufer, unter Aufhebung des Kaufvertrags, mit dem ermittelten Kauflustigen einen neuen Kaufvertrag zu schließen, so hängt die Beantwortung der Frage, ob in der Aufhebung des ersten Vertrags ein Mißbrauch von Formen und Gestaltungen des bürgerlichen Rechts liegt, davon ab, ob der Makler wirtschaftlich als Vermittler oder als Zwischenhändler tätig sein wollte und war. RFH. 2. Nov. 26 II A 521/26 JW. 1927, 1439 (*mit Bespr. v. Titze*).

3. — Daß nachträglich Rechtsnachteile eingetreten sind, die bei Vornahme der den Angehungstatbestand begründenden Rechtshandlungen nicht vorausgesehen wurden, schließt die Anwendung des § 5 nicht aus. RFH. 8. Febr. 27 II A 580/26 StuW. 1925 Nr. 176.

4. — Um bei Übertragung von Geschäftsanteilen einer Grundstücksgesellschaft m. b. H. Steuerpflicht aus § 1 GrErwStG. in Verbindung mit § 5 AO. annehmen zu können, ist es nicht nötig, daß durch Ausführung der Mobilisierung des Grundbesitzes gerade die Grunderwerbsteuer aus dem Gesetze vom 12. Sept. 1919 Einbuße erleiden sollte. Es genügt, daß zu der Zeit, in der die Mobilisierungsabsicht betätigt wurde, eine der Grunderwerbsteuer ähnliche Steuer bestanden hat (z. B. Grundwechselabgabe nach Landes- oder Reichsstempelgesetz). RFH. 21. Okt. 27 II A 482/27 StuW. 1927 Nr. 510 u. 615.

5. — Der Steueranspruch aus § 5 Abs. 1 GrEStG. kann auch dadurch umgangen werden, daß seine Entstehung durch die Wahl einer ungewöhnlichen Rechtsform zeitlich hinausgeschoben wird. RFH. 18. Okt. 27 II A 227/27 RStBl. 1927, 227 = StuW. 1927 Nr. 507.

6. — Mobilisierung des Grundbesitzes: „Übertragung von Anteilen einer Grundstücksgesellschaft an mehrere Personen." RFH. 5. Okt. 26 II A 415/26 DVR. 1927, 74 = JW. 1927, 1444 (*mit Bespr. v. Wrzeszinski*).

7. GmbH. & Co. a) Steuerumgehung durch Gründung einer GmbH & Co.

b) Die Frage, ob eine Steuerumgehung beabsichtigt war, ist nach den Gesetzesvorschriften zu beurteilen, die zur Zeit der Gründung der G. m. b. H. & Co. gegolten haben. Die Entwicklungsmöglichkeiten und späteren Änderungen der Gesetze können von Bedeutung sein, soweit sie bei der Gründung zu erkennen und vorauszusehen waren. c) Für die Feststellung der Steuerumgehungsabsicht genügt es, daß die Beteiligten an dem Gesamtbetrage der von ihnen allen zu entrichtenden, insbesondere der wiederkehrenden Steuern, eine Ersparung erzielen würden. RFH. 24. Febr. 27 I B 83/26 S. 21, 92 = DJZ. 1927, 1105 = IndMitt. 1927, 177 = StuW. 1927 Nr. 508.

8. — Zur Beurteilung einer Aktiengesellschaft & Co., deren Kommanditisten die Aktionäre sind. RFH. 14. Dez. 26 VI A 565/26 StuW. 1927, 267.

9. Umsatzsteuer. Ein Mißbrauch im Sinne des § 5 AO. liegt vor, wenn, um die Steuerbefreiung nach § 7 UmsStG. zu erlangen, eine Mühle das an einen auswärtigen Zwischenhändler verkaufte und von diesem bezahlte Mehl auf ihren eigenen Namen am Niederlassungsorte des Zwischenhändlers in einem Lagerhaus einlagert, gleichzeitig aber die Lagerhausverwaltung anweist, das Mehl an den Zwischenhändler auf dessen jeweiliges Begehren zu verabfolgen. RFH. 29. April 27 V A 124/27 S. 21, 132 = StuW. 1927 Nr. 132 = LZ. 1927, 1217 = IndMitt. 1927, 250 = DStBl. 1927, 424 = JW. 1927, 2866.

10. Kommen bei der Steuererstattung für die Frage, welches Geschäft durch das Umgehungsgeschäft ersetzt worden ist, mehrere Arten von Geschäften in Frage, z. B. die Veräußerung des Grundstücks einer Gesellschaft und die Vereinigung aller Geschäftsanteile in einer Hand (GrEStG. §§ 1, 3), so ist festzustellen, was die Steuerstelle bei der Besteuerung aus § 5 tatsächlich gewollt hat. In Zweifelsfällen ist das als gewollt anzusehen, was die Steuerstelle bei verständiger Würdigung aller Verhältnisse hätte annehmen sollen, nicht was sie nachträglich als gewollt bezeichnet. RFH. 15. März 27 II A 91/27 DStZ. 1927, 628 = DStBl. 1927, 641.

§ 6.

1. Zur Tragweite des § 6 AO. RFH. 12. Okt. 27 VI A 618/27 StuW. 1927 Nr. 511.

2. Die Nachprüfung, ob eine Entscheidung über Gewährung von Zollfreiheit für eine Rückware dem Grundsatz von Recht und Billigkeit entspricht, ist dem RFH. entzogen. RFH. 26. Okt. 27 IV A 285/27 ZfZ. 1927, 486.

§ 7.

Dorn, Das Recht der internationalen Doppelbesteuerung. StuW. 1927, 189. — Jäger, Übersicht über die bestehenden Regelungen zur Vermeidung von Doppelbesteuerungen und über Rechtsschutz und Rechtshilfe in Steuersachen. IndMitt. 1927, 364. — Lederer, Der Staatsvertrag zwischen dem Deutschen Reiche und der tschechoslowakischen Republik zur Ausgleichung der in- und ausländischen Besteuerung, insbesondere zur Vermeidung der Doppelbesteuerung auf dem Gebiete der direkten Steuern. ZStFr. 1927, 102. — Mrozek, Der Gewinn aus der Beteiligung an einer G.m.b.H. gewerbliches Einkommen nach dem Doppelbesteuerungsvertrage mit Österreich. DStBl. 1927, 12.

§ 8.

Reichsfinanzministerium, Überblick über die Tätigkeit des Reichsfinanzministeriums. (Reichsdruckerei Berlin 1927). — Gülow, Das Steuergeheimnis nach dem Reichssteuerrecht. (Greifswald: Adler 1927).

§ 10.

Kratz, Steuergeheimnis und Auskunftserteilung nach § 10 der Reichsabgabenordnung. IndMitt. 1927, 138.

§ 25.

Elble, Steuerausschüsse, Bewertungsausschüsse, Finanzgerichte, Oberbewertungsausschüsse. DStBl. 1927, 470. — Glatzer, Umlaufsverfahren und Unterausschußbildung bei den Steuerausschüssen. StA. 1927, 272.

1. Entscheidet in den Fällen des § 25 das Finanzamt über einen Einspruch ohne Beiziehung des Steuerausschusses, so ist darin nicht das Fehlen einer Verfahrensvoraussetzung, sondern nur ein wesentlicher Verfahrensmangel zu erblicken, der vom RFH. nur auf Rüge zu beachten ist. RFH. 22. Dez. 26 VI A 600/26 S. 20, 215 = DStBl. 1927, 243 = StuW. 1927 Nr. 177 = StA. 1927, 224 = JW. 1927, 1780 *(mit Bespr. v. Görres).*

§ 33.

1. Keine Zuständigkeit des RFH. bei landesrechtlichen Gefällen, deren Einziehung den Reichsfinanzbehörden übertragen ist. RFH. 22. Okt. 26 V A 763/26 DJZ. 1927, 466.

§ 47.

1. Ein Beamter des Finanzamts, der den Steuer- oder den Einspruchsbescheid unterschrieben hat, darf nicht bei einer Beweisaufnahme mitwirken, um die das Finanzamt vom Finanzgericht ersucht ist. RFH. 7. Dez. 26 II A 536/26 S. 20, 127 = StuW. 1927, 251 = DStBl. 1927, 314 = JW. 1927, 1789 *(mit Bespr. v. Kiese).*

§ 49.

1. Eine Ablehnung von Mitgliedern des Finanzgerichts durch den Steuerpflichtigen wegen Besorgnis der Befangenheit ist in der AO. nicht vorgesehen. RFH. 31. Mai 27 I A 94/27 DStZ. 1927, 628 = DStBl. 1927, 642 = StuW. 1927 Nr. 461.

§ 62.

1. Die Tatsache allein, daß die Wohnung eines Steuerpflichtigen nicht auch zur Aufnahme seiner Familie ausreicht, rechtfertigt noch nicht die Annahme, daß der Steuerpflichtige dort, wo er die Wohnung hat, keinen Wohnsitz im Sinne des § 62 der AO. haben könne, wenn

alle sonstigen Umstände für die Annahme eines Wohnsitzes sprechen. RFH. 12. Okt. 27 VI A 438/27 S. 22, 95 = IndMitt. 1927, 368 = StuW. 1927 Nr. 512.

2. Zur Frage der Fortdauer des Wohnsitzes des Mannes, wenn der Mann des Erwerbs wegen ins Ausland geht, die Familie auch, sobald sich Gelegenheit findet, nachkommen soll, aber einstweilen die Wohnung beibehält. RFH. 16. Nov. 27 VI A 557/27 StuW. 1927 Nr. 513.

§ 65.

1. Geht eine Rechtsmittelbegründung deswegen erst nach Ablauf der von der Rechtsmittelbehörde gesetzten Frist ein, weil nach einer zwischen Landesfinanzamt und Postanstalt getroffenen Vereinbarung Einschreibesendungen nur mit der ersten Tageszustellung übermittelt werden, und hat die Rechtsmittelbehörde inzwischen bereits entschieden, so kann ein wesentlicher Verfahrensmangel — ungenügendes rechtliches Gehör — vorliegen. Dies gilt auch dann, wenn der Rechtsmittelbehörde die Abmachung mit der Postanstalt nicht bekannt war. RFH. 28. Sept. 27 VI A 129/27 DStZ. 1927, 1086 = StuW. 1927 Nr. 541.

§ 68.

1. Notfrist. Das Finanzgericht hat mit Recht nach der Fassung des Art. II § 3, Gesetz vom 26. Febr. 1926, die Nachsichtgewährung bei Nichteinhaltung der bis 30. April 1926 erstreckten Frist für die Stellung von Erstattungsanträgen bezüglich der in 1925 entrichteten Lohnsteuer als unzulässig erklärt. RFH. 20. Okt. 26 VI A 521/26 StA. 1927, 24.

2. Verschulden. Auch wenn mit der Absendung eines Schriftstückes bis zum letzten Tage gewartet ist, kann Nachsicht gewährt werden. Es kommt auf die besonderen Maßnahmen an, die an diesem Tage zur Fristwahrung getroffen sind. Ist das Schriftstück im Dienstgebäude nach Geschäftsschluß einem Beamten mit der ausdrücklichen Erklärung übergeben, daß es sich um eine Fristsache handelt, und nimmt der Beamte es, ohne auf seine Unzuständigkeit hinzuweisen, an, so darf der Absender annehmen, daß es in die rechte Hand gekommen sei oder noch an demselben Tage kommen werde, und ihn trifft an der etwaigen Verspätung kein Verschulden. RFH. 4. März 27 II A 587/26 DStZ. 1927, 339 = ZfZ. 1927, 204 = DStBl. 1927, 365 = StuW. 1927 Nr. 178.

3. — Geht das zur Wahrung einer Frist dienende Schriftstück so zeitig bei dem Ankunftspostamt ein, daß noch vor Ablauf der Frist für die empfangende Behörde die Möglichkeit der Abholung besteht, so bildet es kein Verschulden des Absenders, wenn die Behörde innerhalb der Frist von der Möglichkeit der Abholung keinen Gebrauch macht. RFH. 22. April 27 I A 303/26 S. 21, 185 = StuW. 1927 Nr. 179 = DStZ. 1927, 628. Vgl. auch zu § 65 Anm. 1.

4. — Wenn ein Steuerbevollmächtigter wegen Erkrankung seines Auftraggebers außerstande ist, sich über die Begründungsmöglichkeit eines Rechtsmittels rechtzeitig zu unterrichten, so trifft ihn für die

Versäumung der Rechtsmittelfrist kein Verschulden, da er durch Einlegung und etwaige spätere Zurücknahme des Rechtsmittels dem Steuerpflichtigen Kosten verursacht haben würde. RFH. 23. März 27 I B 139/26 RStBl. 1927, 132 = Zfz. 1927, 266 = StuW. 1927 Nr. 180.

5. — Eine Ungenauigkeit der Belehrung über die Form der Rechtsmitteleinlegung kann einen Grund zur Nachsichterteilung abgeben. RFH. 12. Okt. 27 VI A 560/27 StuW. 1927 Nr. 534.

§ 69.

1. Bringt ein Steuerpflichtiger rechtsirrige Ausführungen über die Wahrung der Rechtsmittelfrist vor, so genügt es nicht, daß die Ausführungen mit Rechtsgründen als unrichtig widerlegt werden; es muß vielmehr auch geprüft werden, ob ein entschuldbarer Rechtsirrtum vorliegt, der mit der Fristversäumnis in ursächlichem Zusammenhang steht und die Nachsicht aus § 68 rechtfertigt. RFH. 16. Nov. 26 I A 281/26 S. 20, 95 = StuW. 1927, 254.

§ 73.

1. Zeitpunkt der Bekanntgabe eines eingeschriebenen Briefes (Steuerbescheids) bei Abholung von der Post. RFH. 27. Okt. 26 IV a 415/26 DStBl. 1927, 98.

§ 74.

1. Widerruf eines Steuererlasses vor der Bekanntgabe. RFH. 19. Aug. 27 II A 321/27 StuW. 1927 Nr. 514.
2. Berichtigung rechtskräftiger Einspruchsentscheidungen; Tragweite der Berufung gegen eine Berichtigung auf Grund des § 74 Abs. 3. RFH. 21. Dez. 27 II A 553/26 StuW. 1927, 182 = StA. 1927, 224.

§ 76.

Fritko, Berichtigung von Steuerbescheiden gemäß § 76 Abs. 1 Ziff. 2 der Reichsabgabenordnung und Rechtsmittelkosten. DStBl. 1927, 616.

1. a) Eine einmal erklärte Zustimmung des Steuerpflichtigen zur Zurücknahme oder Änderung des Steuerbescheids kann nach erfolgter Zurücknahme oder Änderung des Bescheids nicht wieder zurückgenommen werden.

b) Die Änderung eines unanfechtbar gewordenen Steuerbescheids darf nur erfolgen, wenn der Steuerpflichtige damit einverstanden ist, daß der Steuerbescheid in bestimmter Weise, insbesondere auf einen bestimmten höheren Betrag, zu seinem Nachteil abgeändert wird. RFH. 8. Febr. 27 II A 581/26 S. 20, 229 = DStZ. 1927, 340.

2. In der Erhebung des Einspruchs gegen eine erste Veranlagung liegt die gemäß § 76 Abs. 1 Ziff. 2 erforderliche Zustimmung der Steuerpflichtigen. Abgesehen von den Vorschriften der §§ 75 ff. kann nach der ständigen Rechtsprechung des Oberverwaltungsgerichts eine Veranlagung, die nicht in Rechtskraft übergegangen und über die nicht einmal im Einspruchs- oder Streitverfahren eine Entscheidung ergangen war, von der Veranlagungsbehörde zurückgenommen werden,

ganz gleich, ob die Zurücknahme ohne oder mit einem gleichzeitigen Erlaß einer neuen höheren Heranziehung erfolgt. Dieser allgemeine Grundsatz würde nur dann nicht Platz greifen, wenn in dem betreffenden Steuergesetz oder in dem für dieses maßgebenden Verfahrensgesetz jede Zurücknahme eines Steuerbescheids als ausgeschlossen bezeichnet oder an bestimmte gesetzlich geregelte Voraussetzungen geknüpft sein würde. PrOVG. 21. Jan. 27 VII D 95/26 (n. v.)

3. Ein Abhilfebescheid gemäß § 277 Abs. 1 Satz 1 ist keine Rechtsmittelentscheidung im Sinne des § 76 Abs. 3 Satz 2. RFH. 23. Febr. 27 IV A 40/27 ZfZ. 1927, 157 = DStBl. 1927, 243 = StuW. 1927 Nr. 287 = JW. 1927, 1278.

§ 78.

Janke, Die Zolltarifauskunft im Lichte der Reichsabgabenordnung. ZfZ. 1927, 129. — Kratz, Falsche Rechtsauskunft der Finanzämter. IndMitt. 1927, 78.

1. Ist die Bewilligung zum Bezuge von Mineralöl zu ermäßigtem Zollsatz nach § 5 Abs. 2 b Mineralölzollordnung widerruflich erteilt, diese Bewilligung aber später zurückgenommen worden, weil das Hauptzollamt bei Erteilung der Bewilligung von einer unrichtigen Beurteilung über die Anwendung des § 5 Abs. 2 b ausgegangen war, so wird die Zurücknahme der Bewilligung erst mit der Bekanntgabe des Widerrufs wirksam. Die Nachforderung des Zolles für das Mineralöl, das bereits vor Bekanntgabe des Widerrufs der Bewilligung zu den gestatteten Zwecken verwendet worden ist, kann nur insoweit in Frage kommen, als § 78 Abs. 2 AO. Platz greift. RFH. 12. Jan. 27 IV A 333/26 S. 20, 144 = ZfZ. 1927, 105 = DStBl. 1927, 176 = StuW. 1927 Nr. 183.

2. Ein als zur Ungebühr erhobene Steuer von der Steuerbehörde erstatteter Betrag kann nur unter den Voraussetzungen der §§ 78 und 74 Abs. 3 zurückgefordert werden. Ist die Überzahlung der Steuer wegen unrichtiger Anwendung der Steueraufwertungsverordnung unrichtig berechnet worden, so liegt kein Rechenfehler im Sinne des § 74 Abs. 3 AO. vor. RFH. 16. Febr. 27 VI A 65/27 S. 20, 278 = StuW. 1927 Nr. 133 = DStBl. 1927, 365.

§ 80.

1. Ausländische Darlehnsgläubiger einer Gesellschaft als wirtschaftliche Eigentümer der Gesellschaftsgrundstücke. RFH. 22. Aug. 27 I A 83/27 StuW. 1927 Nr. 516.

2. Steuerliche Behandlung d. Mecklenburger Erbpachtrechts. RFH. 1. Dez. 26 VI A 526—529/26 StZdL. 1927, 55 = StuW. 1927, 463 u. 471.

3. Sicherheitsübereignung. Vgl. zu § 301.

§ 81.

Kuehn, Bedeutung, Tragweite und praktische Durchführung von § 81 Absatz 2 Halbsat 2 Teil 2 der Reichsabgabenordnung im Zollrecht. ZfZ. 1927, 53. — Schröter, Die bedingte Zollschuld im neuesten Schrifttum. ZfZ. 1927, 194.

1. Privatrechtliche Vereinbarungen über die Person des Steuerschuldners können die öffentlich-rechtlichen Bestimmungen der StGesetze nicht ausschalten. RFH. 24. Juni 27 II A 304/27 DWStR. 1927, 175.
2. Für die Frage, ob eine Steuerschuld entstanden ist, sind lediglich die Verhältnisse am Bilanzstichtag maßgebend, nicht spätere Veränderungen, auch wenn sie vor der Veranlagung eingetreten sind. RFH. 5. April 27 I A 77/27 RStBl. 1927, 126 = StuW. 1927 Nr. 388 = StA. 1927, 320.
3. Die durch Abfertigung zur Veredelung bedingt entstandene Zollschuld wird zu einer unbedingten, wenn die Wiederausfuhr nicht innerhalb der festgesetzten Frist erfolgt. RFH. 23. Febr. 27 IV A 392/26 ZfZ. 1927, 157.
4. Durch die Vorschrift im § 81 Abs. 2, wonach mit dem Untergange von bedingt steuerpflichtigen Erzeugnissen und Waren die Steuerpflicht erlischt, ist die im § 108 Abs. 2 Satz 2 VerZollG. ausgesprochene unbedingte Haftung des Inhabers eines Privatlagers für den Zoll von den auf das Lager verabfolgten Waren eingeschränkt. RFH. 4. Mai 27 IV A 559/26 S. 21, 170 = ZfZ. 1927, 264 = StuW. 1927 Nr. 288 = JW. 1927, 1781.
5. Ein erst nach der Konkurseröffnung entstandener Anspruch auf Erstattung zuviel gezahlter Körperschaftsteuer-Vorauszahlungen kann nicht vom Konkursverwalter zugunsten der Masse geltend gemacht werden, da ein solcher Anspruch zum konkursfreien Vermögen des Gemeinschuldners gehört. RFH. 17. Mai 27 I A 107/27 RStBl. 1927, 165 = StuW. 1927 Nr. 293.

§ 82.

1. Ist von der Verkäuferseite gegen den Käufer und Besitzer des Grundstücks Klage wegen Nichtigkeit des Kaufvertrages erhoben, so ist bis zum endgültigen Ausgang des Rechtsstreits das wirtschaftliche Eigentum des Käufers an dem Grundstück ungewiß und darf vorher dem Käufer gegenüber das Grundstück nur zum Gegenstand eines vorläufigen Vermögensteuerbescheids gemacht werden. RFH. 28. Okt. 26 I A 225/26 S. 20, 1 = DStBl. 1927, 49 = JW. 1927, 1442.
2. Erlaß eines vorläufigen Grunderwerbsteuerbescheides bei Übernahme ungewisser, auf die Zukunft gestellter Leistungen. RFH. 24. Nov. 26 II A 547/26 StuW. 1927 Nr. 186.

§ 83.

1. Kein Erlöschen der steuerrechtlichen Rechtsfähigkeit einer G. m. b. H. vor Erledigung eines vorher gegen sie geltend gemachten Steueranspruchs. RFH. 11. Juni 27 I B 130/16 StuW. 1927 Nr. 184.
2. Soll ein Steuerbescheid gegen einen nichtgeschäftsfähigen Minderjährigen erlassen werden, so ist er gegen den Minderjährigen, vertreten durch seinen gesetzlichen Vertreter, zu richten und letzterem zuzustellen. Ein nur gegen den Minderjährigen gerichteter und nur diesem zugestellter Steuerbescheid ist unwirksam. RFH. 13. Juli 27 IV A 236/27 S. 21, 293 = StuW. 1927 Nr. 398.

§ 84.

Kluckhohn Die Stellung des Geschäftsführers einer G. m. b. H. bezüglich der steuerlichen Verpflichtungen der Gesellschaft. IndMitt. 1927, 293.

§ 85.

1. Ein Konkursverwalter ist verpflichtet, auch für die vor der Eröffnung des Konkurses gegen den Gemeinschuldner entstandenen Steueransprüche die Steuererklärung abzugeben. RFH. 11. Febr. 27 V A 941/26 S. 20, 237 = DStZ. 1927, 340 = DJZ. 1927, 954 = LZ. 1927, 855 = StA. 1927, 224 = JW. 1927, 1716 = StuW. 1927 Nr. 187.

§ 88.

Ludewig, Unterbevollmächtigte im Steuerverfahren. ZStFr. 1927, 10.

1. Ein Rechtsanwalt, der für ein bestimmtes Rechtsmittelverfahren bevollmächtigt ist, gilt nicht auch als Bevollmächtigter für ein anderes Rechtsmittelverfahren. RFH. 28. Sept. 27 VI A 277/27 RStBl. 1927, 258.

§ 89.

Kraft, Die steuerrechtliche Stellung des versteigernden Vollstreckungsbeamten. ZfZ. 1927, 455.

1. Ein Rechtsanwalt, der den Auftrag angenommen hat, eine Forderung einzuklagen, die eingehenden Gelder in Empfang zu nehmen und an eine bestimmte Stelle abzuführen, kann nicht auf Grund der §§ 89, 84 gezwungen werden, an Stelle seines Auftraggebers dem Finanzamt über die Ausführung des Auftrags Auskunft zu erteilen. Er ist vielmehr nach § 179 Abs. 1 Nr. 3 berechtigt, die Auskunft zu verweigern. RFH. 3. Dez. 26 V A 741/26 S. 20, 153 = DJZ. 1927, 388 = StuW. 1927, 262 = DStZ. 1927, 246 = DStBl. 1927, 176 = StA. 1927, 184 = JW. 1927, 538 *(mit Bespr. v. Lion).*
2. Zwangsmaßnahmen gegenüber Bevollmächtigten verstoßen wider Recht und Billigkeit (§ 6 AO.) und sind deshalb zu unterlassen, wenn von dem Bevollmächtigten Auskünfte verlangt werden, die er nach seiner tatsächlichen Stellung nicht zu geben vermag; das gleiche kann der Fall sein, wenn der Bevollmächtigte die Auskunft nur unter einem schweren Verstoß gegen ein zwischen ihm und dem Vollmachtgeber bestehendes Treuverhältnis geben kann und ihm ein solcher Verstoß nach den Umständen des Falles nicht zugemutet werden kann. Anwendung auf den Bevollmächtigten eines Exterritorialen. RFH. 28. Mai 27 VI A 621/26 DStZ. 1927, 804 = RStBl. 1927, 185 = StuW. 1927 Nr. 400 = RStBl. 1927, 187.

§ 90.

1. Der Steuerschuldner darf grundsätzlich Steuerschulden nicht schlechter behandeln als seine übrigen Schulden. Eine Steuerverkürzung im Sinne des § 90 AO. ist schon dann eingetreten, wenn der Steuerschuldner fällig gewordene Umsatzsteuer-Vorauszahlungen nicht rechtzeitig leistet. Die Haftbarmachung der im § 90 AO. genann-

ten Personen setzt neben schuldhafter Handelsweise voraus, daß das Finanzamt hiedurch nicht gegen Recht und Billigkeit gemäß § 6 verstößt. Die im § 90 vorgesehene Zustimmung des Landesfinanzamts schließt das Recht der Steuergerichte nicht aus zu prüfen, ob die Haftbarmachung recht und billig ist. RFH. 4. Jan. 27 V A 695/26 S. 20, 199 = RStBl. 1927, 89 = IndMitt. 1927, 101 = StuW. 1927 Nr. 91, *(dazu Becker, das. S. 591)* = DStBl. 1927, 242 = JW. 1927, 1777 *(mit Bespr. v. Hensel).*

2. Vgl. zu § 242 Anm. 1.

§ 92.

1. Die erforderliche Sorgfalt ist angewandt, wenn der Geschäftsherr bei der Auswahl der bestellten Person die im Verkehr erforderliche Sorgfalt beobachtet hat, also das durch das Gesetz vermutete Verschulden untüchtiger Auswahl ihn nicht trifft. RFH. 27. Okt. 26 IV A 243/26 ZfZ. 1927, 44.

§ 93.

Härtel, Die Steuerhaftung von Gesellschaften des Handelsrechts unter Berücksichtigung der Goldbilanzverordnung. ZfZ. 1927, 37.

§ 95.

Boethke, Die gesamtschuldnerische Haftung nach Steuerrecht. DStBl. 1927, 505. — Wietfeld, Die gesamtschuldnerische Haftung nach Steuerrecht. ZStFr. 1927, 160. — Derselbe, Nochmals gesamtschuldnerische Haftung nach Steuerrecht. ZStFr. 1927, 228.

§ 96.

1. Unternehmen im ganzen. Für den Begriff des Überganges eines Unternehmens im ganzen ist die Mitübertragung der Aktiven und Passiven nicht wesentlich. RFH. 29. April 27 V A 43/27 DStZ. 1927, 629 = RStBl. 1927, 168 = DStBl. 1927, 699 = StuW. Nr. 521.
2. — Für die Frage, ob ein Unternehmen im ganzen veräußert wurde, ist es ohne Belang, welchen Umfang oder Wert das Unternehmen im Zeitpunkt der Veräußerung hatte. Entscheidend ist, daß nicht wesentliche vorhandene Teile des Unternehmens von der Veräußerung ausgeschlossen sind. RFH. 28. Sept. 27 IV A 104/27 (n. v.)
3. — Wenn ein zum Betrieb eines Lichtspieltheaters und einer Schankwirtschaft eingerichtetes Grundstück mit Inneneinrichtung und Zubehör versteigert wird, kann nach den Umständen des Falles eine Veräußerung des darin betriebenen Unternehmens im Ganzen in Frage kommen. RFH. 26. Sept. 27 V A 516/27 S. 22, 71 = ZfZ. 1927, 486 = StuW. 1927 Nr. 520.
4. — Veräußerung eines Unternehmens im ganzen durch einzelne Akte. RFH. 9. März 27 IV A 52/27 RStBl. 1927, 365 = ZfZ. 1927, 205.
5. — Verkauf einer Molkerei mit Maschinen, Gerätschaften und Utensilien. RFH. 8. Juli 27 V A 268/27 DStZ. 1927, 900.
6. — Haftung des zweiten Erwerbers. RFH. 15. Juni 27 IV A 212/27 DStBl. 1927, 699.

7. Die Zollpflicht gründet sich nicht auf den Betrieb eines Unternehmers im Sinne des § 96. Bei Veräußerung eines Unternehmens im ganzen tritt daher eine Haftung des Erwerbers für Zollschulden nach § 96 nicht ein. RFH. 15. Juni 27 IV A 192/27 S. 21, 217 = StuW. 1927 Nr. 290 = ZfZ. 1927, 347 = StA. 1927, 355 = DStBl. 1927, 699.
8. Wird ein Unternehmen im ganzen durch Verkauf veräußert und geschieht die Übergabe zu einem späteren Zeitpunkt als dem des Vertragsabschlusses, so gilt als Tag der Veräußerung nicht der des Vertragsabschlusses, sondern der der tatsächlich erfolgten Übergabe. RFH. 26. Okt. 27 IV A 325/27 DStZ. 1927, 1085 = ZfZ. 1927, 486.

§ 97.

Roth, Der Wegfall des Steuersubjekts im deutschen Reichssteuerrecht. (Dissertation 1927).

§ 99.

1. Über die Frage, welchen Erfordernissen ein Beschluß über die Heranziehung des Haftenden genügen muß, damit der Betroffene das dem Steuerpflichtigen zustehende Rechtsmittel geltend machen kann. RFH. 3. Dez. 26 V A 716/26 S. 20, 75 = DStBl. 1927, 99 = DJZ. 1927, 750 = StuW. 1927, 264 = RStBl. 1927, 89 = JW. 1927 2164 *(m. Bespr. v. Bühler)*.
2. Die Vorschrift, daß, wenn sich die Steuerpflicht auf den Betrieb eines Unternehmens gründet und das Unternehmen im ganzen veräußert wird, der Erwerber neben dem Veräußerer haftet, bedeutet nicht, daß der Erwerber an Stelle des Veräußerers in ein schwebendes Rechtsmittelverfahren eintreten kann. RFH. 12. Aug. 27 II A 291/27 StuW. 1927 Nr. 519.
3. Rechtsmittel gegen das Leistungsangebot an die gesamtschuldnerisch mithaftende Ehefrau. RFH. 20. Okt. 26 I B 86/26 DStBl. 1927, 50.

§ 100.

Friesecke, Schuldübertragung und Abtretung im Steuerrecht. ZStFFr. 1927, 67. — Kluckhohn, Die vertragsmäßig übernommene Verpflichtung eines Dritten zur Entrichtung von Steuern. StA. 1927, 67.

§ 101.

Marx, Persönliche Zollpflicht bei Privatlager ohne amtlichen Mitverschluß. LZ. 1927, 149.

1. Die Beschlagnahme gemäß § 101 Abs. 1 Satz 2 ist keine Anordnung im Sinne des § 202 Abs. 1. RFH. 23. Febr. 27 IV A 3/27 S. 20, 255 = DStBl. 1927, 311 = StuW. 1927, Nr. 291 = JW. 1927, 1334.

§ 102.

1. § 366 Abs. 1 BGB. gilt nicht schlechthin auch für öffentlich-rechtliche Schuldverhältnisse. RFH. 6. Sept. 27 VI A 379/27 (n. v.).

§ 105.

Vogt, Wie muß ein Stundungsantrag aussehen? DStZ. 1927, 316.

§ 108.

Ahrens, Billigkeitserlaß von Grunderwerbssteuer und Kraftfahrzeugsteuer. DJZ. 1927, 1265. — Rütgers, Erlaß um Erstattung von Gewerbesteuern aus Billigkeitsgründen. IndMitt. 1927, 271. — Senf, Ein Versuch der Aufstellung von Richtlinien für den Billigkeitserlaß nach § 108 Abs. 1 AO. DStBl. 1927, 511.

§ 109.

Nausch, Annahme von Sicherheiten. ZfZ. 1927, 97.

§ 124.

Ruprecht, Buchprüfung und steuerrechtliche Verjährung. IndMitt. 1927, 24.

1. Keine Unterbrechung der Verjährung durch lediglich strafverfolgende Maßnahmen. RFH. 21. Juni 27 I A 164/26 StuW. 1927 Nr. 292, 709.

§ 127.

Senf, Erstattung von Überzahlungen bei der Eink.-, Körpersch.- und Umsatzsteuer. IndMitt. 1927, 347. — Senst, Erstattungs- und Vergütungsansprüche nach dem Reichssteuerrecht. DStZ. 1927, 320.

§ 128.

1. Wird ein Steuerbescheid aufgehoben, so erstreckt sich die Pflicht zur Erstattung der bereits gezahlten Steuer nicht auf die Erstattung der vor der Aufhebung des Bescheids entstandenen Mahn- und Beitreibungskosten. RFH. 17. Juni 27 II A 256/27 StuW. 1927 Nr. 466.

§ 129.

1. Die Auffassung, ein Steuerbetrag, der auf Grund einer materiell unrichtigen Festsetzung gezahlt wurde, sei unter allen Umständen zu erstatten, hat in der Reichsabgabenordnung keine Anerkennung gefunden. RFH. 23. Febr. 27 IV A 3/27 ZfZ. 1927, 157.
2. Der Erstattungsanspruch nach § 129 Abs. 1 Satz 2 wird nicht dadurch ausgeschlossen, daß der Steuerschuldner die Abführung des Steuerbetrags als Vertreter eines anderen veranlaßt hat. RFH. 14. Dez. 26 VI A 505/26 S. 20, 72 = DStBl. 1927, 99 = StuW. 1927, 267.
3. Kein Erstattungsanspruch auf Grund des § 129 Abs. 1 Satz 2, wenn der Arbeitnehmer keine Steuerkarte vorgelegt hatte und deshalb der Arbeitgeber 10% des Arbeitslohnes hat einbehalten müssen. RFH. 17. März 27 VI A 24/27 StuW. 1927 Nr. 135.

§ 132.

Senf, Verzinsung von Erstattungsbeträgen bei vorangegangener Leistung von Einkommen- oder Körperschaftssteuer-Vorauszahlungen. IndMitt. 1927, 325.

1. Die nach § 102 Abs. 3 EinkStG., § 24 KörpStG. zu erstattenden Vorauszahlungsbeträge sind nicht zu verzinsen. RFH. 25. Okt. 26 Gr.S. 1/26 DStBl. 1927, 49.
2. Erstattung des Zögerungszuschlags für einen eingezogenen Steuerbetrag bei Aufhebung des Steuerbescheides samt Zinsen zu 5 %. RFH. 17. Juni 27 II A 255/27 DStZ. 1927, 719 = DStBl. 1927, 700 = JW. 1927, 2947 *(mit Bespr. v. Kiese).*
3. Keine Verzinsung über 5 %. RFH. 17. Juni 27 II A 256/27 StuW. 1927 Nr. 466.

§ 136.

Friesecke, Schuldübertragung und Abtretung im Steuerrecht. ZStFr. 1927, 67.

1. Zur wirksamen Abtretung eines Erstattungsanspruches gehört, daß der Gläubiger die Abtretung der Finanzbehörde anzeigt, die über den Anspruch zu entscheiden hat. RFH. 27. Okt. 26 IV A 462/26 JW. 1927, 1787 *(mit Bespr. v. Lucas).*

§ 137.

1. a) Jedes Grundstück hat einen gemeinen Wert.
   b) Über die Feststellung des gemeinsamen Wertes. RFH. 8. Okt. 26 II A 417/26 WJ. 1927, 2545.

§ 138.

1. Bestimmung des gemeinen Wertes eines im besetzten Gebiet gelegenen Grundstücks im Jahre 1925. RFH. 9. Nov. 26 II A 417/26 ZStFr. 1927, 21.
2. Die Zwangsversteigerung ist kein gewöhnlicher Geschäftsverkehr im Sinne von § 138. RFH. 10. Nov. 26 IV A 297/26 ZfZ. 1927, 44.
3. Dingliche Vorkaufsrechte beeinflussen nicht den gemeinen Wert eines Grundstücks; wohl aber können das außergewöhnliche Mietverhältnisse oder eine außergewöhnliche Hypothekenbelastung tun. RFH. 8. Okt. 26 II A 429/26 JW. 1927, 2545.
4. Die Bestimmung im § 49 Abs. 2 WeinStAusfBest. über den gemeinen Wert widerspricht nicht dem § 138 Abs. 1 AO. RFH. 23. März 1927 IV A 364/26 ZfZ. 1927, 204.

§ 139.

Risse, Der Herstellungspreis im Sinne der Steuergesetzgebung. IndMitt. 1927, 268.

§ 141.

Delbrück, Die Behandlung von nicht voll eingezahlten Aktien und von Verwertungsaktien bei der Vermögenssteuer. DStZ. 1927, 883. — Feilchenfeld, Bewertung von Aktien und G.m.b.H.-Anteilen. DStZ. 1927, 878. — Wegener, Die Bewertung eigener Aktien ohne Kurswert oder eigener Gesellschaftsanteile bei einer Kapitalgesellschaft. DStZ. 1927, 986. — Stamm, Bewertung von Aktien und G.m.b.H.-Anteilen. DStZ. 1927, 779.

1. Bewertung eines Kommanditanteils; vorläufige Schätzung. RFH. 1. Okt. 26 V e A 354/26 DVR. 1927, 47.

§ 143.

Kluckhohn, Welcher Zinsfuß ist nach der Reichsabgabenordnung bei der Berechnung des Gesamtwertes von Nutzungen, die auf bestimmte Zeit beschränkt sind, zugrunde zu legen? ZStFr. 1927, 282.

§ 144.

Schubert, Die Bewertung von Nutzungen und Leistungen. StA. 1927, 248.

1. Die Zwischenzinsen, um welche der durch Zusammenzählen der einzelnen Jahreswerte gefundene Betrag gekürzt werden muß, um den Gesamtwert der auf bestimmte Zeit beschränkten Nutzungen und Leistungen zu ermitteln, sind mit 4 v. H., den gesetzlichen Zinsen, anzusetzen. RFH. 27. Sept. 27 II A 282/27 StuW. 1927 Nr. 523.

2. § 144 Abs. 2 wird durch § 144 Abs. 3 eingeschränkt. Zwar sieht diese Vorschrift nicht wie § 145 Abs. 3 vor, die nachträglich sich ergebende kürzere Dauer der tatsächlichen Nutzung ohne weiteres der Steuerberechnung zugrunde zu legen, aber sie gestattet, an den tatsächlichen Verhältnissen, wie sie sich zur Zeit des Eintritts der Steuerpflicht der Beurteilung darstellen, das starre Vielfache, sei es im Sinne einer Geringer- oder Höherwertung, zu korrigieren. RFH. 11. Nov. 27 II A 414/27 StuW. 1927 Nr. 524.

3. a) Ist eine Nutzung oder Leistung zwar von unbestimmter Dauer, aber mindestens von der Dauer des Lebens einer oder mehrerer Personen, so ist der nach § 145 zu berechnende Vermögenswert als Mindestwert anzusehen.

b) „Immerwährende" Nutzungen und Leistungen sind solche, deren Endigung von Ereignissen abhängt, von denen ungewiß ist, ob und wann sie in absehbarer Zeit eintreten werden.

c) Nutzungen und Leistungen von „unbestimmter Dauer" sind solche, bei denen das Ende in absehbarer Zeit sicher, aber der Zeitpunkt des Wegfalls unbestimmt ist.

d) Immerwährende Nutzungen können nur solche sein, die nach dem Tode des jeweils Berechtigten auf unbegrenzte Zeit seinen Erben oder Blutsverwandten zufallen. Daher kann eine Leistung für den Verpflichteten eine immerwährende, für den Empfänger dagegen die entsprechende Nutzung eine auf bestimmte Zeit oder auf Lebenszeit beschränkte oder eine Nutzung von unbestimmter Dauer sein.

e) § 144 Abs. 3 gilt auch für immerwährende Nutzungen und Leistungen, sowie für Nutzungen und Leistungen von unbestimmter Dauer. RFH. 30. Nov. 26 I A 128/26 S. 20, 60 = DStBl. 1927, 100 = RStBl. 1927, 81 = StuW. 1927 Nr. 92.

§ 145.

1. Bewertung des Nießbrauchs an einem Geschäftsanteil. RFH. 23. März 27 V e A 133/26 DWR. 1927, 77.
2. Die Vorschriften des § 145 Abs. 1, 2 sind nur anwendbar, wenn die Rente auf die Lebenszeit einer Person beschränkt ist, also in jedem Falle mit ihrem Tode aufhört, nicht aber auch dann, wenn die auf Lebenszeit gewährte Rente für den Fall, daß der Empfänger vor einem bestimmten Zeitpunkt stirbt, an dessen Rechtsnachfolger noch für eine gewisse Zeit weiterzuzahlen ist. RFH. 8. Okt. 27 II A 314/26 StuW. 1927 Nr. 93.
3. Zur Bewertung nicht oder anders als vorgesehen ausgeübter Auszugsrechte. RFH. 17. Juni 27 VI A 11/27 StuW. 1927 Nr. 423.

§ 147.

1. Übernahme von Beerdigungskosten im Gutsüberlassungsvertrag. RFH. 24. Juni 27 V e A 737/26 DWR. 1927, 158.

§ 149.

1. Behandlung einer Verpflichtung, auf Verlangen den früheren Zustand eines gepachteten Grundstücks wiederherzustellen. RFH. 25. Febr. 27 I A 41—45/27 DStZ. 1927, 441 = RStBl. 1927, 143.

§ 152.

1. Bauland. RFH. 30. Nov. 26 I A 209/26 DStBl. 1927, 177.

§ 154.

1. Das PrOVG. schließt sich dem RFH. Bd. 18 S. 53 an, daß Bockwindmühlen zu den Vorrichtungen im Sinne des § 154 Abs. 2 AO. gehören. PrOVG. 8. Juli 27 7 D 266/26, Pr. 37/27 (n. v.).
2. Als Vorrichtung, die zu einer Betriebsanlage eines Grundstücks verwandt ist, kann ein Fabrikgebäude selbst dann nicht angesehen werden, wenn es sich nur zu dem darin ausgeübten Fabrikbetrieb eignet. Das gleiche gilt für die auf dem Grundstück stehenden Bäume, Sträucher und Pflanzen, mag auch das Grundstück der Gärtnerei dienen. Auch die Umzäunung eines Grundstücks gehört nicht dazu, da ihr die besondere Beziehung zu dem auf dem Grundstück ausgeübten Gewerbebetriebe fehlt. RFH. 12. Aug. 27 II A 319/27 DStZ. 1927, 901 = StuW. 1927 Nr. 525.

§ 162.

Garrels, Zwangsweise Durchführung der Buchführung in Steuersachen. IndMitt. 1927, 60. — Gerstner, Amtlicher Buchprüfer oder Chartered Accountant. DStZ. 1927, 127. — Grabower, Die Buch- und Betriebsführung im Ausland. StuW. 1927, 813. — Derselbe, Die Hintertüren der Buchhaltung. DStZ. 1927, 412. — Jenny u. Niedermeyer, Die Hintertüren der Buchhaltung. (Berlin: Richard Lev 1927). — Koppe, Die neuen Grundsätze für die steuerliche Buchprüfung. (Materialerlaß vom 7. Juli 1927).

DStZ. 1927, 697. — Redecker, Neues vom Buch- und Betriebsprüfungsdienst. IndMitt. 1927, 302.

Metzner, Buch- und Betriebsprüfungsdienst der Reichsfinanzverwaltung und Landwirtschaft. StZdL. 1927, 181. — Wulff, Buch- und Betriebsprüfung und Wirtschaft. StuW. 1927, 951. — Derselbe, Die Praxis der steuerlichen Buchführung. 2. Aufl. (Berlin: Spaeth u. Linde 1927).

Frieseke, Der Begriff ordnungsmäßiger landwirtschaftlicher Buchführung im Sinne des Einkommensteuergesetzes. StZdL. 1927, 45. — Jadesohn, Buchführungspflicht und Steuerstrafrecht. LZ. 1927, 31, auch DStZ. 1927, 45. — v. Kalm, Nochmals der Buchführungszwang für Landwirte. StZdL. 1927, 44. — Schiefler, Buchführungszwang für Landwirte. StZdL. 1927, 9.

1. Fortlaufende Eintragungen im Sinne des § 162 Abs. 2 AO. und des § 89 der bish. AusfBest. z. UmsStG. sind nur solche, die nach der Zeitfolge ihres Einganges hintereinander in einem Geschäftsbuch bewirkt sind. RFH. 4. Febr. 27 V A 539/26 S. 20, 259 = DStZ. 1927, 340 = DStBl. 1927, 312 = StuW. 1927 Nr. 136 = StA. 1927, 254 = JW. 1927, 2649 *(mit Bespr. v. Hensel).*
2. Wenn die Grundaufzeichnungen der einzelnen Geschäftsvorfälle fortlaufend und vollständig sind, so kann darin, daß die im übrigen vollständigen Übertragungen nur von Zeit zu Zeit vorgenommen und öfters berichtigt wurden, kein Grund gefunden werden, der gesamten Buchführung die Vermutung der Ordnungsmäßigkeit im Sinne des § 208 abzusprechen. RFH. 28. Mai 27 VI A 171/27 StuW. 1927 Nr. 355 = StA. 1927, 321, 356.
3. Rechnungskopien ersetzen nicht fortlaufende Aufzeichnungen RFH. 6. Mai 27 V A 66/27 StA. 1927, 321.

§ 163.

1. Die Steuerbehörde ist berechtigt, Vollkaufleuten im Verfahren zur Festsetzung der Einkommensteuer die Aufstellung handelsrechtlicher Bilanzen aufzugeben und die Aufstellung gemäß § 202 zu erzwingen. RFH. 18. Mai 27 VI A 158/27 S. 21, 214 = IndMitt. 1927, 251 = StuW. 1927 Nr. 295 = DJZ. 1927, 1695 = JW. 1927, 3028 *(mit Bespr. v. Simon).*

§ 168.

Hoeres, Die Erkundigungspflicht im Steuerrecht. IndMitt. 1927, 388.

§ 169.

1. Zur Abgabe einer Steuererklärung ist jeder verpflichtet, bei dem nach Ermessen des Finanzamts die Möglichkeit einer Steuerpflicht besteht. RFH. 15. März 27 I A 327/26 RStBl. 1927, 121 = StuW. 1927 Nr. 331.

§ 170.

1. Der Berechnung des Zuschlags nach § 170 Abs. 2 ist der Steuerbetrag zugrunde zu legen, der als Jahresbetrag der Steuer endgültig festgesetzt ist. RFH. 4. Jan. 27 V D 2/26 S. 20, 161 = StA. 1927, 185 = DStBl. 1927, 177 = StuW. 1927 Nr. 191.

§ 172.

1. Das Finanzamt ist berechtigt, gemäß §§ 205, 172 von dem Steuerpflichtigen eine nähere Auskunft über sein Kapitalvermögen zu verlangen. Die Auskunft kann in der Form der Einreichung eines Vermögensverzeichnisses gefordert werden. RFH. 22. April 27 I A 97/27 RStBl. 1927, 139 = DStBl. 1927, 424 = StA. 1927, 286 = StuW. 1927 Nr. 526.

§ 173.

Becker, Die Nachprüfung der Umsatzsteuer bei den Ärzten. StA. 1927, 168.

§ 174.

Wulff, Die Aufstellung der „Steuerbilanz" auf Grund der Handelsbilanz. DStZ. 1927, 425.

§ 177.

1. Der RFH. verbleibt bei dem S. 19, 47 ausgesprochenen Grundsatz der Auskunftspflicht bei objektiv feststehenden Umsatzsteuerfällen. RFH. 25. Febr. 27 V A 32/27 S. 21, 7 = DStBl. 1927, 366 = ZfZ. 1927, 266 = StA. 1927, 254 = JW. 1927, 1716.

§ 178.

1. Auch ohne das Bestehen einer gesetzlichen Vorschrift ist in geeigneten Fällen eine Anstandspflicht der Behörden anzuerkennen, die befragte Auskunftsperson auf ein Auskunfts- oder Eidesverweigerungsrecht hinzuweisen. Auch wenn eine Auskunftsperson beeidigt ist, gilt der Grundsatz, daß die Rechtsmittelbehörde über tatsächliche Verhältnisse nach ihrer freien Überzeugung entscheidet. RFH. 28. Juni 27 IV A 218/27 ZfZ. 1927, 386 = StA. 1927, 351, 356 = StuW. 1927 Nr. 528.

§ 179.

Friesecke, Zur Frage des Auskunftsverweigerungsrechtes der Rechtsanwälte. DStZ. 1927, 529.

§ 184.

1. Vgl. zu § 178 Anm. 1.

§ 188.

Sliemeister, Verwendung von Sachverständigen im Bereich der Zoll- und Verbrauchsabgabengesetzgebung. ZfZ. 1927, 415.

1. Auswahl von Sachverständigen. RFH. 14. Dez. 26 VI A 574/26 VI A 590—596/26 StA. 1927, 189.
2. Der Steuerpflichtige hat keinen Anspruch auf Beeidigung von Sachverständigen. RFH. 22. Dez. 26 VI A 625/26 RStBl. 1927, 98.

§ 191.

1. Ärzteverbände sind verpflichtet, dem Finanzamt Einsicht in ihre Aufschreibungen über die von Krankenkassen an Ärzte des Verbandes gezahlten Entgelte zu gewähren, ohne daß es einer vorgängigen Verhandlung des Finanzamts mit den steuerpflichtigen Ärzten bedarf. RFH. 8. Nov. 26 V A 811/26 S. 20, 52 = StuW. 1927, 104 = DStBl. 1927, 100. Etwas einschränkend RFH. 28. Sept. 27 VI A 262/27 StuW. 1927 Nr. 425.
2. Eine Landwirtschaftskammer, die sich in einer eigens hierzu eingerichteten Geschäftsstelle mit Viehvermittlung im Wettbewerbe mit dem privaten Vermittlergewerbe befaßt, unterliegt auch hinsichtlich dieses Sonderbetriebes der Beistandspflicht nach § 191. RFH. 11. Februar 27 V A 841/26 S. 20, 238 = StZbL. 1927, 74 = DStBl. 1927, 313 = StuW. 1927 Nr. 294.
3. Die Beistandspflicht des § 191 ist subjektiv auf Behörden und berufsständische Vertretungen beschränkt, aber sachlich nicht beschränkt auf eine Auskunftserteilung, sondern erstreckt auf Einsicht in die Bücher, Verhandlungen, Listen und Urkunden, kurz jede Hilfeleistung zur Durchführung der Besteuerung; sie kann auch im Steuerermittlungsverfahren gegen einen bestimmten Steuerpflichtigen in Anspruch genommen werden. RFH. 26. Sept. 27 V A 598/27 StuW. 1927 Nr. 424.

§ 192.

1. Die Vorschrift bezieht sich auch auf Notare. RG. 25. Nov. 26 2 D 534/26 R. 4/27 StuW. 1927 Nr. 212.

§ 193.

Grunsky, Erweiterung der Steueraufsicht. ZfZ. 1927, 176.

§ 197.

1. Einsichtsrecht der Prüfungsbeamten und Auskunftspflicht des Arbeitgebers bei der Lohnsteuerprüfung. RFH. 24. Nov. 26 VI A StuW. 1927, 273 = RStBl. 1927, 76.

§ 200.

1. Ist ein Steuerberater wegen eines Vergehens bestraft worden, das eine Steuerhinterziehung in sich schließt, so kann die Untersagung der Tätigkeit auf dieses Strafurteil nur dann gestützt werden, wenn die Tateinheit mit Steuerhinterziehung besonders festgestellt ist. Trifft das nicht zu, so kann die Verurteilung zur Unterstützung eigentlicher Untersagungsgründe herangezogen werden. RFH. 7. Mai 27 II B 2/27 StA. 1927, 286.

§ 202.

Eggers, Bemessung der Ersatzhaftstrafe nach § 202 AO. bei nur teilweiser Entrichtung der Geldstrafe. StA. 1927, 213.

1. Zur Ausfüllung von Haushaltungslisten: Es sind klare und bestimmte Fragen zu stellen. RFH. 18. Nov. 27 VI A 682/27 (n. v.).

2. Zur Frage der Gewaltanwendung durch Buchprüfer. RG. 20. Sept. 26 3 D 387/26 StuW. 1927 Nr. 592.
3. Vgl. zu § 101 Anm. 1.

§ 205.

1. § 205 Abs. 4 findet auch auf rechtzeitig eingegangene Nachträge zu Steuererklärungen Anwendung; die Behörde darf von den nachträglichen Erklärungen zuungunsten der Steuerpflichtigen nicht abweichen, ohne den Steuerpflichtigen Gelegenheit zur Äußerung gegeben zu haben. RFH. 11. Okt. 27 I A 371/27 StuW. 1927 Nr. 555.

§ 208.

Bulius, Die Bedeutung der Buchführung im Steuerrecht. StA. 1927, 361.

1. Voraussetzung der Beanstandung einer Buchführung eines Landwirtes gegenüber den Durchschnittssätzen. RFH. 17. März 27 VI A 91/27 StZdL. 1927, 94 = StuW. 1927 Nr. 137.
2. Zur Bedeutung von Büchern, die im Ausland geführt werden. RFH. 21. Sept. 27 VI A 459/27 StuW. 1927 Nr. 428.
3. Berücksichtigung von Aufzeichnungen des Pflichtigen bei der Schätzung, wenn die Buchführung wegen sachlicher Unrichtigkeit des Ergebnisses nicht der Veranlagung zugrunde zu legen ist. RFH. 30. Juni 27 VI A 284/27 RStBl. 1927, 169 u. 178.

§ 209.

Cordes, Die Auskunftpflicht Dritter gegenüber dem Finanzamt. Mitwirkung der Berufsvertretungen und Berufsverbände. DStZ. 1927, 608.

1. Die unmittelbare Inanspruchnahme eines anderen zu einer Auskunft unter Umgehung des Pflichtigen in einem gegen eine bestimmte Person anhängigen Ermittlungsverfahren kann beim Mangel irgendwelcher besonderer Unterlagen des Einzelfalls nicht lediglich mit der ganz allgemeinen Erwägung begründet werden, daß ein Verhandeln mit dem Pflichtigen zwecklos sein werde, weil er sich ohne weiteres auf seine nach bestem Wissen und Gewissen abgegebenen Steuererklärung berufen werde. RFH. 17. Nov. 26 VI A 544/26 S. 20, 50 = StuW. 1927, 105 = DStBl. 1927, 178 = StA. 1927, 151 = JW. 1927, 1779 *(mit Bespr. v. Rheinstrom).*

§ 210.

Garrels, Schätzung der Betriebsausgaben bei Unterlassung des Nachweises ihrer Höhe bei der Einkommensteuer. IndMitt. 1927, 382. — Günnemann, Die Beschwerdefrist nach § 210 Abs. 3 der Reichsabgabenordnung. DStBl. 1927, 143. — Kloß, Einschränkung des Rechtsmittelzuges in Umsatzsteuersachen durch § 210 Abs. 3 AO. StA. 1927, 129. — Kretschmann, Vergleiche im Steuerverfahren. StZdL. 1927, 191.

Arlt, Die neueren Entscheidungen des Reichsfinanzhofs über die Einwirkung des Konkursverfahrens auf das Steuerverfahren. DStBl. 1927, 393. — Höfer, Steuer und Konkurs. StA. 1927, 337.

— *Lewin, Steuerforderungen im Konkurse nach der Rechtsprechung des Reichsfinanzhofs. IndMitt. 1927, 284.*

Abs. 1 u. 2.

1. Es besteht keine Bestimmung, wonach Steuerbescheide, für die das Gesetz die Schriftform nicht vorgeschrieben hat, mit Rechtsausführungen begründet sein müßten RFH. 7. Dez. 26 IV A 291/26 ZfZ. 1927, 88.
2. Schätzung. Moment der Unsicherheit. RFH. 7. Jan. 27 I B 169/26 StA. 1927, 190.
3. — Wesen und Ausführung der Schätzung. RFH. 21. Jan. V A 875/26 StA. 1927, 188.
4. — Fehlen buchmäßige Unterlagen für die Errechnung des Geschäftsgewinns, so muß die Schätzung mehr oder weniger griffweise erfolgen. RFH. 12. Okt. 27 VI A 612/27 (n. v.).
5. — Keine Schätzung des Geschäftsgewinns nach dem Umsatz, wenn bei sonst ordnungsgemäßer Bilanzierung die zum Lager gehörigen Gegenstände nicht einzeln festgestellt und bewertet sind, sondern der Wert des gesamten Warenlagers auf Grund der von der Vorinstanz in keiner Weise beanstandeten Buchführung durch eine Berechnung ermittelt ist. RFH. 6. Sept. 27 VI A 364/27 StuW. 1927 Nr. 433 = IndMitt. 1927, 367.
6. — Schätzung, auch wenn die vom Pflichtigen vernichteten Aufzeichnungen einer anderen Steuerbehörde vorgelegen haben. RFH. 28. Sept. 27 VI A 509/27 (n. v.).
7. — Schätzung dem Grunde nach unbestimmter steuerbarer Einkünfte. RFH. 27. Okt. 26 VI A 89/26 StuW. 1927, 280.
8. — Einwand gegen die Schätzung des Umsatzes nach den Geschäftsausgaben. RFH. 24. Juni 27 V A 333/27 LZ. 1927, 1479.
9. — Beruft sich ein Steuerpflichtiger auf die Befreiungsvorschrift des § 7 Abs. 1 UmsStG., ohne daß sich dessen Voraussetzungen nach den Ermittlungen der Finanzbehörden feststellen ließen, so ist zu schätzen, ob und inwieweit die Befreiungsvorschrift eingreift. RFH. 12. Aug. 27 V A 331/27 S. 22, 21 = StuW. 1927 Nr. 533.
10. — Zur Frage der Schätzung, wenn dem Pflichtigen nicht zugemutet werden kann, gewisse von ihm als Werbungskosten behandelte Ausgaben (Schmiergelder) näher zu bezeichnen. RFH. 26. Okt. 27 VI A 384/27 StuW. 1927 Nr. 527.
11. — Berücksichtigung von Schulden bei Schätzung gewerblichen Einkommens. RFH. 2. Febr. 27 VI A 502/26 StuW. 1927 Nr. 193 = StA. 1927, 256.
12. — Die Tatsache allein, daß ein Gewerbetreibender eine von ihm gebuchte Betriebsausgabe nicht belegen kann oder will, berechtigt die Steuerbehörde noch nicht, die Ausgabe dem Geschäftsgewinne hinzuzurechnen. Hat die Steuerbehörde Zweifel gegen die Richtigkeit der Buchung, so ist sie zunächst nur berechtigt, die Höhe der Ausgabe zu schätzen, und erst wenn sie bei der Schätzung zu dem Ergebnis kommt, daß die Ausgabe überhaupt nicht geleistet worden ist, kann sie sie unberücksichtigt lassen. RFH. 3. Mai 1927 VI A 148/27 DStZ. 1927, 630 = StuW. 1927 Nr. 139 = RStBl. 1927, 169 u. 176 = StuW. 1927 Nr. 1309.

13. — Sachliche Unrichtigkeit der Buchführung. Vorhandene Buchungen als Ausgangspunkt der Schätzung nach § 210. RFH. 30. Juni 27 VI A 284/27 JndMitt. 1927, 403 = StuW. 1927 Nr. 464.

14. — Wesentliche Mängel der Buchführung eines Gewerbetreibenden berechtigen dazu, die Buchführung bei der Schätzung auszuschalten. RFH. 6. April 27 VI A 497/26 StuW. 1927 Nr. 138.

Abs. 3.

15. Auch eine aus Fahrlässigkeit unrichtige und unvollständige Buchführung ist auf Verschulden zurückzuführen. RFH. 30. Sept. 27 V A 523/524 RStBl. 1927, 226.

16. Ausdrücklicher Feststellungsvermerk nach § 210 Abs. 3 als Formerfordernis. RFH. 29. April 27 V A 134/27 StA. 1927, 225, 321.

17. Beruht eine Feststellung in dem Steuerbescheid, eine Schätzung sei durch das schuldhafte Verhalten des Steuerpflichtigen notwendig geworden, auf unrichtiger tatsächlicher Unterlage, so darf die Rechtsmittelbehörde sich diese Feststellung nicht zu eigen machen, ohne zu prüfen, ob auch bei Feststellung des richtiggestellten Tatbestandes noch von einem Verschulden die Rede sein kann.

Wenn für die Weigerung, die Bucheinsichtnahme alsbald zu gestatten, triftige Gründe geltend gemacht werden, liegt keine schuldhafte Verletzung einer dem Steuerpflichtigen auferlegten Verpflichtung im Sinne von § 210 Abs. 3 vor.

Auch wenn eine solche Verletzung vorliegt, muß die Steuerbehörde noch weiter dartun, daß durch die Nichtvorlegung der Bücher eine Schätzung notwendig geworden ist. RFH. 29. März 27 I A 282/26 S. 21, 107 = StuW. 1927 Nr. 140 = ZfZ. 1927, 266 = DStZ. 1927, 534 = DStBl. 1927, 425.

18. In den Fällen des § 210 Abs. 3 ist es nicht zulässig, mit der Anfechtungsentscheidung, die über die Steuerforderung dem Grunde nach ergeht, die Beschwerdeentscheidung über die Höhe der Schätzung zu verbinden. RFH. 22. April 27 IV A 457/26 ZfZ. 1927, 266 = StuW. 1927 Nr. 465.

19. Zulässigkeit der Schätzung durch das Finanzgericht, wenn es feststellt, daß die Voraussetzungen des § 210 Abs. 3 AO. nicht vorliegen. RFH. 19. Jan. 27 VI A 631/26 DStBl. 1927, 178 = StA. 1927, 184.

Zusatz.

20. Die Konkurseröffnung über das Vermögen eines Steuerschuldners bildet, auch wenn der Steuergläubiger sich am Konkursverfahren beteiligt, kein rechtliches Hindernis, das Steuerfestsetzungs- oder ein schwebendes Rechtsmittelverfahren gegen den Gemeinschuldner persönlich fortzusetzen. RFH. 23. März 27 IV A 46/26 S. 21, 9 = RStBl. 1927, 105 = StuW. 1927 Nr. 192 = DStZ. 1927, 1417 = JW. 1927, 1782 *(m. Bespr. v. Bühler)*. Vgl. auch zu § 228 Anm. 10.

§ 211.

Pendele, Der Steuerbescheid für Zölle und Verbrauchssteuern. ZfZ. 1927, 76.

§ 212.

Beuck, „Vertrauensschutz" im Steuerrecht. DStZ. 1927, 981.

— *Lewin, Nachforderung von Steuern und Berichtigung der Steuerfestsetzung. (§§ 212, 213, 214 AO.). DStZ. 1927, 967.*

1. Wird ein Grunderwerbsteuerbescheid dem Steuerpflichtigen nicht bekanntgemacht, so steht die Tatsache der bloß aktenmäßigen Steuerfestsetzung einer späteren höheren Steuerveranlagung nicht entgegen. RFH. 29. Dez. 26 II A 651/26 DStBl. 1927, 175 = StuW. 1927 Nr. 181.
2. Eine unzulässige Neuveranlagung wird nicht dadurch rechtswirksam, daß das LFinA. sie nachträglich auf Grund des § 212 AO. genehmigt. Eine Neuveranlagung nach § 212 Abs. 3 AO. setzt voraus, daß die Aufsichtsbehörde hierzu die Veranlassung gegeben hat. RFH. 22. Okt. 26 V A 454/26 JW. 1927, 1788 *(mit Bespr. v. Lucas).*
3. Durch eine rechtskräftige Rechtsmittelentscheidung wird die Anwendung des § 212 Abs. 3 auf den gleichen Tatbestand, wie er Gegenstand der Entscheidung gewesen ist, ausgeschlossen, wenn es sich nur um eine abweichende Beurteilung handelt. RFH. 25. März 27 II A 66/27 S. 21, 85 = StuW. 1927 Nr. 296 = DStBl. 1927, 426.

§ 217.

Boethke, Zum Rechtsschutz in Steuersachen. DStBl. 1927, 71. — Schmidt, Der Rechtsschutz in Steuersachen. DStB. 1927, 327. — Strutz, Die Verbesserung des Rechtsschutzes in Steuersachen. DStZ. 1927, 8.

Der Rechtsschutz in Steuersachen. Leitsätze des Deutschen Anwaltsvereins. Dazu Bemerkungen von Engelhardt, Becker, Hensel, Marcuse. StuW. 1927, 161/62.

§ 218.

1. a) Prozeßleitende Verfügungen des Vorsitzenden des Finanzgerichts unterliegen auch dann nicht der Anfechtung mit der Rechtsbeschwerde, wenn sie die Aussetzung des Verfahrens bis zur Entscheidung einer gleichliegenden Sache anordnen.
b) Ob im Einzelfall eine Verfügung, die die Erledigung einer Sache hinausschiebt, als eine mit materieller Wirkung ausgestattete und daher im ordentlichen Rechtsmittelverfahren angreifbare Berufungsentscheidung oder nur als eine nicht nachprüfbare Maßnahme der Prozeßleitung erlassen ist, ist Tatfrage. RFH. 31. Mai 1927 I A 110/27 S. 21, 218 = StuW. 1927 Nr. 289 = DStBl. 1927, 698.

§ 220.

Kratz, Falsche Rechtsauskunft der Finanzämter. IndMitt. 1927, 110.

1. Wird jemand für die Bezahlung von entnommenen Tabaksteuerzeichen auf Grund des § 96 als Haftender in Anspruch genommen, so steht ihm gegen einen solchen Bescheid das Anfechtungsverfahren nicht zu. RFH. 26. Okt. 27 IV A 320/27 S. 22, 102.
2. Gegen die Mitteilung einer Zollstelle, daß einem Zigarettenhersteller nur noch Steuerzeichen gegen sofortige Barzahlung ausgehändigt werden, ist nicht das Anfechtungsverfahren gegeben. RFH. 23. Nov. 27 IV A 317/27 S. 22, 176 = StuW. 1927 Nr. 530.

3. Der nach § 163 Ausf.Best. z. KapVerkStG. vom Finanzamt auf die Schlußnote zu setzende Vermerk über den Betrag der zu entrichtenden Börsenumsatzsteuer stellt einen formlosen Steuerbescheid im Sinne des § 220 Abs. 1 AO. dar. RFH. 11. März 27 II A 597/26 S. 21, 19 = DStBl. 1927, 366 = DRW. 1927, 121.
4. Unverbindlichkeit gewöhnlicher Auskünfte der Finanzbehörden. RFH. 29. Juli 27 II A 286/27 StuW. 1927 Nr. 535.

§ 221.

1. Kein Rechtsmittel, wenn nur die Kennzeichnung des in seiner Höhe unbestrittenen Einkommens als gewerbliches Einkommen statt als landwirtschaftliches angefochten wird. RFH. 3. Mai 27 VI A 509/26 StZbL. 1927, 113.
2. Keine Beschwer, wenn der Vollstreckungsbescheid (StNachfG.) nach Erlaß des Berufungsurteils aufgehoben wird. RFH. 7. Dez. 26 I A 383/26 StuW. 1927 Nr. 5.

§ 222.

1. Die Vorschrift, daß bei Steuerbescheiden, die frühere Steuerbescheide ändern, der neue Bescheid selbständig anfechtbar ist, soweit die Änderung reicht, gilt auch für nach § 76 Abs. 3 geänderte Einspruchsbescheide. RFH. 8. Febr. 27 II A 581/26 S. 20, 229 = DStBl. 1927, 311 = DVR. 1927, 111.

§ 226.

1. Ein Gesamtsteuerschuldner braucht das gegen einen der Gesamtschuldner durchgeführte Steuerverfahren nur dann gegen sich gelten zu lassen, wenn er dabei zugezogen war. RFH. 18. Nov. 27 II A 508/27 DStZ. 1927, 1086 = StuW. 1927 Nr. 518.

§ 227.

1. Über die Aufwertung eines Steuervergütungsanspruchs haben nur die Steuergerichte zu entscheiden. Dagegen sind die ordentlichen Gerichte zuständig, wenn es sich um Schadensersatzansprüche handelt, die darauf gestützt werden, daß ein Finanzbeamter schuldhaft seine Amtsverpflichtung verletzt hat, z. B. durch schuldhafte Verzögerung die Unmöglichkeit der Aufwertung herbeigeführt hat. RG. 5. Mai 25 E. 111, 64.

§ 228.

1. Aufklärungspflicht. RFH. 1. Dez. 26 VI A 567/26 StA. 1927, 189.
2. — Die Ermittlungspflicht der Rechtsmittelbehörden darf bei Schätzungen geringfügiger Art nicht überspannt werden. RFH. 15. März 27 II A 630/26 S. 20, 307.
3. Das Finanzamt kann im Einspruchverfahren zur Besteuerung des Verbrauchs übergehen, wenn sich erst in diesem Verfahren ergibt, daß die Voraussetzungen für eine Besteuerung des Verbrauchs vorliegt. RFH. 28. Sept. 27 VI A 215/27 StuW. 1927 Nr. 438 = RStBl. 1927, 229.

4. Verböserung. Verböserung zuungunsten der Rechtsbeschwerde des FinA. RFH. 20. Okt. 26 I A 291/26 JW. 1927, 1776 *(mit Bespr. v. Wrzeszinski)*.
5. — Keine Verböserung durch Erhöhung des Schätzungsergebnisses. RFH. 2. März 27 VI A 578/26 StuW. 1927 Nr. 143.
6. — Keine Verböserung auf Grund einer Buchführung, wenn keine neuen Tatsachen vorliegen. RFH. 16. Febr. 27 VI A 578/26 StuW. 1927 Nr. 142.
7. — Wird gegen eine Beschwerdeentscheidung über Vorauszahlungen auf die Körperschaftssteuer der Vorwurf unzulässiger Verböserung erhoben, so ist die Entscheidung über jeden einzelnen Vorauszahlungsabschnitt daraufhin nachzuprüfen, ob gegenüber der Festsetzung des Finanzamts eine Verböserung vorliegt. RFH. 13. Sept. 27 I B 9/27 StA. 1927, 386.
8. — Der Reichsfinanzhof kann auf Rechtsbeschwerde der Steuerstelle auch den von ihr nicht angefochtenen Einspruchsbescheid zuungunsten des Steuerpflichtigen abändern, wenn eine solche Abänderung schon im Berufungsurteile nach § 228 AO. hätte erfolgen können. RFH. 29. Juli 27 I A 182/27 RStBl. 1927, 195.
9. Konkurs. Unterbrechung des Anfechtungsverfahrens durch die Konkurseröffnung. Notwendigkeit der Aufnahmeerklärung seitens des Konkursverwalters. RFH. 7. Dez. 26 IV A 75/26 DStBl. 1927, 102.
10. — Schwebt wegen einer vor Eröffnung des Konkursverfahrens entstandenen Steuerschuld des Gemeinschuldners zur Zeit der Konkurseröffnung ein Rechtsmittelverfahren, so ist eine nach der Konkurseröffnung gegen den Gemeinschuldner ergangene Entscheidung der Konkursmasse gegenüber unwirksam. Nimmt der Konkursverwalter in Verfolgung seines Widerspruchs gegen die angemeldete Forderung den Steuerstreit auf, so wird das Verfahren in der Lage, in der es sich bei Eröffnung des Konkurses befand, fortgesetzt, und der Konkursverwalter rückt insoweit und im Rahmen der Anmeldung in die Rechtsstellung des Gemeinschuldners ein. Gegenüber einem säumigen Konkursverwalter kann auch die Steuerbehörde den Steuerstreit aufnehmen oder die Rechtsmittelbehörde dessen Fortgang veranlassen. RFH. 8. Juli 27 VI A 531/26 S. 21, 308 = DStZ. 1927, 902 = StuW. 1927 Nr. 401.
11. — Vgl. auch zu § 210 Anm. 20.

§ 231.

Maedel, Steuerbescheid und Rechtsmittelfrist. StA. 1927, 178.

1. Die Einspruchsfrist ist (unverlängerbare) Notfrist. RFH. 6. Mai 27 V A 888/26 StA. 1927, 321.
2. Mißverständliche Belehrung über die Form der Rechtsmitteleinlegung kann bei Fristversäumnis die Gewährung von Nachsicht rechtfertigen. RFH. 6. Sept. 27 VI A 431/27 StuW. 1927 Nr. 534.

§ 233.

Ruprecht, Vergleich und Rechtsmittelverzicht in Steuersachen. IndMitt. 1927, 274.

1. Rechtsmittelverzicht vor förmlichem Steuerbescheide. RFH. 18. Nov. 27 V A 515/27 StuW. 1927 Nr. 536.
2. Anfechtung protokollmäßigen Rechtsmittelverzichts wegen Beeinträchtigung freier Willensbestimmung. RFH. 12. Nov. 26 I B 170/26 StA. 1927, 151.

§ 234.

1. Rechtzeitige Einlegung eines Rechtsmittels wird, dafern nicht besondere Umstände entgegenstehen, auch dann angenommen werden können, wenn die Rechtsmittelschrift mit gewöhnlichem Postbrief abgesandt worden und der Eingang bei der Empfangsstelle nicht feststellbar ist, die Absendung an diese aber so rechtzeitig erfolgt war, daß der Eingang bei ihr innerhalb der Rechtsmittelfrist bei ordnungsmäßigem Geschäftsgang und normalem Postverkehr zu erwarten war. RFH. 25 März 27 V e A 75/27 StZbL. 1927, 433 = JW. 1927, 2165. *(mit Bespr. v. Hensel).*
2. Fassung der Rechtsmitteleinlegung. RFH. 24. März 27 VI A 96/27 StA. 1927, 225.
3. Die Bestimmung des Abs. 2 ist möglichst weitherzig auszulegen; es kommt auf den Willen des Steuerpflichtigen an. RFH. 14. Sept. 27 IV A 121/27 ZfZ. 1927, 426.
4. Erfordernis für die Annahme einer Rechtsmitteleinlegung. RFH. 8. Febr. 27 I A 325/26 DStBl. 1927, 313 = StuW. 1927 Nr. 199.

§ 235.

Seyfert, Aussetzung der Vollziehung von Vorauszahlungsbescheiden über Industrielastaufbringung. IndMitt. 1927, 96.

§ 237.

1. Unwirksamkeit der Zurücknahme eines Rechtsmittels. RFH. 21. Dez. 26 I B 190/26 StuW. 1927, 285. = DStBl. 1927, 179; 23. März 27 IV A 378/27 ZfZ. 1927, 205.

§ 238.

1. Notwendigkeit der Mitteilung eines Gutachtens an den für das Rechtsmittelverfahren aufgestellten Vertreter. RFH. 23. März 27 IV A 576/26 DStBl. 1927, 426.
2. Der Nachweis der Bevollmächtigung kann gemäß § 238 Abs. 2 AO. nur verlangt werden, wenn hierdurch Recht und Billigkeit nicht verletzt werden und begründete Zweifel an der Bevollmächtigung bestehen. Bei Rechtsanwälten spricht die Vermutung für die Bevollmächtigung. RFH. 6. Mai 27 V A 46/27 S. 21, 189 = StuW. 1927 Nr. 200 u. 402 = DStZ. 1927, 630 = DStBl. 1927, 641.

§ 239.

Kiefe, Die Rechtsanwaltschaft und § 239 der Reichsabgabenordnung. StuW. 1927, 631.

§ 240.

1. Gehör. RFH. 17. Nov. 26 VI A 508/26 StuW. 1927, 276.
2. § 240 findet auch im Verfahren bei der Erteilung von Tarifauskünften Anwendung. RFH. 21. Dez. 26 IV A 488/26 ZfZ. 1927, 88.

3. Gutachtliche Äußerungen der Lehranstalten der Zollverwaltung sind auch dann dem Steuerpflichtigen mitzuteilen, wenn sie in der Form eines Entwurfs für eine zu erteilende Zollauskunft erstattet werden. RFH. 23. Nov. 27 IV A 388/27 ZfZ. 1927, 487 = StuW. 1927 Nr. 532.

4. Der Anspruch des Steuerpflichtigen auf Gehör kann auch dadurch verletzt sein, daß ihm nicht Gelegenheit geboten worden ist, sich zu einem für ihn günstigen Sachverständigengutachten, das in der Entscheidung des Finanzgerichts nicht verwendet worden ist, zu äußern. RFH. 20. Okt. 26 VI A 517/26 S. 20, 32 = DStBl. 1927, 101 = StuW. 1927, 277 = StZbL. 1927, 49 = JW. 1927, 871 (*m. Bespr. von Wünschmann*).

§ 242.

1. Ergibt sich bei Gelegenheit der Verneinung einer Steuerschuld im Berufungsverfahren, daß der Freigestellte für den wahren Steuerschuldner mit dessen von ihm verwalteten Mitteln haftet, so kann die Frage der Haftung entweder alsbald in demselben Verfahren entschieden oder einem neuen Verfahren vorbehalten werden. RFH. 28. Jan. 27 V A 852/26 S. 20, 286 (291) = StuW. 1927 Nr. 272.

§ 243.

1. Stellt der Rechtsmittelführer einen zahlenmäßig begrenzten Antrag, ergibt aber die Begründung des Rechtsmittels, daß der Rechtsmittelführer auch über diesen Antrag hinaus sich der Vorentscheidung nicht fügen will, daß er vielmehr mit einer weiteren Herabsetzung rechnet, so ist der Streitwert entsprechend höher festzustellen. RFH. 1. Juli 27 II A 243/27 S. 21, 251 = DVR. 1927, 159 = StuW. 1927 Nr. 467, 537.

2. In Grunderwerbsteuersachen ist dort, wo in der Berufungsinstanz über die Zuschläge nicht dieselbe Stelle entscheidet wie über die Reichssteuer, der Streitwert in allen Rechtszügen für die Reichssteuer und die Zuschläge je besonders festzusetzen. RFH. 26. Juli 27 II A 229/27 StuW. 1927 Nr. 538.

§ 244.

Zitzlaff, Änderung des Einspruchsverfahrens. DStBl. 1927, 564.

§ 245.

Helmes, Rechtsmittel des Finanzamtsvorstehers gegen Entscheidungen des Finanzamts. DStBl. 1927, 619.

1. Erfordernisse der Einlegung der Berufung durch den Finanzamtsvorsteher. RFH. 1. Dez. 26 VI A 543/26 StuW. 1927, 108.

§ 247.

Riederer u. Paar, Geheimakten. Eine bedeutsame Maßnahme des Reichsfinanzhofs. StuW. 1927, 1179.

§ 249.

1. a) Gibt das Finanzgericht einen zur Berufung des Steuerpflichtigen Stellung nehmenden Schriftsatz des Finanzamts als zur Mitteilung an den Pflichtigen nicht geeignet zurück mit der Aufforderung einen abgeänderten Schriftsatz einzureichen, so liegt darin ein wesentlicher Verfahrensmangel.
b) Der S. 20, 127 aufgestellte Grundsatz über die Mitwirkung von Finanzamtsbeamten bei einer vom Finanzgericht angeordneten Beweisaufnahme gilt nicht für die Schriftsätze des Finanzamts im Sinne des § 249. RFH. 12. Okt. 27 VI A 162/27 StuW. 1927 Nr. 539.

§ 251.

1. Wer auf Grund des Wahlrechts im § 251 die Entscheidung des Finanzgerichts anruft, von dem Finanzgericht aber wegen verspäteter Antragstellung abgewiesen wird, kann nicht nachträglich die Rechtsbeschwerde an den Reichsfinanzhof einlegen. RFH. 7. Dez. 26 I A 123/26 S. 20, 134 = DStBl. 1927, 175 = LZ. 1927, 540 = StuW. 1927 Nr. 201 = StA. 1927, 225.

§ 257.

1. Ob das Finanzgericht Beweise selbst erhebt oder von einer ersuchten Behörde aufnehmen läßt, hängt lediglich von seinem pflichtmäßigen Ermessen ab. Ist das Ermessen nicht offensichtlich überschritten, so kann auf § 257 im Rechtsbeschwerdeverfahren eine Verfahrensrüge nicht gestützt werden. RFH. 7. Dez. 26 II A 536/26 S. 20, 127 = StuW. 1927, 251 = JW. 1927, 1789 *(mit Bespr. v. Kiese).*

§ 258.

1. Würdigung von eidesstattlichen Erklärungen. RFH. 9. März 27 IV A 66/27 ZfZ. 1927, 183.

§ 261.

1. Eine Vorentscheidung über den Grund des Anspruches ist unzulässig, wenn zur Zeit ihres Ergehens bereits feststeht, daß die Höhe gleich Null ist. Dagegen braucht in der Vorentscheidung noch nicht festgestellt zu werden, daß auch der Höhe nach überhaupt ein Anspruch besteht; vielmehr kann im Endurteile trotz einer den Grund des Anspruchs bestätigenden Vorentscheidung noch auf Freistellung erkannt werden. RFH. 25. Febr. 27 II A 456/26 StuW. 1927 Nr. 202.

§ 267.

1. Die Verletzung der Vorschriften über die Anberaumung einer mündlichen Verhandlung bedeutet nur dann einen wesentlichen Verfahrensmangel, wenn die Möglichkeit besteht, daß bei der mündlichen Verhandlung die Entscheidung anders ausgefallen wäre. RFH. 6. Sept. 27 VI A 475/27 StuW. 1927 Nr. 542.
2. Es kann ein wesentlicher Verfahrensmangel vorliegen, wenn das Finanzgericht aus eigener Kenntnis der Verhältnisse entscheidet, obwohl Bedenken bestanden, die Sachkunde für genügend zu halten.

RFH. 14. Dez. 26 VI A 575/26 S. 20, 87 = StuW. 1927, 108 = ZStFr. 1927, 40 = BStBl. 1927, 85.

3. Ungenügende tatsächliche Darstellung des Sachverhalts. RFH. 26. Jan. 27 IV A 454/26; 9. Febr. 27 VI A 407/26; 9. Febr. 27 IV A 284/26 ZfZ. 1927, 156.

4. Bei typischen Verträgen und Willenserklärungen ist der Reichsfinanzhof zur Nachprüfung der Willensauslegung durch die Vorbehörden befugt. RFH. 16. Febr. 27 VI A 504/26 S. 20, 317 = DStBl. 1927, 310.

5. Die Feststellung, daß im einzelnen Falle eine freigebige Zuwendung unter Lebenden zum Zwecke des Unterhalts den Vermögensverhältnissen und der Lebensstellung des Bedachten entspricht, liegt auf tatsächlichem Gebiet und ist deshalb grundsätzlich — vgl. aber § 6 — der Nachprüfung durch den Reichsfinanzhof entzogen. RFH. 28. Okt. 27 V e A 415/27 DStZ. 1927, 1091.

§ 275.

Neumann, Die Urteilsbindung nach § 275 Abs. 4 der Reichsabgabenordnung, ein Hemmnis gesetzmäßiger Rechtsprechung. Reformvorschlag. DStZ. 1927, 1058.

1. Berichtigung des Berufungsurteils und Aufhebung wegen sachlicher Unrichtigkeit. RFH. 17. Juni 27 V A 236/27 LZ. 1927, 1479.

2. Durch § 275 Abs. 4 ist der Berufungsrichter nicht gehindert, Tatsachen und Umstände, die dem Reichsfinanzhof bei seiner das Berufungsurteil aufhebenden Entscheidung nicht bekannt waren, bei seiner erneuten Entscheidung zu berücksichtigen, auch wenn dadurch die rechtliche Beurteilung des Reichsfinanzhofs ihre Bedeutung verliert. RFH. 17. Dez. 26 II A 469/26 DStBl. 1927, 179 = StA. 1927, 119 = DVR. 1927, 78 = StuW. 1927 Nr. 203.

3. Mangels einer Änderung des Tatbestandes ist auch der RFH., an den eine zurückverwiesene Sache wieder gelangt, an die rechtliche Beurteilung der Aufhebungsentscheidung gebunden. RFH. 7. Juli 27 VI A 326/27 (n. v.).

§ 283.

1. Aufhebung einer Erzwingungsstrafe wegen Fehlens der Fristsetzung in der Androhung. RFH. 29. April 27 V A 224/27 ZfZ. 1927, 266 = StA. 1927, 286 = DStBl. 1927, 543.

2. Legt ein Pflichtiger gemäß § 202 letzter Absatz dar, daß er den vom Finanzamt verlangten Nachweis von Ausgaben nicht liefern könne, und legt er für den Fall, daß die Auflage aufrechterhalten werde, Beschwerde ein, so enthält die die Beschwerde zurückweisende Entscheidung des Präsidenten des Landesfinanzamts auch eine Billigung der Aufrechterhaltung der Anordnung des Finanzamts. Die Entscheidung ist, falls nach den Umständen die Auflage des Finanzamts mehr verlangt, als dem Pflichtigen zugemutet werden kann, wie auch die Anordnung des Finanzamts als nicht mehr gerechtfertigt auf die Rechtsbeschwerde des Pflichtigen aufzuheben. RFH. 26. Okt. 27 VI A 667/27 StuW. 1927 Nr. 531.

§ 285.

Garrels, Kosten der Rechtsmittel in Steuersachen. IndMitt. 1927, 246.

§ 288.

Boethke, Über die Rechtsanwaltsgebühren für das Kostenerstattungsverfahren. DStBl. 1927, 621.

§ 298.

Pendele, Zwangsvollstreckung bei Konkurs des Schuldners. ZfZ. 1927, 102.

§ 301.

Becker, Steuerbeitreibung in sicherungsübereignete Vermögensstücke. DStB. 1927, 271. — Friesecke, Das Interventionsrecht des Sicherungseigentümers in Steuerbeitreibungsverfahren. DStBl. 1927, 664. — Lehrmann, Zu den Sicherungsübereignungen. Steuerzeitung des Landwirts. StZdL. 1927, 208. — Senf, Die Sicherungsübereignung und das Gutachten des Reichsfinanzhofs vom 8. Juni 1926, V D 11/25. IndMitt. 1927, 122. — Uecker, Sicherungsübereignung und Zwangsvollstreckungen. IndMitt. 1927, 22. — Dr. Weiß, Pfandrecht u. Sicherungsübereignung. ZfZ. 1927, 149. — Zoellner, Über die Bedeutung der Sicherungsübereignung bei der Steuerbeitreibung. StA. 1927, 16.

1. Im Falle der Sicherungsübereignung steht dem sicherungsberechtigten Gläubiger auf Grund seines durch die Sicherungsübereignung erworbenen Eigentums kein die Veräußerung hinderndes Recht im Sinne des § 301 AO. zu. OLG. Königsberg 4. Okt. 27 II U183/27 RStBl. 1927, 239.
2. Anders: Sicherungsübereignung erzeugt ein die Veräußerung hinderndes Recht auch im Sinne des § 259 des Danziger Steuergrundgesetzes. OG. Danzig, 27. Okt. 26 III A 307/26 StuW. 1927, 99.

§ 324.

1. Im Vollstreckungsverfahren nach der AO. ist die Versteigerung von Wein nicht zulässig. RFH. 21. Dez. 26 V D 1/26 S. 20, 119 = DStBl. 1927, 314 = StuW. 1927 Nr. 204.

§ 351.

1. Im Verfahren über die Arrestbeschwerde muß dem Arrestschuldner grundsätzlich das rechtliche Gehör gewährt, jedenfalls die Möglichkeit gegeben werden, sich über die für die Beschwerdeentscheidung in Betracht kommenden Unterlagen zu äußern. RFH. 27. Okt. 26 IV A 448/26 ZfZ. 1927, 44.

§ 355.

Cattien, Reichssteuerstrafrecht. (Berlin: Carl Heymann 1927). — Hoeres, Die Mindestgeldstrafe im Steuerstrafrecht. DStBl. 1927, 626. — Jadesohn, Steuerstrafrechtliche Rechtsprechung. StA. 1927,

78. — Derselbe, Das Steuerstrafrecht der Einkommen- und Körperschaftsteuer. DStZ. 1927, 328. — Reißer, Grundriß des Steuerstrafrechts und Steuerstrafverfahren. (Landesfinanzamt Berlin 1926). — Römer, Reichssteuerstrafrecht und Reichssteuerstrafverfahren. (Kassel: Waisenhausbuchdr. 1927).

§ 357.

Jadesohn, Wird bei Steuerzuwiderhandlungen in Betrieben von juristischen Personen oder Personenvereinigungen die Bestrafung der verantwortlichen natürlichen Person dadurch ausgeschlossen, daß Bestrafung der juristischen Person usw. eintritt? IndMitt. 1927, 153. — Derselbe, Ist bei Steuerzuwiderhandlungen Bestrafung der verantwortlichen natürlichen Person neben der Bestrafung einer juristischen Person möglich? DStZ. 1927, 992.

1. Unter § 357 fallen nicht lediglich Ordnungswidrigkeiten, sondern namentlich auch solche Zuwiderhandlungen, bei denen das Vorliegen eines äußeren Tatbestandes eine Rechtsvermutung für die Täterschaft der Hinterziehung bildet. RG. 16. Dez. 26 II D 591/26 DStBl. 1927, 367 = StuW. 1927 Nr. 205.
2. Liegen die Voraussetzungen des § 357 vor, so kann zwar die juristische Person selber als Täter behandelt und — namentlich wenn die Verfolgung einer strafrechtlich verantwortlichen natürlichen Person auf Ermittlungsschwierigkeiten stößt oder unbillig erscheint — allein zur Verantwortung gezogen werden; die strafrechtliche Verantwortlichkeit und Verfolgbarkeit der für die juristische Person handelnden Vertreter und Angestellten wird jedoch, soweit sie überhaupt vorliegt, hierdurch weder ausgeschlossen noch eingeschränkt; insbesondere bewendet es, wenn diese verurteilt werden, bei der in §§ 381, 382 vorgesehenen Haftbarkeit der juristischen Person („des Vertretenen") für die Geldstrafe und die Kosten. RG. 16. Dez. 26 II D 591/26 StA. 1927, 194.
3. Beim Vorliegen der Voraussetzungen des § 357 muß die Bestrafung der juristischen Person erfolgen. Nur wenn im Einzelfalle das Verschulden einer natürlichen Person, eines Vertreters, vorliegt, wird § 357 unanwendbar, weil er den Ausschluß des Verschuldens einer natürlichen Person voraussetzt. OLG. Naumburg 29. Sept. 26 DRZtg. 27 Beil. S. 188.

§ 357 a.

1. Unter welchen Voraussetzungen kann ein Betriebsinhaber für Steuerzuwiderhandlungen eines von ihm mit der Besorgung der Steuerangelegenheiten betrauten Prokuristen verantwortlich gemacht werden? RFH. 14. Dez. 26 I D 313/26 RStBl. 1927, 47.

§ 358.

Schmalz, Die Straffreiheit wegen unverschuldeten Irrtums. StA. 1927, 65.

1. § 358 behandelt einen persönlichen Strafausschließungsgrund. RFH. 7. Dez. 26 RZBl. 27, 110.

2. Der § 59 StGB. gilt für das Steuerstrafrecht nicht nur insoweit, als der § 358 AO. nichts Abweichendes vorschreibt. Mit dem § 358 soll nur der Gedanke der strafbefreienden Wirkung des Strafrechtsirrtums auf das Gebiet des Reichssteuerstrafrechts übertragen werden. Der Wille des Gesetzgebers ging dahin, dem Irrtum noch über die Grenzen des § 59 StGB. hinaus durch Anerkennung des Strafrechtsirrtums als eines persönlichen Strafausschließungsgrundes im Steuerstrafrecht zugunsten des Steuerpflichtigen Geltung zu verschaffen. Nicht sollte dadurch das Anwendungsgebiet des § 59 StGB. im Steuerstrafrecht eingeengt werden. RG. 10. Mai 27 I D 174/27 StuW. 1927 Nr. 206 = DStBl. 1927, 702.

3. Wenn der Täter über das Bestehen seiner Verpflichtung zum Lohnabzug irrt, so kann, gleichviel, ob dieser Irrtum verschuldet oder unverschuldet war, seine Verurteilung wegen vorsätzlicher Hinterziehung nicht erfolgen. KG. 29. Nov. 26 JurRdsch. 27 Beil. S. 380.

4. Irrtum über die Vorschriften, die den Umfang der Lohnsteuerabzugspflicht und ihr Verhältnis zur Einkommensteuervorauszahlungspflicht betreffen, wirkt als außerstrafrechtlicher Irrtum vorsatzausschließend. RGSt. 15. März 27 I D 859/26 StA. 1927, 257.

5. Jeder Irrtum über die Steuerpflicht schließt den Vorsatz aus. RGSt. 31. März 27 II D 30/27 StuW. 1927 Nr. 207 = StA. 1927, 290.

§ 359.

Bülz, Das Steuerstrafrecht der Einkommen- und Körperschaftsteuer. DStZ. 1927, 528. — Cordels, Zum Begriffe der Steuerhinterziehung. StZdL. 1927, 230. — Friesecke, Die Nichtzahlung fälliger Steuern als Steuerhinterziehung. DStBl. 1927, 33. — Derselbe, Kann Nichtzahlung fälliger Steuern als Steuervergehen bestraft werden? IndMitt. 1927, 26. — Schmalz, Zur Frage der Steuerhinterziehung in den Fällen der Nichtabführung behördlich bereits festgesetzter fälliger Steuern. DStB. 1927, 338. — Siwen, Ist die Nichtangabe von Kulturneuland strafbar? StZdL. 1927, 175.

1. Im § 359 Abs. 1 werden nicht verschiedene Delikte zusammengefaßt, es handelt sich vielmehr um zwei gleichwertige, vielfach ineinander übergehende und sich deckende Ausführungsarten desselben Vergehens. RG. 25. April 27 III D 103/27 DStBl. 1927, 701.

2. Vorsatz. Zur Steuerhinterziehung nach § 359 reicht schon ein bedingter Vorsatz aus, also die Feststellung, daß jemand mit der Möglichkeit einer Hinterziehung gerechnet und auf die Gefahr hin gehandelt hat. RG. 25. Nov. 26 II D 534/26 R 4/27 DStBl. 1927, 543; 27. Sept. 27 I D 134/27 R 54/27 (n. v.).

3. — Vorsätzliche Bewirkung einer Steuerverkürzung. KG. 10. Jan. 27 III S 347/26 StA. 1927, 94.

4. — Auch bei der Umsatzsteuer ist das bloße Unterlassen der Entrichtung der fälligen Beträge, selbst wenn es vorsätzlich geschieht, nicht ohne weiteres als Hinterziehung strafbar. Vielmehr muß auch

hier eine Steuerunehrlichkeit, insbesondere eine Steuerverheimlichung hinzutreten, um die Strafbarkeit aus § 359 zu begründen. RG. 3. Febr. 27 II D 1022/26 StuW. 1927 Nr. 298 = StA. 1927, 227.

5. Vollendung. Für die Vollendung der Hinterziehung genügt es, wenn der steuerwidrige Vorgang, insbesondere die Irreführung der Finanzbehörde, durch schuldhaft unterlassene Angaben „bewirkt" hat, daß weniger Steuer einging, als es nach den gesetzlichen Vorschriften ohne die Irreführung dem regelmäßigen Verlaufe der Dinge entsprochen hätte. RG. 28. März 27 III D 988/26 (n. v.).

6. — Die Steuer kann nicht nur durch ein „positives Tun" verkürzt werden, vielmehr ist ein Steuerausfall auch dadurch möglich, daß wegen Unterlassung der gesetzlich gebotenen Offenbarung steuerrechtlich erheblicher Tatsachen das Finanzamt keine Kenntnis von der Steuerschuld oder ihrer Höhe erhält, so daß hierdurch die Festsetzung der nach dem Gesetz vom Reich zu beanspruchenden Steuer vereitelt wird. Es genügt, wenn der steuerwidrige Vorgang „bewirkt" hat, daß weniger Steuer einging, als es ohne jenen nach den gesetzlichen Vorschriften dem regelmäßigen Verlaufe der Dinge entsprochen hätte. Dahin gehört namentlich auch der Fall, daß die Steuerbehörde, weil sie kein Mißtrauen gegen die Höhe der in Wahrheit zu niedrig geleisteten Vorauszahlungen hegt, von der Ermächtigung des § 37 Abs. 4 Satz 2 Halbsatz 2 UmsStG. 1919 keinen Gebrauch macht. RG. 5. Mai 27 III D 227/27 R 37/27 StuW. 1927 Nr. 208.

7. — Der Reichsfinanzhof tritt dem Reichsgericht darin bei, daß die zum Tatbestande der Steuerhinterziehung oder der Steuergefährdung erforderliche Steuerverkürzung schon dann eingetreten ist, wenn der Fiskus nicht zur Zeit der Fälligkeit der Steuer in deren Besitz gelangt. RFH. 18. Okt. 27 II A 227/27 RStBl. 1927, 227.

8. — Wird auf eine unrichtige Voranmeldung hin eine zu geringe Vorauszahlung geleistet, so wird damit bewirkt, daß eine Steuereinnahme verkürzt wird. Die Verkürzung ist sohin nicht nur versucht, sondern vollendet. RG. 4. März 27 I D 92/27 (n. v.).

9. — Dadurch, daß jemand sein Kraftfahrzeug, das zur Beförderung von Gütern diente, zum Befahren öffentlicher Wege benutzt hat, ohne vorher die Steuer zu entrichten, war die Steuer verkürzt. Nachträgliche Zahlung mit Zinsen und Verzugszuschlägen ist unerheblich. RGSt. 6. Okt. 27 III D 376/27 R. 57/27 (n. v.).

10. — Genügt zur Verurteilung wegen Lohnsteuerhinterziehung der Nachweis, daß der Betriebsinhaber die rechtzeitige Ablieferung der Lohnsteuerabzüge vorsätzlich unterlassen hat? RGSt. 14. Dez. 26 I D 313/26 RStBl. 1927, 47.

11. — Eine Hinterziehung von Grunderwerbsteuer ist erst mit der Zustellung des Steuerbescheids vollendet, der sich auf die unrichtigen Angaben des Täters stützt. RG. 8. Okt. 25 II D 214/25 R. 36/25 (n. v.).

§ 360.

1. In dem Abschluß eines den Kaufpreis zu niedrig angebenden notariellen Vertrags und in der dagegen an die Steuerbehörde ge-

machten Anzeige kann der Versuch einer Steuerhinterziehung durch den Notar liegen; zur Vollendung dieses Vergehens muß der Erfolg einer wirklich eingetretenen Steuerverkürzung hinzutreten. RG. 25. Nov. 26 II D 534/26 R 4/27 DStBl. 1927, 543, 544.

2. Versuch der Hinterziehung des Monopolausgleiches. RG. 28. Jan. 27 I D 623/26 DStBl. 1927, 320 = DStBl. 1927, 368.

3. Wird bei Verbriefung eines notariellen Vertrags der vereinbarte Kaufpreis eines Grundstücks zu niedrig angegeben, um durch diese unrichtige Angabe die für den Mehrbetrag geschuldete Steuer zu hinterziehen, so liegt hierin bereits der Anfang der Ausführung und somit ein Versuch der beabsichtigten Steuerhinterziehung. RG. 2. Mai 27 II D 69/27 R 35/27 (n. v.).

§ 361.

1. Fahrlässigkeit. Einer Steuergefährdung kann sich ein Notar schuldig machen, wenn er vor Beurkundung eines Grundstückskaufvertrags es unterläßt, die Beteiligten auf die bürgerlich-rechtlichen und strafrechtlichen Folgen einer Kaufpreisverheimlichung hinzuweisen. RG. 25. Nov. 26 II D 534/26 R 4/27 DStBl. 1927, 543, 544.

2. — Ein Kaufmann handelt fahrlässig, wenn er einem Buchhalter die Bearbeitung seiner Steuerangelegenheiten gänzlich überläßt, ohne zu wissen, daß dieser etwas davon versteht. RG. 3. Febr. 27 II D 1022/26 StuW. 1927 Nr. 298.

3. — Es kann von dem Gewerbetreibenden nicht verlangt werden, daß er, um seinen steuerlichen Verpflichtungen nachkommen zu können, einen Teil seiner Arbeitskraft der Führung seines Unternehmens entzieht, für die seine eigene Betätigung dringend erforderlich ist. RG. 4. März 27 I D 92/27 R 25/27 (n. v.).

4. — Umfassende Kenntnisse des Angeklagten in bezug auf das Steuerrecht überheben ihn nicht der Verpflichtung, vor einer endgültigen Stellungnahme in einzelnen Fragen die gesetzlichen Bestimmungen nachzulesen und unter Umständen sich über die Auslegung des Gesetzes durch die zuständigen Stellen zu vergewissern. RG. 15. März 27 I D 859/26 R 28/27 StuW. 1927 Nr. 210 = StA. 1927, 257 = DStBl. 1927, 702.

5. — Grenzen des schuldhaften Verhaltens bei der Steuergefährdung. RG. 2. Mai 27 II D 21/27, VIII. 215 StA. 1927, 289.

6. — Erkundigungspflicht des Steuerpflichtigen über zweifelhafte Fragen vor Ausfüllung eines Vordrucks oder vor Erteilung einer Auskunft. RGSt. 10. Mai 27 I D 174/27 StuW. 1927 Nr. 367.

7. Verkürzung. Steuergefährdung setzt Steuerverkürzung voraus. Sie liegt vor, wenn an den Fälligkeitstagen die Steuern nicht oder nicht vollständig abgeführt werden. OLG. Dresden 11. Jan. 27 LZ. 27, 657.

8. — Darin, daß durch das amtliche Steuerfestsetzungsverfahren zur Ermittelung der wahren Steuerschuld ein Zeitverlust verursacht wird, kann nicht zugleich eine Verkürzung dieser Schuld erblickt werden. RG. 10. März 27 Recht 27 S. 378.

9. Einen strafbaren fahrlässigen Versuch einer Steuergefährdung gibt es nicht. RG. 25. Nov. 26 II D 534/26 R 4/27 = DStBl. 1927, 544.

10. Bei mehreren Umsatzsteuergefährdungen und Einkommensteuergefährdungen kann ein Dauervergehen bei den mehreren Umsatzsteuergefährdungen untereinander und ebenso bei den Einkommensteuergefährdungen untereinander angenommen werden. RGSt. 30. Juni 27 II D 90/27 R 49/27 = StuW. 1927 Nr. 299.
11. Weder § 59 StGB. noch § 358 AO. kann Bestrafung aus § 367 AO. hindern. RG. 29. Nov. 26 JR. 27 Beil. S. 381.

§ 370.

Hänselmann, Zu § 370 AO. ZfZ. 1927, 177. — Reißer, Die rechtliche Natur der Einziehung von steuerpflichtigen Erzeugnissen. ZfZ. 1927, 40.

§ 374.

Friesecke, Tätige Reue (§ 374 AO.) bei Schwarzverkäufen mit unrichtiger Preisangabe. DStBl. 1927, 391. — Hoeres, Die Beseitigung der Folgen unrichtiger Steuererklärungen durch Selbstanzeige. IndMitt. 1927, 270. — Jadesohn, Voraussetzungen und Wirkungen der tätigen Reue im Steuerstrafrecht. ZfZ. 1927, 197, DStZR. 27, 14. — Schönleben, Zwei Fragen aus dem Steuerstrafrecht (§ 374 AO.). StA. 1927, 242. — Warneyer, Tätige Reue im Sinne von § 374 RAO. DStZ. 1927, 140.

1. Voraussetzung der Straffreiheit ist, daß die Berichtigung der Steuerbehörde auch tatsächlich zugegangen ist. RG. 15. Nov. 26 II D 826/26 VIII 1106 StA. 1927, 191 = DStBl. 1927, 368.
2. Die Steuerbehörde, bei der eine Anzeige erstattet sein muß, um zur Straffreiheit zu führen, ist grundsätzlich diejenige, die für die Veranlagung und Erhebung der jeweils in Betracht kommenden Steuer sachlich und örtlich zuständig ist. Es genügt aber auch, wenn die Anzeige bei einer anderen Behörde, die im Bezirke der an sich zuständigen Steuerbehörde ihren Sitz hat und zur Erfüllung gleichartiger Staatsaufgaben, wie diese, berufen ist, so zeitig eingeht, daß sie bei einer im ordnungsmäßigen Geschäftsgang erfolgten Weitergabe an die an sich zuständige Steuerbehörde zu deren Kenntnis gelangt sein würde, bevor der Täter angezeigt oder eine Untersuchung gegen ihn eingeleitet war. RGSt. 4. Jan. 27 I D 612/26 R 6/27 StuW. 1927 Nr. 211.
3. Unmittelbare Gefahr der Entdeckung im Sinne des § 374 liegt beispielsweise vor, wenn die falsche Steuererklärung erst unmittelbar bei Beginn einer plötzlichen und unvermuteten Bücherrevision berichtigt oder Schmuggelware erst im Augenblick des Beginns einer plötzlichen Durchsicht durch den Zollbeamten angegeben wird. RG. 10. Mai 27 I D 174/1927 VII. 250 StA. 1927, 259.
4. Berichtigung falscher Steuerangaben, veranlaßt durch eine unmittelbare Gefahr der Entdeckung. Irrtümliche Annahme einer Gefahr. RG. 14. Febr. 27 III S 18/27 StA. 1927, 155.

§ 377.

1. a) Kann der äußere Tatbestand der §§ 359, 367 als „andere Handlung oder Unterlassung" im Sinne des § 377 erachtet werden?

b) Ist zur Verurteilung wegen einer Ordnungswidrigkeit nach § 377 der Nachweis eines Verschuldens erforderlich? Wird die Verhängung einer Ordnungsstrafe durch den Nachweis ausgeschlossen, daß die Steuerzuwiderhandlung auf einem Irrtum über Tatumstände im Sinne des § 59 StGB. beruht? Kann eine Steuerhinterziehung mit einer Ordnungswidrigkeit im Fortsetzungszusammenhang stehen? RGSt. 14. Dez. 26 I D 313/26 RStBl. 1927, 47 = StuW. 1927, 94.

2. Unterlassung steuerrechtlich gebotener Buchführung ist dann nicht nach § 377 strafbar, wenn der Buchführungspflichtige die Führung der Bücher ohne Verschulden an Angehörige oder Angestellte überlassen und ohne Verschulden von der Mangelhaftigkeit der Buchführung keine Kenntnis erhalten hat. RG. 10. März 27 JW. 27 Beil. S. 635.

3. Bedeutung des Irrtums bei Anwendung des § 377. RG. 30. Juli 27 II D 90/27 StuW. 1927 Nr. 299.

4. Bedeutung unverschuldeter Unkenntnis einer dem materiellen Steuerrecht angehörenden Meldepflicht. RG. 27. Sept. 27 I D 545/27 StuW. 1927 Nr. 543.

§ 381.

Zschaler, Zu § 381 Abs. 2 AO. Ein Urteil des Oberlandesgerichts Dresden. ZfZ. 1927, 431.

§ 383.

Goetzeler, Zuwiderhandlungen gegen Zölle und Verbrauchsabgaben. Das Verhältnis der §§ 383 AO., 158 VZG. und 77 TabStG. zueinander und verwandte Fragen. ZfZ. 1927, 311.

§ 384.

Moser, Wodurch wird im Verwaltungsstrafverfahren bei Verfehlungen gegen das Vereinszollgesetz und das Tabaksteuergesetz die Verjährung unterbrochen? ZfZ. 1927, 399.

1. Besteht die strafbare Verfehlung in einer Unterlassung (z. B. Nichtanzeige einer Steuerpflicht durch einen Notar), so dauert die Verfehlung fort, solange die ordnungsmäßige Tat nicht nachgeholt oder infolge der Ermittlungen ein Strafverfahren gegenstandslos geworden ist, und der Lauf der Verjährung kann nicht früher beginnen. RG. 25. Nov. 26 II D 534/26 R 4/27 = DStBl. 1927, 543—545.

§ 385.

Jadesohn, Akteneinsicht in Steuerstrafsachen. IndMitt. 1927, 332.

1. Unzulässigkeit der Einstellung des Verfahrens auf Grund von § 153 StPrO. in der Revisionsinstanz. RG. 3. Febr. 27 III S 372/26 StA. 1927, 125.

§ 403.

Koetsche, Die Zwangsmaßnahmen gegen den Beschuldigten im Verwaltungs-Steuerstrafverfahren. DStBl. 1927, 670.

§ 407.

Jadesohn, Das Hauptzollamt und die gerichtliche Vernehmung des Beschuldigten im Verwaltungsstrafverfahren. ZfZ. 1927, 473. — Koetzsche, Zulassung eines Vertreters des Finanzamts bei amtsrichterlicher Vernehmung des Steuerpflichtigen gemäß § 407 Abs. 3 Reichsabgabenordnung. DStBl. 1927, 145.

§ 409.

1. Der § 409 gilt nur für das Verwaltungsstrafverfahren, das mit dem Erlaß des Strafbescheids endet. Der Antrag auf gerichtliche Entscheidung unterliegt mangels besonderer Bestimmungen den allgemeinen Verfahrensgrundsätzen. Danach genügt der mündliche Auftrag des Berechtigten zur Unterzeichnung des Antrags, um dessen Rechtswirksamkeit zu begründen. RGSt. 3. Febr. 27 III D 848/26 R 18/27 StuW. 1927 Nr. 213.

§ 410.

Blaßhofer, Die Unterwerfung bei Steuerzuwiderhandlungen. (Wesen, Voraussetzungen und Verfahren, Folgen der Unterwerfung. Ist eine Unterwerfung zweckmäßig?) DStBl. 1927, 1077. — Goetzeler, Kann ein wegen Geisteskrankheit Entmündigter wegen einer Steuerhinterziehung, die er während der sogenannten lichten Zwischenräume begangen hat, im Wege der Unterwerfung (§ 410 AO.) strafrechtlich zur Verantwortung gezogen werden? ZfZ. 1927, 132. — Heine, Kann ein wegen Geisteskrankheit Entmündigter gültig eine Unterwerfung unter eine Steuerstrafe (§ 410 AO.) erklären? ZfZ. 1927, 230. — Lippmann, Die Nichtigkeit der Unterwerfung im Steuerstrafprozeß infolge Unterlassung der Straffestsetzung in der Verhandlungsniederschrift. ZStFr. 1927, 233. — Weiß, Kann ein wegen Geisteskrankheit Entmündigter wegen einer Steuerhinterziehung, die er während der sog. lichten Zwischenräume begangen hat, im Wege der Unterwerfung (§ 410 AO.) strafrechtrechtlich zur Verantwortung gezogen werden? ZfZ. 1927, 335.

§ 411.

Ludewig, Einstellungsbeschlüsse und gleichgestellte Beschlüsse im Steuerstrafverfahren. ZStFr. 1927, 172.

§ 412.

Vogt, Wie muß die Urschrift des Verwaltungsstrafbescheides und wie seine für die Beteiligten bestimmte Ausfertigung unterschrieben sein? ZfZ. 1927, 21.

1. Form von Strafbescheiden. Unterschrift des die Verantwortung übernehmenden Beamten. RFH. 28. Okt. 26 III D 679/26 DStBl. 1927, 51.

2. Die Wirkungen der Rechtshängigkeit treten nicht ein durch ein Verfahren, das durch einen Antrag auf gerichtliche Entscheidung

gegen einen die sachliche Zuständigkeit des Finanzamts überschreitenden Steuerstrafbescheid eingeleitet worden ist. RG. 7. April 27 Recht 27, 378.

§ 415.

1. Für den **Antrag auf gerichtliche Entscheidung** genügt es, wenn die Erklärung von einem Dritten unterzeichnet ist, der dazu vom Antragsberechtigten mündlich bevollmächtigt worden ist. RG. 3. Febr. 27 JR. 27 Beil. 636.

2. Da der Erlaß eines **Strafbescheides** Prozeßvoraussetzung ist, muß der Richter prüfen, ob er ergangen ist. Hierzu gehört nur die Prüfung, ob das dem Beschuldigten zugestellte Schriftstück sich äußerlich als Strafbescheid darstellt, ob es von einem Finanzamt erlassen und ob es wegen einer darin bezeichneten strafbaren Handlung eine Steuerfrage festsetzt. KG. 21. Febr. 27 Recht 27, 378.

§ 422.

1. Für die Festsetzung und Einziehung der Auslagen, die im Verwaltungsstrafverfahren vor dem Finanzamt entstanden sind, ist im Falle des § 422 nicht das Gericht, sondern das Finanzamt zuständig. Das gilt im Falle der gerichtlichen Verurteilung sowohl für den Fall, daß das Finanzamt die Sache, ohne Strafbescheid zu erlassen, an die Staatsanwaltschaft abgegeben als auch für den Fall, daß das Finanzamt vorher einen Strafbescheid erlassen hat. RFH. 11. Nov. 27 V D 3/27 S. 22, 159 = StuW. 1927 Nr. 544.

§ 426.

Jadesohn, Zurücknahme des Strafbescheids und Strafklageverbrauch. ZfZ. 1927, 131. — Peyer, Der Richter bei Steuerstrafsachen. DJZ. 1927, 1609. — Wetzler, Zurücknahme von Steuerstrafbescheiden. DStB. 1927, 336.

1. Durch die vor der Hauptverhandlung mit Zustimmung der Staatsanwaltschaft erfolgte Zurücknahme des Strafbescheids durch das Finanzamt wird die erneute Strafverfolgung durch das Finanzamt nicht ausgeschlossen. RG. 16. Dez. 26 II D 860/26 VIII 1180 StA. 1927, 226.

§ 430.

Steinbeck, Verhandlung ohne Angeklagten im Falle des § 430 AO. DJZ. 1927, 1475.

§ 432.

1. Zur Stellung des Finanzamts als Nebenkläger. RGSt. 18. Nov. 26 II D 487/26 StuW. 1927 Nr. 214 = DStBl. 1927, 543.

2. Die Revision erfordert eine in sich abgeschlossene Erklärung, aus der sich die Anträge des Beschwerdeführers und ihre Begründung vollständig ergeben. Der Hinweis auf andere Schriftstücke zur Ergänzung der Erklärung ist unzulässig. RGSt. 11. Okt. 26 III D 391/26 IX 606/26 StA. 1927, 28.

§ 433.

Arlt, Zur Anwendung des § 433 Reichsabgabenordnung. DStBl. 1927, 479. — Friesecke, Ist das Gericht nach § 433 Reichsabgabenordnung auch hinsichtlich des Tatbestandes an die Entscheidung des Reichsfinanzhofs gebunden? DStBl. 1927, 478.

1. Die Anwendbarkeit des § 433 hat das Revisionsgericht von Amtswegen zu prüfen. RG. 14. April 27 I D 466/1927 VII 638 StA. 1927, 323.
2. Täter. § 433 setzt eine Entscheidung der Steuerstellen gegen den Angeklagten voraus, greift also nicht Platz, wenn eine solche nur gegen einen Gesamtschuldner des Angeklagten ergangen ist und letzterer die Schuld bezahlt hat, so daß der Angeklagte wegen der Steuer nicht mehr in Anspruch genommen werden kann. RG. 8. Okt. 25 II D 214/25 R 36/25 (n. v.).
3. — § 433 ist nicht anwendbar im Strafverfahren gegen Personen, die nicht selbst steuerpflichtig sind. RGSt. 27. Sept. 27 I D 134/27 R 54/27 (n. v.).
4. — Hat die Steuerbehörde in dem Steuerbescheide festgestellt, daß der Zollanspruch auf Grund der Hinterziehung gegen die Person des Hinterziehers erhoben ist, so hängt die Verurteilung wegen Zollhinterziehung und ebenso die Verurteilung wegen Bandenschmuggels nicht von dem Bestehen eines persönlichen Steueranspruchs ab. Bei dieser Feststellung ist das Gericht unabhängig von der Entscheidung der Steuerfrage durch die Steuerbehörde. RFH. 7. Dez. 26 IV F 12/26 ZfZ. 1927, 88 = DJZ. 1927, 676 = DStBl. 1927, 315 = JW. 1927, 1279 *(m. Bespr. v. Hensel)*. Ebenso RFH. 26. Jan. 27 IV F 14/26 StA. 1927, 185.
5. — Ein schwebendes Verfahren aus § 3 des Gesetzes über Steuernachsicht vom 3. Januar 1920 erfordert nicht die Anwendung des § 433, weil es nicht steuerlicher, sondern strafrechtlicher Natur ist und nicht die Festsetzung einer Steuer, sondern lediglich die einer Steuerstrafe, nämlich die Verfallerklärung des verschwiegenen Vermögens zum Ziele hat. RG. 5. Nov. 25 II D 783/24 (n. v.).
6. Fehlen des Steuerbescheides. Keine Aussetzung des Strafverfahrens, wenn das Hauptzollamt erklärt, erst nach Beendigung des gerichtlichen Verfahrens den Zoll vom Angeklagten einziehen zu wollen. RFH. 15. Nov. 26 II D 613/26 DStBl. 1927, 179.
7. — Aussetzung der Entscheidung über den hinterzogenen Zollbetrag seitens der Finanzbehörde bis zur Erledigung des Strafverfahrens. RG. 27. Jan. 27 II D 938/26 DStBl. 1927, 244.
8. — Geht aus einer Erklärung des Finanzamts hervor, daß es „mit Rücksicht auf die Ungewißheit der (strafrichterlichen) Entscheidung" auch „in steuerlicher Hinsicht" von einer „Weiterverfolgung aller Sachen . . . abgesehen" hat, also bisher einen Steuerbescheid gegen den Angeklagten nicht erlassen wollte, so braucht das Revisionsgericht weitere Steuerbescheide des Finanzamts vor seiner Entscheidung nicht abzuwarten, da es nur zu prüfen hat, ob das angefochtene Urteil nach der ihm bei der Urteilsfällung zugrunde zu legenden Sach- und Rechtslage auf einer Verletzung des Gesetzes beruht. RG. 3. Febr. 27 II D 739/26 DStBl. 1927, 545.

9. — § 433 ist nicht anwendbar, wenn die Steuer bereits in der vollen, von der Finanzbehörde geforderten Höhe entrichtet ist. RG. 27. Sept. 27 I D 134/27 R 54/27 (n. v.).

10. — Ist die Höhe eines Steueranspruchs durch Schätzung gefunden und der Strafrichter bei Bemessung der Geldstrafe zwar nach oben an ein Mehrfaches der Steuerverkürzung gebunden, im übrigen aber frei, so greift § 433 nur dann Platz, wenn der Strafrichter über den Rahmen hinausgehen will, der sich aus der von der Finanzbehörde festgesetzten Steuerverkürzung ergibt. RG. 7. Juli 25 I D 25/25 R. 25/25 (n. v.).

§ 434.

1. Zur Stellung des Strafgerichts im Falle des § 434. RG. 27. Sept. 27 I D 545/27 StuW. 1927 Nr. 545.

§ 435.

Bülz, Zur gerichtlichen Umwandlung von Steuergeldstrafen. StA. 1927, 206. — Jadesohn, Die Tätigkeit der Gerichte bei Umwandlung von Geldstrafen der Steuerbehörden. JurR. 1927, 23.

§ 438.

1. Gegen einen Abwesenden kann nach § 438 über die Grenzen des § 277 StPO. hinaus das Revisionsgericht entscheiden. Das kann auch geschehen, wenn die öffentliche Klage nicht ausschließlich wegen Steuerzuwiderhandlung, sondern zugleich wegen einer damit tateinheitlich zusammentreffenden strafbaren Handlung erhoben ist. RGSt. 16. Dez. 26 E. 61, 89.

§ 443.

Koetzsche, Niederschlagung von Strafen und Untersuchungen in Steuersachen nach § 443 AO. DStBl. 1927, 623.

§ 449.

Moser, Wodurch wird im Verwaltungsstrafverfahren bei Verfehlungen gegen das Vereinszollgesetz und das Tabaksteuergesetz die Verjährung unterbrochen? ZfZ. 1927, 399.

3.

Gesetz zur Aufbringung der Industriebelastung (Aufbringungsgesetz)

vom 30. August 1924 (RGBl. II S. 269).

Ball, Zur Bilanzierung der Industriebelastung. DStZ. 1927, 981. — Hauser, Zur Auslegung des Aufbringungsgesetzes. DStZ. 1927, 599. — Hein, Die Industriebelastungs- und Aufbringungsgesetze des Dawesplanes und ihre wirtschafts- und finanzpolitische sowie steuerrechtliche Bedeutung für das Versicherungswesen. DStZ. 1927, 332. — Keichel, Die neuen Durchführungsbestimmungen für die Aufbringung der Industriebelastung 1927. IndMitt. 1927, 1. — Meyer, Die Industriebelastung bei Ehegatten. IndMitt. 1927, 350.

§ 1.

1. Die Aufbringungslast hat realsteuerartigen Charakter. RFH. 14. Juni 27 I A 111/27 S. 21, 210 = DStBl. 1927, 533 = StuW. 1927 Nr. 430.

§ 2.

Seyffert, Unterliegen die Anteile Deutscher an ausländischen einfachen Handelsgesellschaften der deutschen Industriebelastung und Aufbringung? IndMitt. 1927, 186.

1. Zum Begriff des landwirtschaftlichen Nebenbetriebs. RFH. 25. Okt. 27 I A 418/27 DStZ. 1927, 1087 = StuW. 1927 Nr. 550.
2. Die Aufbringungspflicht eines Gewerbebetriebes mit eigener wirtschaftlicher Zweckbestimmung wird durch seine Verflechtung mit einem anderen, von der Aufbringungslast befreiten Gewerbebetriebe nicht berührt. RFH. 19. Okt. 27 I A 204/27 S. 22, 136 = StuW. 1927 Nr. 546.
3. Zum Begriff der werbenden Betriebe im Sinne des AufbrG. RFH. 11. Okt. 27 I A 372/27 S. 22, 97 = StuW. 1927 Nr. 551.
4. Eine Kreisbank-A.-G., der die erforderliche Genehmigung der staatlichen Aufsichtsbehörde für die Errichtung nicht erteilt worden ist, ist aufbringungspflichtig, wenn sie wirtschaftlich entstanden ist und sich wirtschaftlich betätigt hat. RFH. 11. Okt. 27 I A 205/27 StuW. 1927 Nr. 547.
5. Der Stadtgemeinde gehörende Gaststätten in städtischen Anlagen, die zu normalen Pachtsätzen verpachtet sind, sind nicht gemeinnützig. Sie gehören zu den werbenden Betrieben. Zu den gärtnerischen Betrieben gehört nicht die Unterhaltung öffentlicher Anlagen. RFH. 13. Okt. 27 I A 345—349/27 StuW. 1927 Nr. 548.
6. Der Verpächter kann nur dann zu Aufbringungsleistungen herangezogen werden, wenn mit den Pachtgegenständen vom Pächter ein aufbringungspflichtiger Betrieb unterhalten wird. RFH. 28. Sept. 27 I A 316/27 IndMitt. 1927, 370 = StuW. 1927 Nr. 553.
7. Behandlung eines verpachteten Kur- und Badebetriebes. RFH. 13. Sept. 27 I A 312/27 DStZ. 1927, 998 = StuW. 1927 Nr. 552.

§ 3.

1. Für den Fall, daß ein Unternehmer mehrere Betriebsvermögenseinheiten besitzt, von denen eine so überschuldet ist, daß bei Zusammenrechnung aller Einheiten die Freigrenze von 20 000 *RM* nicht überstiegen wird, bezieht sich die Freigrenze auf das gesamte Betriebsvermögen, nicht auf die wirtschaftliche Einheit des einzelnen Betriebs. RFH. 14. Juni 27 I A 111/27 S. 21, 210 = DStBl. 1927, 533 = StuW. 1927 Nr. 430.
2. Betreibt jemand mehrere selbständige aufbringungspflichtige Unternehmungen, so ist bei der Prüfung der Frage, ob die Freigabe von

20000 *RM* überschritten wird, das den verschiedenen Unternehmungen gewidmete Betriebsvermögen zusammenzurechnen. RFH. 4. Nov. 27 I A 390/27 StuW. 1927 Nr. 554.

§ 4.

1. Die Einführung von Vorauszahlungen auf die aufzubringenden Beträge, ihre Anknüpfung an die Vermögensteuererklärung für 1925 sowie die Beschränkung der zulässigen Rechtsmittel gegen den Vorauszahlungsbescheid durch die II. DurchfVO. z. AufbrG. waren rechtlich zulässig. RFH. 22. April 1927 I A 381/26 S. 21, 114 = StuW. 1927 Nr. 131, 429 = DStBl. 1927, 419 = StA. 1927, 255.

2. Wenn das AufbrG. im § 4 Abs. 1 das zur Vermögensteuer v e r a n l a g t e Betriebsvermögen maßgebend sein läßt, so bedeutet dies nicht, daß der Unternehmer von seinem Gesamtvermögen Vermögensteuer habe entrichten müssen. Auch in Ermangelung eines vermögensteuerpflichtigen Gesamtvermögens vorgenommene Freiveranlagungen genügen. Voraussetzung ist nur das Vorhandensein aufbringungspflichtigen Betriebsvermögens, gleichgültig, ob dieses durch negative Bestandteile anderer Vermögensarten im Gesamtergebnis ganz oder zum Teil aufgewogen wird. RFH. 14. Juni 27 I A 111/27 S. 21, 210 = DStBl. 1927, 533 = StuW. 1927 Nr. 430.

3. Hat eine Veranlagung zur Vermögensteuer stattgefunden, so kann der Einwand, daß subjektiv aufbringungspflichtiger Unternehmer des aufbringungspflichtigen Betriebs ein anderer als der zur Vermögensteuer Veranlagte sei, regelmäßig im Aufbringungs-Vorauszahlungsverfahren nicht selbständig geltend gemacht werden. Alsdann ist die subjektive Aufbringungspflicht ein Ausfluß der subjektiven Vermögensteuerpflicht und deren Beurteilung in dem Vermögensteuerverfahren für das Aufbringungs-Vorauszahlungsverfahren maßgebend. RFH. 4. Nov. 27 I A 279/27 StuW. 1927 Nr. 549.

§ 6.

U h l i c h, Neufeststellung des Einheitswerts zum Ende des Hauptfeststellungszeitraums. Ind Mitt. 1927, 121.

§ 7.

S e y f f e r t, Aussetzung der Vollziehung von Vorauszahlungsbescheiden über Industrielastenaufbringung. IndMitt. 1927, 96.

1. Die Regelung des Rechtsmittelverfahrens für die Vorauszahlungen für 1927 im § 7 ist rechtsgültig, auch soweit durch Abs. 2 eine Beschränkung des zulässigen Vorbringens eingeführt ist. RFH. 14. Juni 27 I A 111/27 S. 21, 210 = DStBl. 1927, 533 = StuW. 1927 Nr. 430.

2. Die Höhe der festgesetzten Vorauszahlungen auf die Jahresleistungen nach dem AufbrG. für 1927 wird weder durch eine spätere Rechtsmittelentscheidung über die Feststellung des Einheitswertes für das

Betriebsvermögen oder über die Vermögenssteuerveranlagung, noch durch Neufeststellung des Einheitswertes infolge von Vermögensverlusten berührt. RFH. 13. Sept. 27 I A 202/27 StuW. 1927 Nr. 556.

3. Die Anwendung des § 3 Abs. 2 der IV. DurchfV. z. AufbrG. vom 21. Dez. 1926 (RGBl. II S. 805) — besondere Feststellung des Betriebsvermögens für die Vorauszahlungen nach dem AufbrG. im Kalenderjahr 1927 — kann nicht darauf gestützt werden, daß die Einheitswertfeststellung für die Zwecke der Vermögensteuer ein Gesamtvermögen von nicht mehr als 5000 *RM* ergeben habe. RFH. 13. Sept. 27 I A 299/27 S. 22, 75 = IndMitt. 1927, 369 = StuW. 1927 Nr. 699.

§ 8.

1. Die Urschrift des § 8, daß bei Änderung der Bemessungsgrundlage der Bescheid von Amts wegen zu berichtigen ist, gilt nur für den Aufbringungsbescheid selbst (§ 14 Abs. 1 der 2. D.RO.) nicht aber für den Vorauszahlungsbescheid 1927. RFH. 13. Sept. 27 I A 330/27 DStZ. 1927, 998.

§ 12.

Hefner, Aufbringung und Neufeststellung. DStB. 1927, 224. — Jurk, Grundstücksverkehr unter dem Industriebelastungsgesetze. DStBl. 1927, 507.

1. Haftung des Kreises für die in ihn aufgegangene Kreisbank-A.-G. RFH. 11. Okt. 27 I A 205/27 StuW. 1927 Nr. 547.

§ 15.

1. Zum Unterschied zwischen Durchführungs- und Ausführungsbestimmungen. RFH. 14. Juni 27 I A 111/27 S. 21, 210 = IndMitt. 1927, 249 = DStBl. 1927, 533 = StuW. 1927 Nr. 430.

4.

Beamtensiedlungsverordnung

vom 11. Febr. 1924 (RGBl. I S. 53).

§ 11.

1. Ob die Voraussetzungen für die Befreiung von der Grunderwerbsteuer vorliegen, hat die Steuerstelle nicht selbständig zu entscheiden, sondern sie ist an die Entscheidung der Behörde gebunden, die die Versorgungsansprüche des abgebauten Beamten zu regeln hat. RFH. 5. Aug. 27 II A 278/27 StuW. 1927 Nr. 634.
2. Anwendungsfall. RFH. 5. Aug. 27 II A 185/27 DStR. 1927, 188.

5.

Beförderungssteuergesetz

vom 29. Juni 1926 (RGBl. I S. 357).

§ 1.

1. Bettkarten der Schlafwagengesellschaften sind beförderungssteuerpflichtig. RFH. 19. Juli 27 II A 309/27 S. 21, 284 = StuW. 1927 Nr. 469.
2. Seilschwebebahnen unterliegen nicht der Beförderungssteuer. RFH. 31. Mai 27 II A 220/27 S. 21, 191 = DStBl. 1927, 535 = BR. 1927, 603 = StuW. 1927 Nr. 468; 3. März 27 II A 220/27 DBR. 1927, 122.

6.

Biersteuergesetz

vom 9. Juli 1923, 11. August 1923, 13. Febr. 1924, 10. August 1925 (RGBl. 1923 I S. 557, 770; 1924 S. 68; 1925 I S. 244, 248).

Koppe und Fleminger, Biersteuerrecht (Reichs- und Gemeindebiersteuer), 3. Aufl. (Berlin, Spaeth & Linde 1921). — Siegert, Die Biersteuernovelle vom 10. August 1925 — Nachtrag —. (Berlin: Müller 1927).

§ 3.

Koppe, Der Wegfall der Biersteuerstaffelung bei Brauereizusammenschlüssen. ZfZ. 1927, 249. — Trautvetter, Die Vorschrift des § 3 Abs. 3 des Biersteuergesetzes und der Reichsfinanzhof. ZfZ. 1927, 269.

1. Mehrere Brauereien werden dann für Rechnung einer und derselben Person oder Gesellschaft betrieben, wenn 3/4 oder mehr ihrer Erträge dieser Person oder Gesellschaft zufließen. RFH. 18. Mai 27 IV A 114/27 S. 21, 179 = StA. 1927, 284 = DStBl. 1927, 535 = JW. 1927, 1722 *(mit Bespr. v. Mayr).*
2. Durch die rückwirkend vereinbarte Aufhebung eines Interessengemeinschaftsvertrages fallen die Voraussetzungen, von denen § 3 Abs. 3 Satz 1 die Behandlung mehrerer Brauereien als ein Brauereibetrieb abhängig macht, nicht weg. RFH. 13. Juli 27 IV A 83/27 ZfZ. 1927, 385.

§ 13.

1. a) Die Bestimmung im § 57 der AusfBest. über die Führung des Zuckerverwendungsbuches hat ihre gesetzliche Grundlage im § 195 AO.

b) Die Bestimmung im § 57 der AusfBest. bezieht sich nicht auf die nicht zur Bierbereitung bestimmten Zuckervorräte. Der Inhaber eines Brauereibetriebs, der auf seinem Brauereigrundstück auch einen Betrieb zur Herstellung von Limonaden eingerichtet hat, ist daher zur Führung eines Verwendungsbuches über Zuckervorräte, die ausschließlich zur Herstellung von Limonaden bestimmt sind, nicht verpflichtet. RFH. 23. Nov. 27 IV A 233/27 S. 22, 168 = ZfZ. 1927, 485.

§ 17.

1. Die Rechtsvermutung ist widerlegbar, sofern dargetan wird, daß die Fehlmenge auf Umstände anderer Art, die eine Steuerschuld nicht begründen, zurückzuführen ist. RFH. 28. Juni 27 IV A 69/27 ZfZ. 1927, 346.

7.

Gesetz über das Branntweinmonopol

vom 26. Juli 1918 (RGBl. S. 887).

§ 154.

1. Inhaber. Wenn das Gesetz die Haftung für den Monopolausgleich an die bloße Tatsache des Gewahrsams anknüpft und „jeden" Gewahrsamsinhaber haftbar macht, dann deutet dies an sich schon darauf hin, daß bei mehrfachem Wechsel des Gewahrsams alle aufeinanderfolgenden Gewahrsamsinhaber haften sollen. RFH. 7. Dez. 26 IV A 326/26 ZfZ. 1927, 65 = DStBl. 1927, 93.

2. — Inhaber (natürlicher Besitzer) ist nicht, wer lediglich Besitzdiener und damit bloßes Werkzeug ist. RFH. 25. Okt. 27 IV A 281/27 I S. 22, 126 = ZfZ. 1927, 482.

3. — Der Gewahrsamsinhaber eines Behältnisses hat auch den Gewahrsam an dem Inhalt des Behältnisses, ohne daß noch eine besondere Kenntnis dieses Inhalts erforderlich ist. RFH. 25. Okt. 27 IV A 278/27 S. 22, 125 = ZfZ. 1927, 485 = ZfZ. 1928, 16.

4. Nach § 154 entsteht die Monopolausgleichsschuld mit der Überschreitung der Zollgrenze und nach Abs. 2 derselben Bestimmung ist „Monopolausgleichsschuldner" der, für dessen Rechnung die Ware eingeht. RFH. 9. März 27 IV A 277/26 ZfZ. 1927, 182.

5. Die Haftung als Gewahrsamsinhaber gemäß § 154 Abs. 2 Satz 2 ist weder davon abhängig, daß der eigentliche Ausgleichsschuldner nicht ermittelt werden kann, noch auch davon, daß er zahlungsunfähig ist. RFH. 1. Juni 27 IV A 186/27 ZfZ. 1927, 346.

6. Branntwein verliert durch Zusatz von Kornessenz nicht seine Eigenschaft als Branntwein. RFH. 14. Sept. 27 IV A 273/27 ZfZ. 1927, 426.

7. Es liegt im Ermessen der Zollbehörde, zu welchem Zeitpunkt eines Schmuggelunternehmens sie zugreifen will. RFH. 14. Sept. 27 IV A 260/27 ZfZ. 1927, 426.
8. Die Möglichkeit der Beschlagnahme schließt die Haftung nach § 154 nicht aus. RFH. 14. Sept. 27 IV A 259/27 ZfZ. 1927, 426.

8.

Deutsch-polnisches Abkommen über Oberschlesien

vom 15. Mai 1922 (RGBl. II S. 25).

Art. 220.

1. Werden Güter, die unter Art. 220 des deutsch-polnischen Abkommens über Oberschlesien v. 15. Mai 1922 fallen, eingeführt, so entsteht dadurch eine aufschiebend bedingte Zollpflicht, die andauert bis zu dem Zeitpunkt, in welchem feststeht, daß die Güter nicht wieder in das Ursprungsland zurückkehren werden. Die Eisenbahn ist nicht berechtigt, für solche Güter besondere Gebühren für die Zollabfertigung zu erheben. RG. 18. Jan. 27 I 13/27 VR. 1927, 604.

9.

Einkommensteuergesetz

vom 10. August 1925 (RGBl. I S. 189).

Becker, EinkStG. im Handkommentar der Reichssteuergesetze, Lieferung 4. Stuttgart: Heß 1927. — Pißel und Koppe, Das Einkommensteuergesetz v. 10. August 1915 mit Ausführungs- und Durchführungsbestimmungen. 2. Aufl. (Berlin, Industrie-Verlag Spaeth & Linde 1927). — Strutz, Kommentar zum Einkommensteuergesetz. 3. Liefg. (Berlin: Otto Liebmann 1927).

Becker, Rundschau zur Rechtsprechung. StuW. 1927, 706. — Heider, Die Steuerpflicht der Angehörigen religiöser Orden. DStBl. 1927, 464. — Kuhn, Zweifelsfragen aus dem Einkommensteuergesetz. StA. 1927, 4, 35. — Lademann, Die notwendigsten Änderungen des Einkommensteuergesetzes. IndMitt. 1927, 3. — Mirre, Gesellschaftsverträge und Einkommensteuer. ZStFr. 1927, 55. — Wolffheim, Wirtschaftliche Betriebszusammenschlüsse und ihre Auswirkung auf die Einkommensteuer und Körperschaftssteuer. StA. 1927, 46.

§ 1.

1. Für die Auslegung des EinkStG. 1925 ist weder der Quellengedanke noch der Gedanke des reinen Vermögenszuganges von Schanz von ausschlaggebender Bedeutung. RFH. 7. Juli 27 VI A 255/27 StuW. 1927 Nr. 356.

§ 2.

1. Die Zusicherung der Befreiung von sämtlichen Landesabgaben in einer preuß. Erbenzinsverschreibung aus dem Jahre 1753 be-

gründet keine Befreiung von der Einkommensteuer. RFH. 28. Sept. 27 VI A 553/27 RStBl. 1927, 223 = StZbL. 1927, 215 = DStZ. 1927, 1087 = StuW. 1927 Nr. 558.

§ 3.

Fritz, Der Begriff der Betriebsstätte im „Preuß. Gewerbesteuer-Gesetz". DStBl. 1927, 160. — Hefner, Verschiedenartige Regelung der beschränkten Steuerpflicht bei der Einkommen- und Vermögensteuer. DStBl. 1927, 513. — Lewin, Inländische Betriebsstätte, ständiger Vertreter, inländisches Betriebsvermögen als Voraussetzungen der beschränkten Einkommen- und Vermögensteuerpflicht aus inländischem Gewerbebetrieb. ZStFr. 1927, 122, 145.

1. a) Ein Warenlager, das von einem ausländischen Gewerbetreibenden bei einer inländischen Zollniederlage unterhalten wird, kann auch dann eine Betriebsstätte sein, wenn die Einlagerung auf den Namen eines inländischen Spediteurs vorgenommen ist.
b) Zum Begriffe der Betriebsstätte ist nicht erforderlich, daß sie sich in eigenen oder gemieteten Räumen des Unternehmers befindet.
c) Die Annahme einer Betriebsstätte ist nicht davon abhängig, daß dort Rechtsgeschäfte abgeschlossen oder Bücher geführt werden. Vielmehr genügt jede Tätigkeit, die sich als Ausübung des Gewerbebetriebs des Unternehmers darstellt, auch wenn es sich nur um nebensächliche, rein technische oder handwerksmäßige Arbeiten handelt.
d) Die Betriebsstätte braucht nicht nach außen kenntlich zu sein.
e) Der ständige Vertreter braucht in Deutschland weder Wohnsitz noch dauernden Aufenthalt zu haben. RFH. 4. März 27 I B 1/27 S. 20, 310 = RStBl. 1927, 112 = DStBl. 1927, 362 = IndMitt. 1927, 130 = DJZ. 1927, 1196 = StuW. 1927 Nr. 324.

§ 6.

Lindermuth, Kohlenabbaugerechtigkeiten und sonstige Kohlenausbeutungsverträge und Einkommensteuer. StZdL. 1927, 81. — Krombach, Zur Frage der Steuerpflicht der Gratifikationen, insbesondere der Jubiläumsgeschenke. DStZ. 1927, 595. — Ruprecht, Die Besteuerung von Schenkungen in Gesetz und Rechtsprechung. IndMitt. 1927, 390.

1. § 6 Abs. 3 schließt nicht aus, daß Lotteriegewinne, die einem Losehändler auf Grund nicht abgesetzter Lose zufließen, als im Gewerbebetrieb angefallen zum Einkommen aus Gewerbebetrieb gerechnet werden. Dies gilt auch von Lotteriegewinnen der Preußisch-Süddeutschen Klassenlotterie, die einem Lotterieeinnehmer wegen nicht abgesetzter Klassenlose anfallen, jedenfalls dann, wenn ihm als Kaufmann die Lotterieeinnahme übertragen ist. RFH. 16. Juni 27 VI A 260/27 S. 21, 225 = DStZ. 1927, 720 = StuW. 1927 Nr. 302 = JW. 1927, 2651 *(mit Bespr. v. Marcuse).*

2. Eine Entschädigung, die vertragsmäßig für freiwilliges Ausscheiden aus dem Beamtenverhältnisse gewährt wird, kann nicht als eine Kapitalabfindung auf Grund eines Pensionsgesetzes angesehen werden. RFH. 30. Juni 27 VI A 293/27 RStBl. 1927, 197.

3. Jubiläumsgaben an Angestellte und Arbeiter sind grundsätzlich als Schenkungen anzusehen und unterliegen daher nicht der Einkommensteuer. Das gilt gleichermaßen für Zuwendungen, die anläßlich eines Jubiläums des Geschäftsherrn wie des Arbeitnehmers gewährt werden. RFH. 16. Febr. 27 VI A 504/26 S. 20, 317 = IndMitt. 1927, 128 = DJZ. 1927, 1042 = StuW. 1927 Nr. 95 *dazu Becker, dass. 582)*= ZStFr. 1927, 143 = StA. 1927, 223.
4. Zum Verhältnis von § 6 Abs. 1 u. 2 und § 6 Abs. 3. RFH. 7. Juli 27 VI A 255/27 StuW. 1927 Nr. 356.

§ 8.

1. Zuwendungen zur Erfüllung einer gesetzlichen Unterhaltspflicht liegen nur vor, soweit es sich um die Erfüllung der im BGB., insbesondere in den §§ 1601 ff. aufgeführten, auf familienrechtlicher Grundlage beruhenden Verpflichtungen zur Gewährung von Unterhalt handelt; nicht dazu gehören daher Geldrenten, auf die ein Steuerpflichtiger unter dem Gesichtspunkt des Schadenersatzes (z. B. § 843 BGB.) einen gesetzlichen Anspruch hat. RFH. 28. Sept. 27 VI A 181/27 S. 22, 91 = StA. 1927, 382 = StuW. 1927 Nr. 580.
2. Zuschüsse eines Arbeitgebers zu den monatlichen Kassenbeiträgen einer Kasse, der der Arbeitnehmer freiwillig beitritt, sind Teile des Arbeitslohnes und unterliegen nicht der Befreiung nach § 8 Nr. 10, obwohl sie einen Ersatz für die bei Krankheit gewährten Notstandsbeihilfen darstellen. RFH. 24. März 27 VI A 624/26 DStZ. 1927, 434 = StuW. 1927 Nr. 154 = RStBl. 1927, 148 = DStBl. 1927, 538.
3. Das Wort „sofern" in § 1 Abs. 2, in § 1a der V. v. 25. Nov. 1925 ist gleichbedeutend mit „wenn", nicht mit „soweit". RFH. 6. Sept. 27 VI A 44/27 StuW. 1927 Nr. 431.

§ 10.

Becker, Grundfragen aus den neuen Steuergesetzen. Übersicht: Begriff und Gestaltung Steuerabschnitts nach dem Einkommensteuergesetz. StuW. 1927, 541/42. — Mirre, Das Rumpfwirtschaftsjahr des Landwirts. ZStFr. 1927, 269. — Ubber, Der Steuerabschnitt betr. Umsatz- und Einkommensteuer bei Landwirten. ZStFr. 1927, 246.

1. Zum Begriffe der Steuerpflicht im Sinne des § 10 Abs. 4. RFH. 22. Dez. 26 VI A 541/26 S. 20, 213 = StuW. 1927, 419 = DStBl. 1927, 232 = DStBl. 1927, 242.
2. Regelmäßige Geschäftsabschlüsse und ordnungsmäßige Buchführung. RFH. 23. Febr. 27 VI A 1/27 RStBl. 1927, 122.

§ 11.

1. § 11 Abs. 1 kommt innerhalb des Anwendungsgebietes des § 13 nicht zu Raum. RFH. 18. Nov. 27 VI A 694/27 StuW. 1927 Nr. 561.
2. Die Bestimmungen des § 11 Abs. 2 gehen bei Steuerpflichtigen, die für Einkünfte der im § 6 Abs. 1 Nr. 1—3 bezeichneten Art regelmäßige Abschlüsse fertigen und mit dem nach § 12 Abs. 1 ermittelten Gewinne zur Steuer herangezogen werden, der Vorschrift des

§ 12 Abs. 2 Satz 1 EinkStG. vor. Aber auch für Pflichtige ohne ordnungsmäßige Buchführung, als deren Einkommen bei Einkünften der genannten Art der nach § 12 Abs. 1 ermittelte Gewinn gilt, ist § 12 Abs. 2 Satz 1 insoweit nicht anzuwenden, als der gleiche Vorgang bei einem buchführenden Steuerpflichtigen mit Rücksicht auf die Grundsätze ordnungsmäßiger Buchführung nicht in der dort vorgesehenen Weise zu behandeln wäre. RFH. 22. Dez. 1926 VI A 496/26 S. 20, 179 = IndMitt. 1927, 66 = DStBl. 1927, 233 = StuW. 1927, 289 = StA. 1927, 256 = StZdL. 1927, 49 = JW. 1927, 2546 *(mit Bespr. v. Marcuse).*

3. Die von einem Rechtsanwalt für seinen Auftraggeber ausgelegten Gerichtskostenvorschüsse und sonstige durchlaufende Posten sind keine steuerbaren Einnahmen. RFH. 28. Sept. 27 VI A 566/27 DStZ. 1927, 1001 = DStBl. 1927, 230 = StA. 1927, 381 = StuW. 1927 Nr. 574.
4. Vereinbaren die Gesellschafter einer Gesellschaft m. b. H. vor Ablauf des Geschäftsjahrs, daß jeder von ihnen einen bestimmten Betrag auf den zukünftigen Gewinn abheben dürfe, so liegt vor der tatsächlichen Abhebung auch bei Buchung keine Einnahme vor. RFH. 26. Okt. 27 VI A 331/27 StuW. 1927 Nr. 559.
5. Lohnsteuerpflicht von Überweisungen an einen Pensionsfonds, die leitende Angestellte auf Grund eines Pensionsvertrags aus den ihnen zustehenden Bezügen (Gehalt und Tantiemen) dazu bestimmen, bevor sie einen Rechtsanspruch darauf erworben haben; Gehaltsvorschuß; Gehaltsabtretung. RFH. 9. März 27 VI A 537/26 S. 21, 27 = IndMitt. 1927, 129 = StuW. 1927 Nr. 96 *(dazu Becker, dass. 584)* = DStZ. 1927, 436 = DStBl. 1927, 358 = DJZ. 1927, 1197.

§ 12.

Becker, Ernst, Der durch Erlaß von Steuerrückständen entstehende Buch-„Gewinn" unterliegt nicht der Einkommen- oder Körperschaftssteuer. DStZ. 1927, 1072. — Zitzlaff, Zwangsvergleich und Einkommensteuer. ZStFr. 1927, 134. — Zimmermann, Die Besteuerung des gewerblichen Einkommens nach dem Einkommen- und Körperschaftsteuergesetz. (Köln, Otto Schmidt 1927).

1. Endigt ein Pachtverhältnis im Frühjahr und erhält der Pächter auf Grund des Pachtvertrags eine Entschädigung für seine Bestellungsarbeiten, so ist diese Entschädigung als landwirtschaftliche Einnahme anzusehen. RFH. 30. Mai 27 VI A 250/27 DStZ. 1927, 722 = RStBl. 1927, 190 = StuW. 1927 Nr. 304 = DStBl. 1927, 536.
2. Wenn ein Pachtverhältnis über mehrere Jahre im Frühjahr beginnt, so daß der Pächter in dem am 30. Juni des ersten Pachtjahrs endenden Steuerabschnitt im wesentlichen nur Ausgaben hat, so ist er berechtigt, aber nicht verpflichtet, die Ausgaben des Rumpfwirtschaftsjahrs als Wert des Pachtrechts beim Bestandsvergleiche zum 30. Juni zu berücksichtigen. RFH. 30. Mai 27 VI A 246/27 = RStBl. 1927, 176 = StZdL. 1927, 194 = DStZ. 1927, 720 = StuW. 1927 Nr. 303 = StA. 1927, 287 = DStBl. 1927, 536 = StA. 1927, 313.

3. Zu den Ausgaben im Sinne der §§ 12, 16 gehören alle Betriebsausgaben. Hat sich ein Landwirt im Interesse seines Betriebs an einer Genossenschaft beteiligt, so gehört die Beteiligung zum beweglichen Anlagekapital, und es mindern Verluste, die er an der Beteiligung erleidet, den Betriebsgewinn. RFH. 9. Febr. 27 VI A 60/27 S. 20, 208 = JndMitt. 1927, 102 = StuW. 1927, 426 = StZbL. 1927, 73 = DStBl. 1927, 233 = JW. 1927, 1538 (*mit Bespr. v. Rheinstrom*).
4. Nimmt ein Landwirt zu Betriebszwecken ein erst in einem späteren Steuerabschnitt rückzahlbares Darlehn auf, so ist der erhaltene Betrag als Einnahme und der Wert der Schuld als eine den Endbestand mindernde Größe zu behandeln. RFH. 16. Febr. 27 VI A 547/26 S. 20, 244 = StZbL. 1927, 91 = DStBl. 1927, 233 = StuW. 1927, 421.
5. Auch die vor Eröffnung eines Betriebs gemachten Ausgaben sind abzugsfähig. RFH. 9. Febr. 27 VI A 34/27 S. 20, 211 = JndMitt. 1927, 103 = DJZ. 1927, 888 = ZStFr. 1927, 95 = StuW. 1927, 425 = DStBl. 1927, 233 = StA. 1927, 220 = JW. 1927, 1279 (*mit Bespr. v. Marcuse*).
6. Zur Bemessung der Absetzungen für Abnutzung bei gewerblichen Urheberrechten. RFH. 7. Juli 27 VI A 217/27 JndMitt. 1927, 311 = StuW. 1927 Nr. 404.
7. Berücksichtigung der Verluste, die ein buchführender Landwirt dadurch erleidet, daß er für seinen Betrieb ein Darlehn aufnimmt, bei dem ihm die Valuta in Goldpfandbriefen gewährt wird. RFH. 30. Juni 27 VI A 97/27 RStBl. 1927, 177 = DStZ. 1927, 723 = StuW. 1927 Nr. 305.
8. Behandlung des bei Veräußerung von Pfandbriefen entstehenden Verlustes. RFH. 6. Juli 27 VI A 97/27 StZbL. 1927, 154.
9. Zur Veranlagung von Landwirten nach den Ergebnissen ihrer Aufstellungen über ihre Einnahmen und Ausgaben. RFH. 6. Sept. 27 VI A 282/27 StuW. 1927 Nr. 432.
10. Notwendigkeit der Stellungnahme zur Anwendbarkeit des § 12 Abs. 1 Satz 3. RFH. 18. Nov. 27 VI A 521/27 StuW. 1927 Nr. 563.

§ 13.

Becker, Grundfragen aus den neuen Steuergesetzen. StuW. 1927, 1183. — Derselbe, Zur Tragweite der Verweisung auf die Grundsätze ordnungsmäßiger Buchführung in § 13 des EinkStG. StuW. 1927, 959.

Eckstein, Steuerbilanz-Fragen. (Nochmals Veräußerung in der Steuerbilanz.) DStZ. 1927, 330. — Derselbe, Das Recht des Kaufmanns auf Berichtigung der Handelsbilanz für die Steuer. DStZ. 1927, 235. — Heidland, Handelsbilanz und Einkommensteuerbilanz. DStZ. 1927, 618, 711, 796. — Lion, Die Reform der bilanzrechtlichen Vorschriften durch Erhebung der Steuerbilanz zur Handelsbilanz. DJZ. 1927, 148. — Lippmann, Zur Frage der Bilanzergänzung. StuW. 1927, 523. — Derselbe, Passiva und Passivposten (Schuldposten). Ein Beitrag zum Verständnis des Bilanzkontos. ZStFr. 1927, 49. — Mirre, Bilanzergänzung im Falle verschiedener Bewertung nach einem Gesellschaftsvertrag und nach den steuerlichen Vorschriften sowie bei Abfindung eines Gesellschafters oder Abtretung seines Anteils zu einem vom Buchwerte abweichenden Preise. StuW. 1927, 57 — Mohr, Bilanz und immaterielle Werte. (Berlin: Spaeth & Linde 1927). — Senf, Handelsbilanz, Steuerbilanz, Einheitsbilanz. DStZ. 1927, 889. — Stamm, Steuerbilanzen. (Zu den Jahresabschlüssen.) DStZ. 1927, 230. — Wörner, Gewinnermittlung nach § 10 (13) des Einkommensteuergesetzes vom 10. August 1925 und Umsatzsteuer. StA. 1927 S. 305. — Wulff, Die Aufstellung der „Steuerbilanz“ auf Grund der Handelsbilanz. DStZ. 1927, 425.

Beuck, Verbuchung der einzelnen Steuerarten. DStZ. 1927, 47. — Eckstein, Kreditversicherung und Debitorenminderbewertung in der Handels- und Steuerbilanz. DStZ. 1927, 605. — Kennerknecht, Behandlung des Gewinnvortrages bei der Ermittlung des steuerpflichtigen Einkommens. DStZ. 1927, 419. — Klaffke, Die Bilanzfähigkeit und Steuerfreiheit des Garantiekontos. IndMitt. 1927, 382. — Klein, Gewinnermittlung nach § 13 des Einkommensteuergesetzes vom 10. August 1925 und Umsatzsteuer. StA. 1927, 173. — Lion, Das Gutachten des Reichsfinanzhofs über die Unterbilanz in seiner Bedeutung für das Recht der Steuerbilanz. ZStFr. 1927, 98. — Lippmann, Passiva und Passivposten (Schuldposten). ZStFr. 1927, 50. — Mirre, Zur Behandlung von Rückstellungen. DStZ. 1927, 504. — Ruprecht, Die Verbuchung von Steuerzahlungen. DStZ. 1927, 331. — Spannenkrebs, Zur Errechnung des körperschaftssteuerlichen Gewinnes (§ 13 Eink.-StG.). DStZ. 1927, 524. — Wörner, Gewinnermittlung nach § 13 des Einkommensteuergesetzes vom 10. August 1925 und Umsatzsteuer. StA. 1927, 305.

Burkhardt, Die Tilgung der Kapitalentwertungskonten. DStZ. 1927, 243. — Kennerknecht, Die Behandlung der Ausgleichs- und Reservekonten in der Steuerbilanz der Erwerbsgesellschaften. DStZ. 1927, 955. — Lippmann, Passiva und Passivposten (Schuldposten). ZStFr. 1927, 50. — Mirre, Zum Reservenbegriff. ZStFr. 1927, 26. — Teubner, Die Werterhaltungsversicherung. StA. 1927, 140.

Blümich, Zur Steuerpflicht der Sanierungsgewinne. (Ein neues Reichsfinanzhofsurteil.) IndMitt. 1927, 265. — Hefner, Nochmals Sanierungsgewinne und Einkommensteuer. DStBl. 1927, 513. — Derselbe, Sanierungsgewinn und Einkommensteuer. DStBl. 1927, 462. — Mirre, Sanierung und Einkommensteuer. DStZ. 1927, 769. — Haußmann, Die Versteuerung der bei Sanierung, Geschäftsaufsicht und Konkursvergleichen erlassenen Schulden als Geschäftsgewinn. IndMitt. 1927, 220. — Rosendorff, Steuerfreie Sanierungsgewinne. DStZ. 1927, 978. — Sommerfeld, Zur Steuerpflichtigkeit der Sanierungsgewinne. DStBl. 1927, 669.

Eckstein, Der Einfluß des Schuldennachlasses im Geschäftsaufsichtsverfahren auf die Einkommen- und Körperschaftssteuer. StA. 1927, 215. — Haußmann, Schuldenerlaß und Einkommensteuer. IndMitt. 1927, 262. — Lademann, Beseitigung der aus einem Schuldennachlaß herrührenden Buchgewinne durch Berichtigung der Anfangsbilanz. IndMitt. 1927, 322. — Mirre, Akkord und

Einkommensteuer. ZStFr. 1927, 217. — Zitzlaff, Zwangsvergleich und Einkommensteuer. ZStFr. 1927, 134.

1. a) Werden bei einem im Inland betriebenen Geschäfte die Bücher in ausländischer Währung geführt, so ist der Geschäftsgewinn trotzdem auf Grund einer Bilanz in Reichsmark zu ermitteln.
b) Entspricht eine nach § 19 mögliche Bewertung nicht den Regeln ordnungsmäßiger Buchführung, so ist sie auch für die Steuerbilanz unzulässig.
c) Im regelmäßigen Geschäftsgang erworbene Devisenforderungen sind nach dem Kurse am Bilanzstichtage zu bewerten.
d) Auch im Falle der Buchführung in ausländischer Währung gilt als Einkaufspreis für Waren der nach dem Kurse zur Zeit des Einganges, bei vorheriger Bezahlung zur Zeit der Bezahlung, in Reichsmark umgerechnete Preis in der ausländischen Währung. RFH. 30. März 27 VI A 108/27 S. 21, 62 = IndMitt. 1927, 176 = DStBl. 1927, 486 = StuW. 1927 Nr. 148 = DJZ. 1927, 1345 = JW. 1927, 2325 *(mit Bespr. v. Simon).*

2. Abzuziehen vom steuerlich richtig berechneten Betriebsvermögen am Ende des zu veranlagenden Steuerabschnitts ist trotz des Wortlauts des § 13 nicht das steuerlich richtig berechnete volle Endvermögen des vorigen Steuerabschnitts, sondern das um die Gewinnausschüttungen gekürzte Endvermögen des vorigen Steuerabschnitts, d. h. das steuerlich richtig berechnete Betriebsvermögen zu Beginn des zu veranlagenden Steuerabschnitts. RFH. 15. Febr. 27 I D 5/26 S. 20, 325 = IndMitt. 1927, 167 = DStBl. 1927, 291 = StuW. 1927 Nr. 146.

3. a) Effektenbestände und Rückstellungen bei Banken.
b) Geschäftsverluste infolge unrichtiger geschäftlicher Maßnahmen des geschäftsführenden Gesellschafters. RFH. 27. Okt. 26 VI A 89/26 RStBl. 1927, 96.

4. Zur Behandlung von Unterhaltsleistungen. RFH. 11. Mai 27 VI A 160/27 RStBl. 1927, 217 = StuW. 1927 Nr. 218 = DStZ. 1927, 630.

5. a) Zur Tilgung eines Kapitalentwertungskontos verwendete Gewinne,
b) Gewinnausschüttungen,
c) steuerrechtlich nicht abzugsfähige Ausgaben brauchen in den Steuerbilanzen nicht als Reserven weitergeführt zu werden. RFH. 15. Febr. 27 I D 5/26 S. 20, 325 = IndMitt. 1927, 167 = DStBl. 1927, 291 = StuW. 1927 Nr. 149 = StuW. 1927 Nr. 169.

6. Der Grundsatz, daß zweiseitige laufende Verträge regelmäßig in der Bilanz nicht berücksichtigt zu werden brauchen, weil sich die Rechte und Verpflichtungen aus ihnen für den Bilanzierenden aufheben, kann nicht durchgreifen beim Abschluß von Verträgen, die das Vermögen der Gesellschaft stark beeinträchtigen. Beispielsweise muß eine Gesellschaft, welche die Rechte aus laufenden Pachtverträgen aufgibt und lediglich die Verpflichtungen daraus beibehält, ein entsprechendes Passivum in der auf die Abtretung folgenden Bilanz ausweisen. RFH. 19. Okt. 27 I A 3/27 DStZ. 1927, 1094 = IndMitt. 1927, 399 = StuW. 1927 Nr. 677.

7. Behandlungen von Mietvorauszahlungen oder Zahlungen von Miete-Abstandssummen bei Gewerbetreibenden. RFH. 18. Mai 27 VI A 164/27 StuW. 1927 Nr. 362 = StA. 1927, 355.

8. Behandlung von Verträgen, wonach sich ein Kaufmann verpflichtet, die Ausbildungskosten einer Person zu tragen, die sich zu mehrjähriger späterer Tätigkeit in dem Betriebe verpflichtet. RFH. 19. Juli 27 I A 105/27 JndMitt. 1927, 335 = DStZ. 1927, 805 = StuW. 1927 Nr. 683.

9. Die Notwendigkeit, zur Fortführung des Betriebs Gegenstände anzuschaffen, berechtigt jedenfalls dann nicht zur Einstellung eines Passivpostens, wenn die zu zahlenden Preise dem gemeinen Werte der Gegenstände voraussichtlich entsprechen. RFH. 18. Nov. 27 VI A 582/27 (n. v.).

10. Bringt die Tätigkeit eines Gewerbetreibenden die Gefahr der Geltendmachung von Haftpflichtansprüchen mit sich, so ist die Einsetzung eines Passivpostens zur Berücksichtigung der Haftpflichtverbindlichkeiten zulässig, die aus der Tätigkeit vor dem Bilanzstichtag erwachsen könnten. RFH. 12. Aug. 27 VI A 407/27 S. 22, 27 = JndMitt. 1927, 310 = StuW. 1927 Nr. 405.

11. Zur Behandlung des Falles, daß eine Kommanditgesellschaft durch Verschulden des persönlich haftenden Gesellschafters in eine Bürgschaftsschuld verwickelt ist. Zur Bedeutung der tatsächlich aufgestellten Bilanz. RFH. 27. Okt. 26 VI A 89/26 StuW. 1927, 429.

12. Zur Berücksichtigung zu erwartender Ansprüche wegen mangelhafter Lieferung. RFH. 30. Mai 27 VI A 62/27 StuW. 1927 Nr. 359.

13. Für das Einkommensteuergesetz 1925 gelten die Grundsätze, die der erkennende Senat in dem zu den Kriegsabgabegesetzen ergangenen Urteil I A 88/21 vom 4. Okt. 1921, amtliche Sammlung Bd. 7 S. 131 bis 132, über die Zulässigkeit eines Delkrederekontos zum Ausgleich des Minderwerts der in die Bilanz zum Nennwert aufgenommenen Forderungen aufgestellt hat, im gleichen Umfang und aus denselben Erwägungen. RFH. 23. März 27 I A 298/26 S. 21, 53 = JndMitt. 1927, 175 = StuW. 1927 Nr. 308.

14. Behandlung dubioser Wechselforderungen. RFH. 18. Nov. 27 VI A 727/27 JndMitt. 1927, 398 = StuW. 1927 Nr. 567.

15. Die Abschreibung eines Pauschalbetrags für Skonti, Preisdifferenzen, Retouren usw. in der Bilanz ist neben der Ausscheidung der uneinbringlichen und zweifelhaften Forderungen zulässig. RFH. 4. Nov. 27 I A 195/27 StuW. 1927 Nr. 687.

16. a) Zur Bedeutung des § 344 HGB. und zur Frage, wann ein aus Mitteln des Betriebs an eine Firma gegebenes Darlehn nicht als Forderung des Betriebs, sondern als Entnahme behandelt werden darf.
b) Zur Behandlung von Tantiemen, die ein Geschäftsinhaber seinen Söhnen aussetzt. RFH. 3. Nov. 27 VI A 623/27 StuW. 1927 Nr. 566.

17. Darlehnsforderungen als Bestandteile des Geschäftsvermögens. RFH. 30. Mai 27 VI A 268/27 DStZ. 1927, 85 = StuW. 1927 Nr. 361.

18. Hat ein buchführender Gewerbetreibender durch notariellen Vertrag ein zum Betriebsvermögen gehörendes Grundstück verkauft und den Kaufpreis empfangen, so kann die Verpflichtung zur Auflassung ohne Verstoß gegen die Grundsätze ordnungsmäßiger Buchführung mit dem Betrage bewertet werden, mit dem das Grundstück zu Buch stand. Die Einsetzung eines höheren Passivpostens bis zum Betrage des Kaufpreises ist nur dann berechtigt, wenn bis zum Schlusse des Geschäftsjahrs die Verpflichtung zur Rückzahlung des Kaufpreises bereits entstanden war oder doch zum mindesten Tatsachen vorgelegen haben, die geeignet waren, eine solche Verpflichtung zu begründen. Die allgemeine, unbestimmte Möglichkeit, daß der Vertragsgegner vom Vertrage zurücktreten oder das Rechtsgeschäft anfechten konnte, genügt nicht, um die Einsetzung eines entsprechenden Passivpostens zu rechtfertigen. RFH. 22. April 27 I A 96/27 S. 21, 123 = IndMitt. 1927, 213 = DJZ. 1927, 1484 = DStBl. 1927, 592 = StuW. 1927 Nr. 681 = JW. 1927, 2445 *(mit Bespr. v. Straub).*

19. Zur Frage der Aktivierung aufgewendeter Beträge. RFH. 24. Juni 26 VI A 212/26 RStBl. 1927, 96.

20. Aktivierung von Ausgaben für Werkzeuge und Vollabschreibung im gleichen Geschäftsjahr. RFH. 29. April 27 I A 337/27 StuW. 1927 Nr. 684.

21. Rückstellungen für Selbstversicherungen und für Ausbesserungen von Gebäuden sind als Passiva nicht anzuerkennen. RFH. 27. Okt. 26 VI A 89/26 = DStZ. 1927, 246.

22. Schließt ein Kaufmann mit seinen Geschäftsgläubigern einen Akkord, so ist die durch den Erlaß der Schulden eintretende Vermehrung seines Geschäftsvermögens nicht einkommensteuerpflichtig. RFH. 30. Juni 27 VI A 297/27 S. 21, 263 = StZdL. 1927, 184 = StA. 1927, 318 = StuW. 1927 Nr. 301.

23. Bilanzmäßige Behandlung von Hypothekenbeschaffungskosten. RFH. 23. März 27 I A 17/27 DStZ. 1927, 535.

24. Zur Buchung und Bilanzierung von Devisen. RFH. 12. Nov. 26 I A 170/26 S. 20, 17 = ZStFr. 1927, 22 = DStBl. 1927, 46 = StuW. 1927, 270.

25. Behandlungen von Ansprüchen, die ein ausgeschiedener Gesellschafter nachträglich gegen die Gesellschaft geltend macht. RFH. 14. Dez. 26 VI A 448/26 DStZ. 1927, 341 = ZStF. 1927, 89.

26. Ein Posten, der nach der Handelsbilanz eine rechte Reserve darstellt, kann nicht für die Steuerberechnung als Bewertungsposten bezeichnet werden. RFH. 15. Febr. 27 I A 157/26 ZStF. 1927, 140 = StuW. 1927 Nr. 329.

27. a) Zur Geltendmachung von Verlusten aus schwebenden Geschäften.
b) Von der Verfolgung eines Zinsanspruchs kann der Gewerbetreibende absehen, wenn er Nachteile aus der gerichtlichen Geltendmachung für seinen Geschäftsbetrieb zu besorgen hätte.
c) Rücklagen für Arbeiterwohlfahrtsfonds im Jahre 1922. RFH. 28. Mai 27 VI A 173—175/27 u. 224—226/27 DStZ. 1927, 631 = RStBl. 1927, 188 = StuW. 1927 Nr. 307 = DStBl. 1927, 591.

§ 14.

Zimmermann, Besteuerung der Nutzung der Wohnung im eigenen Hause. DStBl. 1927, 565.

1. Gehaltsanspruch; Gehaltsabhebung. Vgl. zu § 11 Anm. 5.

§ 15.

Lemke, Schuldzinsen, Renten, Dauerlasten als Ausgaben nach dem Einkommensteuergesetz vom 10. August 1925. StA. 1927, 166.

1. a) Gewinne aus Rennwetten, die nicht in einem Gewerbebetrieb anfallen, unterliegen der Einkommenbesteuerung nicht.
   b) Daher können auch Verluste aus Rennwetten nicht als Werbungskosten abgezogen werden. RFH. 30. Juni 27 VI A 261/27 S. 21, 244 = StuW. 1927 Nr. 300 = DStBl. 1927, 535 = StA. 1927, 350 = JW. 1927, 2447.
2. Schuldzinsen sind beim nichtbuchführenden Landwirt regelmäßig vom Gesamtbetrage der bei den einzelnen Einkommensarten gewonnenen Ergebnisse abzuziehen. Soweit im Bezirke eines Landesfinanzamts gewisse Arten von Zinsen aus Schulden, die nach den vom Landesfinanzamte getroffenen tatsächlichen Feststellungen im landwirtschaftlichen Betriebe zu erwachsen pflegen, in den Durchschnittssätzen berücksichtigt sind, hat das nur zur Folge, daß Zinsen dieser Art, soweit sie bereits in den Durchschnittssätzen abgegolten sind, nicht mehr besonders abgezogen werden dürfen. Dabei liegt es im Wesen der Durchschnittssätze, daß unwesentliche Abweichungen im tatsächlichen Betrage der mit dem landwirtschaftlichen Betriebe zusammenhängenden Schuldzinsen nicht berücksichtigt zu werden brauchen. RFH. 7. Juli 27 VI A 102/27 DStZ. 1927, 807 = RStBl. 1927, 211 = StuW. 1927 Nr. 357 = StZdL. 1927, 192.
3. Aufwendungen, die sich als Werbungskosten darstellen, sind als solche bei der Einkommensart, mit der sie in wirtschaftlichem Zusammenhange stehen, abzuziehen, auch wenn sie, abgesehen von ihrer Eigenschaft als Werbungskosten zu den Sonderleistungen gerechnet werden könnten. RFH. 19. Nov. 27 VI A 481/27 StuW. 1927 Nr. 570.

§ 16.

Ball, Abzugsfähige Betriebsausgaben. DStZ. 1927, 509. — Derselbe, Nachweis von Werbungskosten und Aufwandsentschädigungen. DStZ. 1927, 792. — Becker, Die steuerliche Behandlung der Ausgaben eines Gewerbetreibenden auf den Geschäftsreisen. DStZ. 1927, 680. — Burkhardt, Betriebsstillegung und Betriebseinschränkung bei der Einkommensteuer. DStBl. 1927, 399. — Fuld, Sind Schmiergelder Werbungskosten? DStZ. 1927, 777. — Hayland, Der Gewinnbegriff und die Werbungskosten bei Einkommen aus Landwirtschaft in der Rechtsprechung des RFH. StZdL. 1927, 144. — Helpenstein, Der Begriff der Werbungskosten bei der Gewinnermittlung. IndMitt. 1927, 378. — Hoeres, Geschäftsunkosten als Werbungskosten. IndMitt. 1927, 232. — Derselbe, Berücksichtigung von Erholungs- und Kurkosten bei der Einkommen-

steuer. ZStFr. 1927, 91, 111. — Kalm, Die Abzugsfähigkeit der vom Hauseigentümer für seine eigene Wohnung gezahlten Hauszinssteuer bei der Einkommensteuer. DStBl. 1927, 30. — Klein, Die Absetzung für Abnutzung nach dem Einkommen- und Körperschaftsteuergesetz vom 10. August 1925. StA. 1927, 80. — Derselbe, Geldstrafen, Einziehung von Sachen und Einkommen- bzw. Körperschaftsteuer. StA. 1927, 275. — Krämer, Sind Schmiergelder Werbungskosten? DStBl. 1927, 662. — Lademann, Behandlung von Bürgschaftsverpflichtungen und Zahlungen darauf bei buchführenden Gewerbetreibenden im Einkommensteuerrecht. IndMitt. 1927, 225. — Machens, Gehören die Kosten für die Beseitigung einer wertlos gewordenen Anlage zu den Anschaffungskosten oder sind sie Werbungskosten? IndMitt. 1927, 184. — Mirre, Werbungskosten bei einem Hause, Ablehnung der Unterscheidung zwischen Instandsetzung und Instandhaltung. DStZ. 1927, 694. — Derselbe, Zum Begriff der Werbungskosten. DStZ. 1927, 388. — Risse, Die Bedeutung der Einheitswertung für die Einkommensteuerveranlagung. IndMitt. 1927, 57. — Senst, Erhaltungsaufwand, Anschaffungs- und Herstellungskosten bei Grundstücken. ZStFr. 1927, 169. — Weinberg, Sind Schmiergelder Werbungskosten? DStZ. 1927, 990. — Zimmermann, Anschaffungskosten und Absetzungen wegen Abnutzung. ZStFr. 1927, 169. — Zitzlaff, Sind die Kosten für die Instandsetzung eines neu erworbenen Gebäudes Werbungskosten? StA. 1927, 240. — Derselbe, Die Werbungskosten der Beamten. ZStFr. 1927, 29.

Abs. 1.

1. Als Werbungskosten kommen nur tatsächliche Aufwendungen in Betracht. RFH. 7. Juli 27 VI A 255/27 RStBl. 1927, 198 = StuW. 1927 Nr. 356.
2. Zum Begriff der Werbungskosten gehört nicht, daß sie mit einer gewissen Regelmäßigkeit wiederkehren. Alle durch einen Betrieb veranlaßten Ausgaben sind als Werbungskosten anzusehen. RFH. 9. Febr. 27 VI A 60/27 ZStFr. 1927, 95.
3. Absetzung lediglich der tatsächlichen Aufwendungen anstatt der Pauschsätze nur dann, wenn der Unterschied mindestens ein Drittel ausmacht. RFH. 18. Mai 27 VI A 132/27 StuW. 1927, 227 = DStBl. 1927, 591.
4. Zur Abzugsfähigkeit von Anwaltskosten. RFH. 12. Aug. 27 I A 289/27 IndMitt. 1927, 366 = DStZ. 1927, 1088 = StuW. 1927 Nr. 560.
5. Mehraufwand an Fortbildungskosten im Beruf. RFH. 21. Dez. 26 V e A 729/26 RStBl. 1927, 68.
6. Schmiergelder als Werbungskosten. RFH. 26. Okt. 27 VI A 384/27 StuW. 1927 Nr. 527; 3. Mai 27 III A 1927 Nr. 527 (n. v.).
7. Behandlung von Reisespesen des Geschäftsinhabers. RFH. 12. Aug. 27 VI A 394/27 RStBl. 1927, 212 = StuW. 1927 Nr. 434 = IndMitt. 1927, 333 = StA. 1927, 379 = DStZ. 1927, 902.
8. Kosten für Reisen eines Aktien- und Kuxenbesitzers zu Generalversammlungen sind in der Regel nicht abzugsfähig. RFH. 24. März

27 VI A 92/27 DStZ. 1927, 435 = StuW. 1927 Nr. 151 = RStBl. 1927, 149 = IndMitt. 1927, 210.

9. Abzugsfähigkeit der Spesen des Vorstandes eines Beamtenwohnvereins, der für Finanzierung der Bauprojekte gesorgt hat. RFH. 19. Okt. 27 VI A 609/27 (n. v.).

10. Ausgaben, zu denen jemand auf Grund eines Ehrenamts veranlaßt wird, können als Werbungskosten abzugsfähig sein, wenn das Ehrenamt mit Rücksicht auf den Beruf des Steuerpflichtigen angenommen ist. RFH. 17. März 27 VI A 95/27 S. 21, 84 = IndMitt. 1927, 174 = StuW. 1927 Nr. 150 = RStBl. 1927, 161.

11. Jagdunterhaltungskosten als Werbungskosten. RFH. 23. März 27 I A 30/27 IndMitt. 1927, 214 = StA. 1927, 222 = DStBl. 1927, 638 = StuW. 1927 Nr. 685.

12. Mitarbeitende Angehörige. Zur Frage der Abzugsfähigkeit von Aufwendungen für im elterlichen Betriebe mitarbeitende Kinder. RFH. 6. Sept. 27 VI A 366/27 RStBl. 1927, 228.

13. — Abzug für den Unterhalt eines Familienangehörigen bei bestehendem Dienstverhältnis. RFH. 6. Okt. 26 VI A 451/26 DStBl. 1927, 43 = DJZ. 1927, 387 = StZbL. 1927, 33 = JW. 1927, 1229.

14. — Aufwendungen für einen Haushaltungsangehörigen, im Geschäftsbetriebe des Pflichtigen mittätigen Sohn, sind nur als Werbungskosten abziehbar, wenn ein Dienstvertragsverhältnis vorliegt. RFH. 28. Mai 27 VI A 216/27 RStBl. 1927, 176 = StuW. 1927 Nr. 358 = DStBl. 1927, 537 = StA. 1927, 382.

15. — Durchschnittssätze bei Mitarbeit der Angehörigen. RFH. 16. Febr. 27 VI A 27/27 StZbL. 1927, 71 = RStBl. 1927, 118.

Abs. 2 u. 3.

16. a) Instandhaltungs- und Instandsetzungskosten und ihre Behandlung im EinkStG. 1925.
b) Die Absetzungen für Abnutzung nach § 16 Abs. 2 und 3 EinkStG. 1925 als Werbungskosten und in ihrer Bedeutung gegenüber § 18 Abs. 1 Nr. 1.
c) Den Einkünften des Vermieters steht sein Gesamtverbrauch gegenüber, der sich für den Steuerabschnitt aus laufendem Erhaltungsaufwand und jährlicher Abnutzung im Sinne der Aufzehrung des im Gebäude ausschließlich des Grund und Bodens angelegten Kapitals zusammensetzt. Abgrenzung des laufenden Erhaltungsaufwandes gegenüber den Anschaffungs- und Herstellungskosten und seine Ermittlung bei Mietwohnhäusern.
d) Auch bei größeren Ausbesserungen von Miethäusern kann statt des auf das einzelne Jahr entfallenden, zum übrigen laufenden Erhaltungsaufwande gehörenden Aufwandanteils der Gesamtaufwand im Ausgabejahr abgezogen werden. Dies gilt insbesondere für die Wiederinstandsetzung der infolge der Verhältnisse des Währungsverfalls verwahrlosten Miethäuser. RFH. 28. Mai 27 VI A 154/27 S. 21, 201 = StuW. 1927 Nr. 309 = StZbL. 1927, 186 = StA. 1927, 313 = DJZ. 1928, 97. Vgl. zu § 18 Anm. 2.

17. a) Absetzungen für Abnutzung sind grundsätzlich auf die voraussichtliche Nutzungsdauer gleichmäßig zu verteilen.
b) Ist ein Anlagegegenstand im Laufe eines Geschäftsjahrs angeschafft und in Benutzung genommen, so kann daher für dieses Ge-

schäftsjahr regelmäßig nur ein der bisherigen Benutzungszeit entsprechender Teil der Jahresabsetzung zugebilligt werden. RFH. 29. Juli 27 I A 264/27 S. 21, 316 = IndMitt. 1927, 313.

18. Behandlung von Ausgaben zur Verbesserung von Gegenständen. RFH. 30. März 27 VI A 584/26 StuW. 1927 Nr. 217.

19. Instandsetzungs- und Instandhaltungskosten bei Gebäuden. RFH. 12. Okt. 27 VI A 496/27 RStBl. 1927, 258 = StuW. 1927 Nr. 569.

20. Verteilung der Umbaukosten eines gemieteten Ladens. RFH. 21. Sept. 27 VI A 383/27 IndMitt. 1927, 367 = DStZ. 1927, 1088 = RStBl. 1927, 240 = StuW. 1927 Nr. 565.

21. Wird die unbrauchbar gewordene Gasbeleuchtung im Treppenhaus eines Mietwohngrundstücks durch elektrisches Licht ersetzt, so darf der Vermieter die dafür gemachten Aufwendungen im Ausgabejahr ungekürzt abziehen. RFH. 28. Sept. 27 VI A 378/27 IndMitt. 1927, 367 = RStBl. 1927, 230 = DStZ. 1927, 1089 = StuW. 1927 Nr. 568.

22. a) Zu den Gegenständen des beweglichen Anlagekapitals können auch Spargelanlagen gehören. Bei ihnen sind Absetzungen gemäß § 16 Abs. 2, 3 zulässig.
b) Hat der Pächter eines Grundstücks besondere Aufwendungen zur Verbesserung des Grund und Bodens zu machen, so sind diese Aufwendungen durch Bewertung des Pachtrechts beim Bestandsvergleich unter Berücksichtigung der Absetzungen auf die Pachtzeit zu verteilen. RFH. 11. Mai 27 VI A 152/27 S. 21, 163 = StuW. 1927, 216 = StZdL. 1927, 134 = IndMitt. 1927, 275 = DStBl. 1927, 587 = JW. 1927, 2547 *(mit Bespr. v. Richter).*

23. Werbungskosten bilden Einkünfte des Mietwertes der eigenen Wohnung (Anschaffungskosten). RFH. 11. Nov. 27 VI A 170/27 StuW. 1927 Nr. 219 = IndMitt. 1927, 210 = DStZ. 1927, 631.

24. Absetzungen wegen Abnutzung, wenn kraft eines zeitlich beschränkten Erbbaurechts ein Lagerhaus durch den Erbbauberechtigten errichtet ist. RFH. 16. Nov. 27 VI A 635/27 StuW. 1927 Nr. 571.

25. Die Kosten eines Arbeiterwohnhauses, das ein Verpächter auf Grund eines Pachtvertrages errichtet hat, sind Werbungskosten; sie sind nach § 16 Abs. 3 zu verteilen. RFH. 26. Okt. 27 VI A 275/27 DStZ. 1927, 1089 = StZdL. 1927, 233 = RStBl. 1927, 260 = StuW. 1927 Nr. 572.

26. Behandlung von Aufwendungen zur Verbesserung eines gepachteten Grundstücks. RFH. 29. Juli 27 I A 116/27 DStZ. 1927, 806.

27. Die Gebühr für Erneuerung eines Pachtvertrags über Domänen gehört zu den Ausgaben. Es kommt jedoch bei Zahlung einer erheblichen einmaligen Gebühr in Frage, das Pachtrecht als einen Gegenstand des beweglichen Anlagekapitals beim Bestandsvergleiche zu berücksichtigen. RFH. 18. Mai 27 VI A 189/27 S. 21, 195 = StuW. 1927 Nr. 306 = StZdL. 1927, 134 = DStBl. 1927, 590.

Abs. 5.

28. Die Steuer nach § 10 GEStG. ist eine abzugsfähige Ausgabe. RFH. 3. Mai 27 VI A 182/27 DStZ. 1927, 535 = IndMitt. 1927, 210 = DStBl. 1927, 420.

§ 17.

Hamburger, Die privatrechtliche Verpflichtung gegenüber Dritten zur Erstattung von Einkommen- (Körperschaft- und Vermögenssteuerzahlungen, sowie von Abschreibungen und ihre Wirkung auf die Einkommen- u. Körperschaft-) Steuer. IndMitt. 1927, 258. — Hefner, Teilhaberversicherung. DStBl. 1927, 16. — Pißel, Die steuerliche Behandlung von Versicherungsbeiträgen der Arbeitgeber und Arbeitnehmer. DStZ. 1927, 399. — Derselbe, Zukunftssicherungen bei leitenden Angestellten und ihre steuerliche Behandlung. DStZ. 1927, 495.

1. Die Tilgungsraten der Schuldverschreibungsteuer (Obligationensteuer) der 3. StNV. sind in den Geschäftsjahren ihrer Entrichtung nicht abzugsfähig. RFH. 25. Okt. 27 I A 16/27 RStBl. 1927, 231, 233 = DStZ. 1927, 1094 = StA. 1927, 387 = IndMitt. 1927, 401 = StuW. 1927 Nr. 686.

§ 18.

*Hamburger, Die privatrechtliche Verpflichtung gegenüber Dritten zur Erstattung von Einkommensteuer- (Körperschaft-) und Vermögenssteuerzahlungen, sowie von Abschreibungen und ihre Wirkung auf die Einkommen- (Körperschaft-) Steuer. IndMitt. 1927, 258. — ***, Bewertung nach Durchschnittswerten in § 18 Abs. 1 Nr. 1 des Einkommensteuergesetzes. StZdL. 1927, 166.*

1. Zum Begriffe der Kosten der Lebensführung im Sinne von § 18 Abs. 1 Nr. 2. Kein Abzug der Kosten eines Erholungsurlaubs. RFH. 7. Juli 27 VI A 255/27 DStZ. 1927, 803 = RStBl. 1927, 198 = StuW. 1927 Nr. 356.
2. Die Grundsätze von RFH. 21, 201 (Abzugsfähigkeit auch des Aufwands für größere Ausbesserungen von Miethäusern im Ausgabejahre) gelten entsprechend auch für Eigenwohnhäuser. RFH. 28. Sept. 27 VI A 256/27 StuW. 1927 Nr. 578. Vgl. zu § 16 Anm. 16.
3. Schätzung des auf Privatzwecke entfallenden, nicht abzugsfähigen Aufwandes, wenn Betriebsmittel, z. B. Kraftwagen, in nicht unerheblichem Maße zu Privatzwecken verwendet werden. RFH. 12. Okt. 27 VI A 571/27 RStBl. 1927, 224 = StuW. 1927 Nr. 564.

§ 19.

Baaz, Gemeiner Wert und Aktivierung von Betriebsausgaben für Anlagegegenstände. DStBl. 1927, 150. — Becker, Grundfragen aus den neuen Steuergesetzen. II. Zur Bewertung der Waren und Vorräte in der Bilanz. StuW. 1927, 1007. — Erler, Die Behandlung schwebender Rechtsgechäfte bei der Einkommen- und Körperschaftssteuer. DStZ. 1927, 112. — Derselbe, Der gemeine Wert der Waren nach dem Einkommensteuergesetz. DStBl. 1927, 19. — Kennerknecht, Das Wahlrecht des Kaufmanns bei der Benutzung der Gegenstände des Betriebsvermögens für die Einkommensteuer. DStZ. 1927, 104. — Lion, Bewertungsfragen bei der Einkommensteuerbilanz. DStZ. 1927, 100. — Derselbe, Die Be-

wertung der Waren und Vorräte in der Bilanz für die Einkommen- und Körperschaftssteuer. StuW. 1927, 763. — Mirre, Bewertung nach den Grundsätzen ordnungsmäßiger Buchführung. ZStFr. 1927, 73. — Machens, Der gemeine Wert der Waren nach dem Einkommensteuergesetz. DStB. 1927, 211. — Mirre, Der Teilwert. DStZ. 1927, 292. — Derselbe, Bewertung nach den Grundsätzen ordnungsmäßiger Buchführung. ZStFr. 1927, 74. — Wendtland, Die Bewertung der Warenbestände nach dem Einkommen- und Körperschaftssteuergesetz. DStZ. 1927, 240. — Wolffheim, Bewertung der zum Verkauf bestimmten Gegenstände bei buchführenden Gewerbetreibenden. StA. 1927, 51.

1. Bei Ermittlung des gemeinen Wertes eines Anlagegegenstandes ist die Minderung des Einzelverkaufswertes nicht zu berücksichtigen, die erfahrungsgemäß regelmäßig in dem Augenblick einzutreten pflegt, in dem ein Gegenstand aus dem Handel ausscheidet und vom Verbraucher in Benutzung genommen wird, und die damit in Zusammenhang steht, daß der Verbraucher, wenn er den Gegenstand, selbst nach ganz kurzer Benutzung, wieder veräußern will, meist den dafür angelegten Preis nicht wieder erzielt. Vielmehr ist im allgemeinen derjenige Preis zugrunde zu legen, der bei einer Veräußerung des Unternehmens im ganzen für die Einzelgegenstände in Rechnung zu stellen wäre, und zwar bei der Veräußerung an einen Erwerber, der den Betrieb fortführen will. RFH. 29. Juli 27 I A 264/27 S. 21, 316 = IndMitt. 1927, 313.

2. Der Wiederbeschaffungspreis als gemeiner Wert. RFH. 30. Juni 27 VI A 265/27 (Kartei) DStZ. 1927, 806 = RStBl. 1927, 196 = StuW. 1927 Nr. 435.

3. a) Der VI. Senat tritt der Entscheidung des I. Senats (17, 112) darin bei, daß in der Inflationszeit Forderungen in ausländischer Währung in die Bilanz mit den Anschaffungspreisen einzustellen waren ohne Rücksicht auf das Vorhandensein von Schulden in der gleichen oder einer gleichartigen Währung. Dabei ist kein Unterschied zu machen zwischen Kaufpreisforderungen und Bankguthaben.

b) Zur Frage der Ermittlung des Anschaffungspreises der Forderungen in ausländischer Währung, wenn am Bilanzstichtag ein Guthaben aus einem Kontokorrentverhältnisse vorhanden ist. RFH. 30. Juni 27 VI A 442/26 RStBl. 1927, 196 = StuW. 1927 Nr. 360.

4. Bei Bestimmung des gemeinen Wertes im Sinne des § 19 Abs. 1 Satz 2 kann von den Wiederbeschaffungskosten ausgegangen werden; die schlechte Geschäftslage und der Umstand, daß der Gegenstand nicht voll ausgenutzt werden kann, kommen als wertmindernd in Betracht. RFH. 14. Dez. 26 VI A 575/26 S. 20, 87 = IndMitt. 1927, 28 = StuW. 1927, 109 = ZStFr. 1927, 37 = RStBl. 1927, 85 = DStBl. 1927, 169.

5. Aus einer prozentualen Abschreibung vom Anschaffungspreis ist nicht zu schließen, daß der Steuerpflichtige Bewertung nach § 19 Abs. 2 wollte. Im Wege des § 16 Abs. 3 kann nur die technische oder mechanische Abnutzung berücksichtigt werden. RFH. 24. Mai 27 I A 59/27 DStZ. 1927, 632 = StuW. 1927 Nr. 688.

§ 20.

Burkhardt, Die steuerlichen Bewertungsvorschriften für das Anlagekapital in der Praxis. DStBl. 1927, 23. — Johansen, Steuerliche Bewertung der Außenstände und Kreditversicherung. DStZ. 1927, 607.

Mirre, Zur Bewertung bei Gewinnermittelung nach § 13 EinkStG. StA. 1927, 101.

1. Mindert sich der Wert der Anteile an einer Tochtergesellschaft, der in der Steuerbilanz der Muttergesellschaft für das Ende des vorigen Steuerabschnitts angesetzt worden war, im Steuerabschnitt, so ist die Muttergesellschaft nach § 20 berechtigt und durch § 11 Nr. 3 KörpStG. nicht gehindert, die Wertminderung dieses ihres, in dem Anteil bestehenden Vermögensgegenstandes in ihrer Schlußbilanz für den neuen Steuerabschnitt zum Ausdruck zu bringen. RFH. 13. Mai 27 I A 58/27 S. 21, 156 = IndMitt. 1927, 213 = LZ. 1927, 1146 = DStBl. 1927, 637 = StuW. 1927 Nr. 679.

§ 21.

1. Der Erlaß des Reichsministers der Finanzen vom 22. Dezember 1924 III C 2450 (RStBl. 1925 S. 1) bildet, wenn er auf Grund des § 2 StAbzDurchfBest. vom Präsidenten des Landesfinanzamts als Norm für die Bewertung der Naturalbezüge der Arbeitnehmer zum Steuerabzuge bekannt gemacht ist, gemäß §§ 21 und 82 die Grundlage für die Bemessung des Steuerabzugs und zwar auch insoweit, als er in Ziff. IV abweichend von Ziff. I höhere Sätze bestimmt, wie sie in Vereinbarungen (Tarifverträgen) für den Fall festgesetzt sind, daß an Stelle von Naturalbezügen Geldvergütung tritt. RFH. 17. Juni 27 VI A 281/27 S. 21, 247 = StuW. 1927 Nr. 317.
2. Zur Bewertung des geldwerten Vorteils, der darin erblickt ist, daß den Direktoren einer Gesellschaft in geldknapper Zeit ohne jede Sicherheit Darlehn gegeben sind, die erst nach zehn Jahren heimzahlbar sind und inzwischen nicht verzinst zu werden brauchen. RFH. 7. Juli 27 VI A 326/27 StuW. 1927 Nr. 472.
3. Der Mietwert der Nutzung der Wohnung im eigenen Hause ist bei Wohnungen in der Zwangswirtschaft nicht unterliegenden Gebäuden nach dem Mietzins zu bemessen, der für solche Wohnungen zu erzielen ist, und nicht nach dem Mietzins der Altwohnungen. RFH. 21. Sept. 27 VI A 501/27 DStZ. 1927, 999 = StuW. 1927 Nr. 570.
4. Zur Anrechnung von Eßmarken auf die Lohnsteuer. RFH. 12. Okt. 27 VI A 518/27 IndMitt. 1927, 368 = DStZ. 1927, 1089 = StA. 1927, 383 = StW. 1927 Nr. 575.

§ 22.

1. Zur Frage der Zusammenveranlagung. RFH. 21. Sept. 27 VI A 537/27 RStBl. 1927, 229.
2. Das Bestehen zweier getrennter Haushalte schließt für sich allein die Zusammenveranlagung der Ehegatten nicht aus. RFH. 1. Febr. 27 I B 90/26 RStBl. 1927, 99 = DStZ. 1927, 435.

3. Zurechnung des Einkommens einer Hebamme zu dem ihres Mannes. Der Hebammenberuf ist nicht Gewerbebetrieb. RFH. 28. Mai 27 VI A 159/27 StA. 1927, 378 = DJZ. 1927, 1696. Vgl auch zu § 35 Anm. 2.

§ 23.

1. Familienermäßigungen auch für die zur Haushaltung des Pflichtigen gehörenden minderjährigen Enkelkinder und Schwiegerkinder. RFH. 28. Mai 27 VI A 59/27 StuW. 1927 Nr. 315 = StZbL. 1927, 215 = DStBl. 1927, 695.

§ 26.

1. Wenn im Erlasse des Reichsministers der Finanzen vom 12. August 1926 II e/u 8700 zugelassen ist, daß bei Schätzung des Einkommens aus Landwirtschaft nach den Durchschnittssätzen bei Mitwirkung volljähriger Kinder des Pflichtigen in dessen Landwirtschaftsbetrieb als Ersparnis an Lohn und Verpflegung nur der halbe Betrag, der für die Arbeit fremder Hilfskräfte aufzuwenden wäre, eingestellt werde, so handelt es sich nur um eine Maßnahme im Sinne des § 108 AO., die im Rechtsmittelverfahren nicht maßgebend ist. RFH. 16. Nov. 27 VI A 691/27 StuW. 1927 Nr. 573.
2. Zuschlag zu den Durchschnittssätzen wegen eigener Mitarbeit bei Miteigentümern. RFH. 2. März 27 VI A 7/27 StZbL. 1927, 92 = StuW. 1927 Nr. 225.
3. Zur Frage der Hinzurechnung versicherter fremder Arbeitskräfte bei Anwendung von Durchschnittssätzen. RFH. 3. Mai 27 VI A 119/27 StuW. 1927 Nr. 221.

§ 28.

1. Zur Frage, wann ein offenbares Mißverhältnis zwischen den Ergebnissen landwirtschaftlicher Buchführung und der Veranlagung nach Durchschnittssätzen vorliegt, das zur Nichtbeachtung der Buchführung berechtigt. RFH. 19. Okt. 27 VI A 490/27 StuW. 1927 Nr. 436 = StZbL. 1927, 231 = RStBl. 1927, 259.
2. Zur Frage, wann Schätzung des Einkommens aus Landwirtschaft nach Durchschnittsätzen trotz Vorliegens einer Buchführung zulässig ist. RFH. 9. Sept. 27 VI A 262/27 RStBl. 1927, 227 = StuW. 1927 Nr. 436.
3. Zur Frage, ob und wann ein buchführender Land- oder Forstwirt Forderungen und Schulden in die am Anfang und Schluß des Wirtschaftsjahrs aufzustellende Inventur aufzunehmen hat. RFH. 17. März 27 VI A 491/26 RStBl. 1927, 146 = StuW. 1927 Nr. 145 = StZbL. 1927, 114 = DStBl. 1927, 420.

§ 29.

1. Zur Frage der Selbständigkeit der Buchmachergehilfen. RFH. 26. Jan. 27 VI A 12/27 RStBl. 1927, 109 = StuW. 1927, 292 = StuW. 1927, 291.
2. Vergütungen im Sinne des § 29 Nr. 3, die ein Mitunternehmer erhält, sind bei der einheitlichen Feststellung des Gewinns (§ 65

Abs. 1 Nr. 2 EStG.) dem Geschäftsgewinn hinzuzurechnen. RFH. 6. Sept. 27 VI A 145/27 RStBl. 1927, 222 = DStZ. 1927, 1000 = StuW. 1927 Nr. 592.

3. Die im § 15 Nr. 1 KörpStG. zugelassenen Rückstellungen sind auch bei Berechnung des Geschäftsgewinns von offenen Handelsgesellschaften und anderen unter § 29 Nr. 3 EinkStG. fallenden Gesellschaften zulässig. Die jährlichen Rückstellungen sind nach der Zeit von der ersten Eröffnungsbilanz nach dem neuen EinkStG. bis zum Zeitpunkt der Entstehung der Steuerschuld zu bemessen, und zwar nach dem gemeinen Werte, nicht nach dem Buchwert der Grundstücke. RFH. 3. Mai 27 VI A 182/27 DStZ. 1927, 535 = StuW. 1927 Nr. 147 = IndMitt. 1927, 210 = DStBl. 1927, 420.

4. Verluste, die ein Gesellschafter infolge Überschreitens seiner Befugnisse allein zu tragen hat, mindern seinen Gewinn aus dem Gewerbebetrieb. RFH. 27. Okt. 26 VI A 89/26 ZStFr. 1927, 44 = DStZ. 1927, 149 = StuW. 1927, 109. (Zum bisherigen EinkStG. ergangen.)

§ 30.

Heitkamp, Die Umsatz- und Einkommensteuer im Falle der Liquidation. DStBl. 1927, 575. — Mirre, Gesellschaftsverträge und Einkommensteuer. ZStFr. 1927, 55. — Rosendorff, Steuerfreie Fusionsgewinne der Aktionäre. DStZ. 1927, 875. — Selle, Steuerermäßigung für Gewerbetreibende bei Hausverkäufen. StA. 1927, 180.

1. Wenn die Witwe des einen von den zwei Gesellschaftern einer offenen Handelsgesellschaft auf Grund des Gesellschaftsvertrags noch eine Zeitlang am Geschäftsvertrage beteiligt bleibt, während der überlebende Gesellschafter das Geschäft fortführt, so sind die Bezüge der Witwe ebenso steuerpflichtig, wie wenn der Ehemann ausgeschieden und ihm selbst ein Entgelt für das Ausscheiden zugeflossen wäre. RFH. 7. Juli 27 VI A 211/27 StuW. 1927 Nr. 406.

§ 35.

Becker, Zur Anwendung der Grundgedanken des Einkommensteuergesetzes auf die Anwaltschaft. StuW. 1927, 594.

1. Vergütungen aus einmaliger schiedsrichterlicher Tätigkeit als Einkünfte nach § 6 Abs. 1 Nr. 3 und § 35. RFH. 7. Juli 27 VI A 255/27 StuW. 1927 Nr. 356.

2. Zur Auslegung des Begriffs „Gewerbebetrieb" und „sonstige selbständige Berufstätigkeit".

Die Einkünfte aus dem Berufe der selbständigen Hebamme fallen unter die Einkünfte aus selbständiger Arbeitstätigkeit im Sinne des § 6 Abs. 1 Nr. 3 und § 35 Abs. 1 Nr. 2.

Die Einkünfte der verheirateten selbständigen Hebamme sind denen ihres Ehemanns nicht hinzuzurechnen. In diesem Falle sind die Abzüge der §§ 51 und 52 EinkStG. auch bei den Einkünften der Ehefrau vorzunehmen mit Ausnahme derjenigen für die Ehefrau und die minderjährigen Kinder. Die letzteren dürfen nur einmal und zwar in der Regel bei den Einkünften des Haushaltungsvorstandes abgezogen werden. RFH. 30. Mai 27 VI A 220/27 S. 21, 245 = StuW. 1927 Nr. 312 = DStBl. 1927, 536. Vgl. auch zu § 22 Anm. 3.

3. Von einer Weidegenossenschaft vereinnahmte Weidegelder sind nicht Einkünfte aus dem Betriebe von Landwirtschaft, sondern aus sonstiger selbständiger Berufstätigkeit. RFH. 29. Juli 27 I A 137/27 S. 21, 321 = StZbL. 1927, 234 = StuW. 1927 Nr. 488.

4. Zur Abgrenzung der vorübergehenden freien Berufstätigkeit nach § 35 Abs. 1 Nr. 1, der vorübergehenden anderen selbständigen Arbeitstätigkeit im Sinne von § 35 Abs. 1 Nr. 2 und der gelegentlichen Tätigkeit nach § 41 Abs. 1 Nr. 2. RFH. 7. Juli 27 VI A 255/27 RStBl. 1927, 198 = StuW. 1927 Nr. 356; RFH. 7. Juli 27 VI A 217/27 RStBl. 1927, 200.

5. Zu den Einkünften aus sonstiger selbständiger Berufstätigkeit nach § 6 Abs. 1 Nr. 3 und § 35 können auch einmalige Einkünfte gehören, sofern sie zum mindesten aus einer, wenn auch nur vorübergehenden Tätigkeit im Sinne von § 35 Abs. 1 Nr. 1 oder Nr. 2 herrühren. RFH. 7. Juli 27 VI A 255/27 RStBl. 1927, 198 = StuW. 1927 Nr. 356.

6. Zur Frage der Behandlung der durchlaufenden Posten bei den Einnahmen aus freiem Beruf und der Höhe der zum Abzug zugelassenen Werbungskosten. RFH. 21. Sept. 27 VI A 396/27 RStBl. 1927, 228.

7. Zur steuerrechtlichen Behandlung einer noch nicht patentierten Erfindung und der dabei gemachten Aufwendungen. RFH. 30. Juni 27 VI A 290/27 S. 21, 341 = IndMitt. 1927, 310 = StuW. 1927 Nr. 403.

§ 36.

Ackermann, Zinsfreie Darlehen an Arbeitnehmer. DStBl. 1927, 152, 213. — Blümich, Die Einkommensteuer der leitenden Angestellten. (Berlin: Industrieverlag Spaeth u. Linde 1927). — Krombach, Zur Frage der Steuerpflicht der Gratifikationen, insbesondere der Jubiläumsgeschenke. DStZ. 1927, 595. — Zeine, Zur Pensionsversorgung der Arbeitnehmer auf dem Wege der Versicherung. IndMitt. 1927, 324. — Derselbe, Die steuerliche Behandlung der Lebens-, Renten- und Pensionsversicherungen. IndMitt. 1927, 53.

1. Ein Artist, der sich auf Wochen oder Monate zum täglichen Auftreten am Abend verpflichtet, ist als Angestellter anzusehen. Der Truppenleiter einer Artistengruppe kann nicht als Unternehmer gegenüber den Mitgliedern angesehen werden; das Verhältnis der Truppenmitglieder untereinander muß vielmehr als ein Gesellschaftsverhältnis angesehen werden. Im Sinne des Steuerrechts sind die Truppenmitglieder als Angestellte des Unternehmens anzusehen, dessen Disziplin sie nach dem Tarifvertrag unterstehen. RFH. 1. Dez. 26 VI A 572/26 S. 20, 276 = RStBl. 1927, 77 = StuW. 1927, 432.

2. Die den preußischen Gerichtsreferendaren und die den Beamtenanwärtern der Reichsfinanzverwaltung gewährten staatlichen

Unterhaltszuschüsse sind nach § 36 Abs. 1 Nr. 1 einkommensteuerpflichtig. RFH. 12. Aug. 27 VI D 1/27 S. 21, 349 = DJZ. 1927, 1275 = StuW. 1927 Nr. 473 = JW. 1927, 2393. Vorher abweichend: RFH. 2. Febr. 27 VI A 618/26 DJZ. 1927, 531 = DStBl. 1927, 231 = StuW. 1927, 416 = StA. 1927, 221 = DStZ. 1927, 341 = RStBl. 1927, 132.

2. Die einmalige Unterstützung, die den sächsischen Beamten, Lehrern, Wartegeld- und Ruhegehaltsempfängern sowie den Hinterbliebenen von Beamten auf Grund des Beschlusses des Sächsischen Landtags vom 5. Juli 1927 ausgezahlt worden ist, unterliegt dem Steuerabzuge vom Arbeitslohne. RFH. 28. Sept. 27 VI D 2/27 S. 22, 62 = StuW. 1927 Nr. 471.

3. Selbständige Lohnsteuerpflicht der Hausmutter eines Armenhauses. RFH. 18. Mai 27 VI A 562/26 StuW. 1927 Nr. 220 = StA. 1927, 315.

4. Kaffeehausbesitzer als Arbeitgeber der Mitglieder der im Kaffeehaus spielenden Kapelle. RFH. 17. März 27 VI A StuW. 1927 Nr. 235.

5. Lohnsteuerpflicht von Begräbnis-, Hochzeits- und Sonntagskirchensängern. RFH. 4. Nov. 26 VI A 520/26 StA. 1927, 188 = DStZ. 1927, 437.

6. Ein zum Lohnsteuerabzug verpflichtendes Beschäftigungsverhältnis. RFH. 17. Nov. 26 VI A 525/26 DStBl. 1927, 43 = RStBl. 1927, 84 = JW. 1927, 1540.

7. Der sogenannte Bedienungsaufschlag der Kellner und des sonstigen Gastpersonals ist Lohn und unterliegt dem Steuerabzuge vom Arbeitslohn auch dann, wenn der Bedienungsaufschlag unmittelbar vom Gaste eingezogen und nicht an den Wirt abgeführt wird. RFH. 4. Nov. 26 VI A 383/26 S. 20, 20 = StuW. 1927, 114 = DJZ. 1927, 170 = DStBl. 1927, 97 (zum bisherigen EinkStG. ergangen).

8. Das Finanzamt ist nicht verpflichtet, vereinbarte Dienstaufwandsentschädigungen ohne nähere Darlegung der Aufwendungen als steuerfrei anzuerkennen. RFH. 12. Okt. 27 VI A 592/27 RStBl. 1927, 230 = StuW. 1927 Nr. 576.

§ 37.

Fischer, Einkommensteuer bei der Liquidation und Fusion von Erwerbskörperschaften. IndMitt. 1927, 123. — Lion, Die steuerrechtliche Behandlung des Damnum. DStZ. 1927, 302. — Teubner, Die Provision (Geldbeschaffungskosten, Damno) bei der Besteuerung des Einkommens. StA. 1927, 83.

1. Ein stiller Gesellschafter kann steuerlich unter Umständen als Mitunternehmer des Betriebes behandelt werden. RFH. 23. März 27 I B 188/26 StuW. 1927 Nr. 311.

2. Verzugszinsen, die der Arbeitgeber dem Arbeitnehmer dafür zu zahlen hat, daß er mit der Zahlung der Lohnforderung in Verzug kommt, stellen keine Gegenleistung für die Arbeitsleistung dar, sondern eine Leistung, die den Arbeitnehmer dafür entschädigen soll, daß seine Forderung verspätet erfüllt wird. Diese Verzugszinsen sind

vielmehr, wenn sie nicht an einen land- oder forstwirtschaftlichen oder gewerblichen Betrieb anfallen, als Einkünfte aus Kapitalvermögen anzusehen und daher einkommensteuerpflichtig, ein Steuerabzug aber kommt nicht in Frage. RFH. 17. März 27 VI A 576/26 RStBl. 1927, 118 = DStZ. 1927, 436 = ZStFr. 1927, 143 = StuW. 1927 Nr. 188 u. 222.

3. Zu den Einkünften aus Vermietung und Verpachtung gehören auch die Einkünfte aus der Einräumung eines quasidinglichen Nutzungsrechts an einem Patent (Lizenz), sofern sie nicht gemäß § 38 Abs. 4 einer anderen Einkommensart zuzurechnen sind. RFH. 7. Juli 27 VI A 217/27 IndMitt. 1927, 311 = RStBl. 1927, 200 = StuW. 1927 Nr. 404.

§ 40.

1. Unterstützungen zu angemessenem Unterhalt an Verwandte, die zwar in notariellem Vertrage versprochen, aber nach Höhe und Fälligkeitsterminen ganz unbestimmt gelassen sind und die auch jederzeit widerrufen werden können, als freiwillige Zuwendungen im Sinne des § 40 Nr. 3. RFH. 28. Sept. 1927 VI A 406/27 StuW. 1927 Nr. 582.

2. Steuerfreiheit aus besonderem Anlaß gemachter Zuwendungen, die aus dem Rahmen wiederholt gewährter Unterstützungen herausfallen. RFH. 7. Juli 27 VI A 335/27 DStZ. 1927, 807 = StuW. 1927 Nr. 364 = StA. 1927, 355 = StZdL. 1927, 214.

3. § 40 Nr. 3 Satz 2 findet auch bei freiwilligen Zuschüssen unbeschränkt steuerpflichtiger Körperschaften (§ 2 KörpStG.) Anwendung. RFH. 19. Okt. 27 VI A 319/27 DStZ. 1927, 1090 = RStBl. 1927, 259 = StuW. 1927 Nr. 581.

§ 41.

1. Einkünfte aus Rennwetten vgl. zu § 15 Anm. 1.

§ 42.

Hoeres, Spekulationsgeschäfte und Einkommensteuer. DStZ. 1927, 520. — Maschowski, Die Besteuerung der Spekulationsgewinne im heutigen Einkommensteuerrecht. IndMitt. 1927, 154.

1. Der Rechtsanwalt kann Spekulationsverluste regelmäßig nur im Rahmen des § 42 Abs. 3 vom Einkommen abziehen, auch wenn er die Wertpapiere mit Mitteln angeschafft hat, die ihm aus seiner beruflichen Tätigkeit zugeflossen sind. RFH. 3. Nov. 27 VI A 257/27 StuW. 1927 Nr. 562.

§ 44.

1. Zum Begriffe der Entschädigung für die Aufgabe eines Angestelltenverhältnisses. RFH. 30. Juni 27 VI A 293/27 RStBl. 1927, 197 = StuW. 1927 Nr. 474.

§ 46.

Baldauf, Welche Anrechnungs- und Erstattungsmöglichkeiten sind dem Landwirt für den Steuerabzug am Kapitalertrag und den Steuerabzug am Arbeitslohn gegeben? StZdL. 1927, 88. — Schmutz, Zur Aufstellung von Richtsätzen für die Ermittlung des Umsatzes und des Einkommens bei Handwerksbetrieben. StA. 1927, 296. — Weinberg, Veranlagung der nichtbuchführenden Gewerbetreibenden nach Richtsätzen. DStBl. 1927, 570.

1. Durchschnittssätze. Zur Tragweite der Durchschnittssätze. RFH. 28. Mai 27 VI A 59/27 StuW. 1927 Nr. 314.
2. — Die auf Grund des § 46 festgesetzten Durchschnittssätze gelten nur für normale Verhältnisse. Das Finanzamt kann daher jedenfalls von ihrer Anwendung absehen, wenn bei einem Steuerpflichtigen, der an sich einer Gruppe angehört, für die Durchschnittssätze festgesetzt sind, Verhältnisse vorliegen, die von den bei den Angehörigen der Gruppe üblichen abweichen. Auch ein Rechtsanwalt, der nicht die übliche Rechtsanwaltstätigkeit unter den üblichen Verhältnissen ausübt, kann daher nicht verlangen, daß ihm der Abzug von Werbungskosten nach dem in der Verordnung vom 8. März 1926 (RMBl. S. 77) festgesetzten Satze gestattet wird. Das Finanzamt ist vielmehr berechtigt, seine tatsächlichen Unkosten zu ermitteln. RFH. 18. Mai 27 VI A 177/27 DStZ. 1927, 633 = StuW. 1927 Nr. 226 = StA. 1927, 285 = DStBl. 1927, 591.
3. — Landwirtschaft. Ist für eine bestimmte Ertragsklasse die untere Grenze eines unter Berücksichtigung eines nur mit fremden Arbeitskräften wirtschaftenden Betriebs aufgestellten Durchschnittssatzes mit 0 *RM* angesetzt, so wird bei der Vornahme eines Zuschlags für ersparte Arbeitskräfte zu untersuchen sein, ob der mit 0 angegebene Reinertrag eines mit fremden Arbeitskräften wirtschaftenden Betriebs nicht darauf hinweist, daß unter Umständen nicht nur kein Reinertrag, sondern ein Verlust in Frage kommt. Ist dies der Fall, so darf ein Zuschlag für ersparte Arbeitskräfte sowie die Zurechnung etwaiger sonstiger Einkünfte nur insoweit erfolgen, als sie den zu unterstellenden Verlust übersteigen. RFH. 7. Juli 27 VI A 131/27 StZdL. 1927, 153 = DStZ. 1927, 903 = RStBl. 1927, 211 = StuW. 1927 Nr. 363.
4. — — Zur Anwendung der Normalreinertragszahlen bei buchführenden Landwirten. RFH. 6. Sept. 27 VI A 262/27 DStZ. 1927, 999.
5. — — Nichtberücksichtigung der Tatsache, daß ein Dienstmädchen für die Landwirtschaft tätig geworden ist. RFH. 22. Dez. 26 II A 560/26 StuW. 1927, 446 = RStBl. 1927, 85.
6. — — Abweichende Angaben des Pflichtigen. Beweis. RFH. 19. Jan. 27 VI A 488/26 RStBl. 1927, 99 = StZdL. 1927, 72 = ZStFr. 1927, 96 = DStBl. 1927, 234 = DStZ. 1927, 341.
7. — — Grenzweite der Durchschnittssätze, die für Einkommen aus Landwirtschaft aufgestellt sind. RFH. 19. Jan. 27 VI A 486/26 StuW. 1927, 434; 16. Febr. 27 VI A 27/27 StuW. 1927, 441; 2. Febr. 27 VI A 499/26 StuW. 1927, 443.
8. — — Durchschnittssätze für Zurechnung von Arbeitslohn für Mitarbeit Familienangehöriger. RFH. 2. Febr. 27 VI A 499/26 StuW. 1927, 443 = RStBl. 1927, 99 = StZdL. 1927, 71.
9. — — Unbeachtlichkeit des Einwandes, daß der Ortsrichtsatz im Vergleiche zu den Richtsätzen der Nachbarkreise zu hoch sei. RFH. 30. Mai 27 VI A 234/27 (n. v.).

10. — Die V. vom 8. März 1926 ist rechtsgültig. RFH. 19. Jan. 27 VI A 631/26 RStBl. 1927, 78 = DStZ. 1927, 246 = DStBl. 1927, 178 = StuW. 1927, 445.

11. — Durchschnittssätze und Jagdpachtgelder. RFH. 26. Jan. 27 VI A 28/27.

12. — Anwendung von Durchschnittssätzen bei gepachteten Grundstücken. RFH. 28. Mai 27 VI A 111/27 DStZ. 1927, 723 = StuW. 1927 Nr. 313.

13. Abweichungen. Zuschläge zu den Reinertragdurchschnittssätzen für den in der Landwirtschaft tätig gewesenen Betriebsinhaber oder seine Familienangehörigen unter dem Gesichtspunkt der Ersparnis von Arbeitslöhnen. RFH. 18. Mai 1927 VI A 636/26 DStZ. 1927, 633 = StuW. 1927 Nr. 228 = StZdL. 1927, 133.

14. — Absetzung lediglich der tatsächlichen Aufwendungen anstatt der Pauschsätze nur dann, wenn der Unterschied mindestens ein Drittel ausmacht. RFH. 18. Mai 27 VI A 132/27 StuW. 1927 Nr. 227 = DStBl. 1927, 591.

15. — Viehverluste mindern grundsätzlich das landwirtschaftliche Einkommen. Bei einer Veranlagung nach Durchschnittssätzen rechtfertigen außergewöhnliche Viehverluste eine von den Durchschnittssätzen abweichende Schätzung. RFH. 18. Mai 27 VI A 201/27 DStZ. 1927, 630 = StuW. 1927 Nr. 215 = StZdL. 1927, 134 = DStBl. 1927, 590.

16. — Behandlung des Falles, daß ein nach Durchschnittssätzen veranlagter nichtbuchführender Landwirt Verluste aus einer Sonderkultur (Schweinemast) erlitten hat. RFH. 6. Sept. 27 VI A 429/27 StuW. 1927 Nr. 437.

17. — Zulässigkeit der Schätzung auch dann, wenn zwischen dem Ergebnis der Buchführung und dem von der Schätzung zu erwartenden Ergebnis ein offenbares, auch durch eine Buchprüfung nicht aufzuklärendes Mißverhältnis besteht. RFH. 6. Sept. 27 VI A 262/27 StZdL. 1927, 213.

18. — Beanstandung der Anwendung von Durchschnittsätzen im Rechtsmittelverfahren. RFH. 9. Febr. 27 VI A 425/26 StuW. 1927 Nr. 224.

19. — Zur Nachprüfung der Durchschnittsätze durch den RFH. RFH. 2. Febr. 27 VI A 36/27 StuW. 1927 Nr. 223.

20. Schuldzinsen sind beim nichtbuchführenden Landwirt regelmäßig vom Gesamtbetrage der bei den einzelnen Einkommensarten gewonnenen Ergebnisse abzuziehen. Soweit im Bezirk eines Landesfinanzamts gewisse Arten von Zinsen aus Schulden, die nach den vom Landesfinanzamte getroffenen tatsächlichen Feststellungen im landwirtschaftlichen Betriebe zu erwachsen pflegen, in den Durchschnittssätzen berücksichtigt sind, hat das nur die Folge, daß Zinsen dieser Art, soweit sie bereits in den Durchschnittssätzen abgegolten sind, nicht mehr besonders abgezogen werden dürfen. RFH. 7. Juli 27 VI A 102/27 RStBl. 1927, 211.

§ 49.

Blümich, Lebensversicherung und Verbrauchsbesteuerung. DStZ. 1927, 40. — Cordes, Besteuerung nach dem Verbrauch.

DStZ. 1927, 707. — Gärtner, Über die Berücksichtigung der gesamten Lebensverhältnisse bei der Besteuerung nach dem Verbrauch auf Grund des § 49 EinkStG. DStZ. 1927, 215. — Glatzer, Reichsfinanzhof und Verbrauchsbesteuerung. DStBl. 1927, 83. — Derselbe, Einkommenbesteuerung nach dem Verbrauch. StA. 1927, 97. — Höfer, Besteuerung nach dem Verbrauch. StA. 1927, 301. — Joel, Besteuerung nach dem Verbrauch. IndMitt. 1927, 92. — Mirre, Zur Verbrauchbesteuerung. DStZ. 1927, 579. — Strauß, Verbrauchsversteuerung und Steuerabzug vom Kapitalertrag. DStZ. 1927, 985. — Strutz, Die Besteuerung nach dem Verbrauch. StuW. 1927, 721. — Zitzlaff, Zur Verbrauchsbesteuerung. StZ. 1927, 891. — Derselbe, Zur Besteuerung nach dem Verbrauch. (§ 49 des Einkommensteuergesetzes). DStZ. 1927, 211.

1. Voraussetzung der Verbrauchsbesteuerung: Objektives Mißverhältnis zwischen Einkommen und Aufwand; subjektive Momente spielen keine Rolle. Bedeutung ministerieller Anordnungen hierzu. RFH. 24. Nov. 26 VI A 401/26 PrVBl. 48, 434. RFH. 24. Nov. 26 VI A 462/26 StuW. 1927, 115 = IndMitt. 1927, 67 = StA. 1927, 56 = StZblR. 1927, 5 = RStBl. 1927, 66 = DJZ. 1927, 675.

2. Grundsätzliches zur Frage der Verbrauchsbesteuerung. RFH. 24. Nov. 26 VI A 507/26 RStBl. 1927, 67 = StZblR. 1927, 7 = StA. 1927, 89, 90; RFH. 2. März 27 VI A 86/27 RStBl. 1927, 122; RFH. 17. März 27 VI A 106/27 RStBl. 1927, 123; RFH. 18. Mai 27 VI A 104/27 RStBl. 1927, 150 = DStZ. 1927, 633 = StZblR. 1927, 152; RFH. 30. Mai 27 VI A 222 und 223/27 RStBl. 1927, 190; RFH. 12. Aug. 27 VI A 355/27 = RStBl. 1927, 212 = StuW. 1927 Nr. 407 = StZblR. 1927, 214; RFH. 6. Sept. 27 VI A 176/27 RStBl. 1927, 222 = DStZ. 1927, 999; RFH. 6. Sept. 27 VI A 453/27 DStZ. 1927, 1000 = StuW. 1927 Nr. 440 Abs. 5; RFH. 6. Sept. 27 VI A 477/27 StuW. 1927 Nr. 439; RFH. 21. Sept. 27 VI A 403/27 DStZ. 1927, 999 = RStBl. 1927, 229; RFH. 19. Okt. 27 VI A 602/27 DStZ. 1927, 1094.

3. § 49 als Kannvorschrift. RFH. 19. Mai 27 VI A 104/27 StuW. 1927 Nr. 232.

4. Die Besteuerung nach dem Verbrauch ist auch dann zulässig, wenn der Verbrauch aus einem steuerfreien Lotteriegewinn bestritten wird. RFH. 16. Febr. 27 VI A 599/27 RStBl. 1927, 119 = DStZ. 1927, 435 = StuW. 1927 Nr. 229 = StA. 1927, 256.

5. Zur Berücksichtigung des § 56 bei der Besteuerung nach dem Verbrauch. RFH. 6. Sept. 27 VI A 433/27 StuW. 1927 Nr. 585; RFH. 30. Mai 27 VI A 254/27 = IndMitt. 1927, 335 = StuW. 1927 Nr. 365 = RStBl. 1927, 221; RFH. 28. Sept. 27 VI A 523/27 StuW. 1927 Nr. 440.

6. Die Berechnung der Steuer nach einem Teile des Verbrauchs ist unzulässig. Dagegen kommt auch bei der Versteuerung nach dem Verbrauch eine Anwendung des § 56 EinkStG. in Frage, sofern das Einkommen (nicht der Verbrauch) 30000 *RM* nicht übersteigt.

Als besondere wirtschaftliche Verhältnisse, die die Leistungsfähigkeit des Steuerpflichtigen wesentlich beeinträchtigen, können auch Verluste angesehen werden, die bei Berechnung der tarifmäßigen Steuer nicht berücksichtigt werden können. RFH. 3. Mai 27 VI A 25/27 DStZ. 1927, 535 = StZbL. 1927, 132 = RStBl. 1927, 149 = DStBl. 1927, 420 = StuW. 1927 Nr. 155 = DJZ. 1927, 1623 = StA. 1927, 284.

7. Unbeachtlicher Aufwand. a) Unter Ausstattungen im Sinne des § 49 Abs. 3 a, die nicht zum Verbrauche gehören, sind nur einmalige Zuwendungen zu verstehen. Wiederkehrende Bezüge, die auf Grund einer Ausstattungsrente gewährt werden, gehören nach § 49 Abs. 1, Abs. 3 b nur dann nicht zum Verbrauche, wenn sie gemäß § 40 Nr. 3 EinkStG. beim Empfänger zu versteuern sind.
b) Geht der festgestellte Verbrauch im Sinne des § 49 EinkStG. nur unerheblich über die Mindestgrenze von 15 000 *RM* hinaus, so ist besonders sorgfältig zu prüfen, ob eine Besteuerung nach dem Verbrauche, deren Vornahme in das pflichtmäßige Ermessen der Veranlagungsbehörden gestellt ist, nicht wider Recht und Billigkeit verstößt. RFH. 3. Mai 27 VI A 446/26 DStZ. 1927, 633 = RStBl. 1927, 150 = StZbL. 1927, 152 = StuW. 1927 Nr. 231 = StA. 1927, 312 = DStBl. 1927, 695.

8. — Zahlungen für Lebensversicherungsprämien gehören nicht zum Verbrauch. RFH. 26. Okt. 27 VI A 478/27 RStBl. 1927, 233 = DStZ. 1927, 1090 = StZbL. 1927, 232 = StuW. 1927 Nr. 584.

9. — Die Kosten des Studiums von Kindern können unberücksichtigt bleiben. RFH. 19. Jan. 27 VI A 587/26 DStZ. 1927, 246 = StA. 1927, 119.

10. — Ausgaben für den Erwerb von Gegenständen, die der Vermögensteuer unterliegen, gehören nicht zum Verbrauch. RFH. 28. Sept. 27 VI A 372/27 RStBl. 1927, 233 = DStZ. 1927, 1090 = StA. 1927, 382 = StuW. 1927 Nr. 586.

11. — Eine Erholungsreise fällt nicht unter § 49 Abs. 4 a. RFH. 2. März 27 VI A 77/27 DStZ. 1927, 435 = DStBl. 1927, 359 = StuW. 1927 Nr. 230.

12. Im Sinne des § 49 Abs. 5 des EinkStG. gelten die Vorauszahlungen im Jahre 1924, auch wenn sie gemäß Art. 1 §§ 11, 7 der II. StNVO. nach dem Verbrauche bemessen sind, als Besteuerung des im Jahre 1924 vom Steuerpflichtigen erzielten Einkommens. RFH. 16. Nov. 27 VI A 70/27 S. 22, 165 = StuW. 1927 Nr. 583.

§ 51.

1. Die Einkünfte der verheirateten selbständigen Hebamme sind denen ihres Ehemannes nicht hinzuzurechnen. In diesem Falle sind die Abzüge der §§ 51 und 52 EinkStG. auch bei den Einkünften der Ehefrau vorzunehmen mit Ausnahme derjenigen für die Ehefrau und die minderjährigen Kinder. Die letzteren dürfen nur einmal und zwar in der Regel bei den Einkünften des Haushaltungsvorstandes abgezogen werden. RFH. 30. Mai 27 VI A 220/27 S. 21, 245 = StuW. 1927 Nr. 312 = DStBl. 1927, 536.

§ 52.

Brensing, Die steuerfreien Abzüge bei der Veranlagung der Lohnempfänger. DStBl. 1927, 401.

§ 53.

Brensing, Nochmals: Anwendbarkeit des § 53 Abs. 2 Einkommensteuergesetz bei der Veranlagung des „sonstigen Einkommens" nach § 90 Einkommensteuergesetz. DStBl. 1927, 523. — Hefner, Familienermäßigungen nach § 53 Abs. 2 EinkStG. und Veranlagung des sonstigen Einkommens. DStBl. 1927, 405. — Peters, Die Berechnung der Einkommensteuer im Falle des § 53 Abs. II EinkStG. DStBl. 1927, 683.

§ 54.

Lademann, Zur Besteuerung des Existenzminimums. IndMitt. 1927, 59. — Olbertz, Steuernachteile durch unklare oder widerspruchsvolle Gesetzesfassung. IndMitt. 1927, 362.

§ 55.

Blümich, Die Berechnung der Einkommensteuer. StA. 1927, 131.

§ 56.

Hoeres, Ermäßigung der Einkommensteuer wegen ungünstiger wirtschaftlicher Verhältnisse. DStZ. 1927, 611. — Lizius, Berücksichtigung der Viehverluste bei der Einkommensteuerveranlagung nichtbuchführender Landwirte. DStBl. 1927, 519. — Wetter, Das Anwendungsgebiet des § 56 EinkStG. DStB. 1927, 279.

1. Die Steuer soll nach § 56 äußerstenfalls nur soweit ermäßigt werden, daß der Pflichtige noch so viel an Steuer zu tragen hat, als er zu entrichten hätte, wenn er ein um die außergewöhnlichen Aufwendungen niedrigeres steuerbares Einkommen bezogen hätte. RFH. 19. Okt. 27 VI A 621/27 StA. 1927, 382 = StuW. 1927 Nr. 588.
2. Berücksichtigung besonderer wirtschaftlicher Verhältnisse. RFH. 7. Juli 27 VI A 259/27 RStBl. 1927, 210.
3. a) Der Umstand, daß ein Beamter, der nicht am Orte seiner dienstlichen Beschäftigung wohnt, den für den Dienstort maßgeblichen Ortszuschlag bezieht, der niedriger ist als der Ortszuschlag für den Wohnort, rechtfertigt allein nicht die Anwendung des § 56 wegen des Unterschieds gegenüber den Bezügen eines in gleicher Dienststellung befindlichen Beamten, der den höheren Ortszuschlag des Wohnorts bezieht.
   b) Die Berücksichtigung von Aufwendungen für den Unterhalt mittelloser Angehöriger gemäß § 56 wird nicht dadurch ausgeschlossen, daß mehrere Personen zu dem Unterhalte beitragen und deshalb, sei es nach den §§ 52 Abs. 1 Nr. 2, 70 Abs. 2, sei es nach § 56 steuerliche Vergünstigungen beanspruchen. Der Begriff der Mittellosigkeit ist nicht eng auszulegen. RFH. 28. Mai 27 VI A 114/27 StuW. 1927 Nr. 316 = RStBl. 1927, 189 = DStBl. 1927, 696.

4. Aufwendungen aus früheren Jahren, Kosten für Bekleidung, Unterhaltskosten für einen Familienangehörigen, für den eine allgemeine Ermäßigung der Steuer eintritt, sowie Aufwendungen, soweit für sie Notstandsbeihilfen gezahlt worden sind, können nicht nach § 56 durch Ermäßigung der Steuer berücksichtigt werden. RFH. 28. Sept. 27 VI A 207/27 RStBl. 1927 S. 224.

5. Zur Frage, ob Verheiratung, Gründung eines Hausstandes, Geburt eines Kindes als eine die Anwendung des § 56 rechtfertigende Belastung angesehen werden können. RFH. 22. Okt. 27 VI A 524/27 RStBl. 1927, 260.

6. Krankheit. Durch Krankheit herbeigeführte Arbeitsunfähigkeit rechtfertigt für sich allein nicht die Anwendung des § 56, soweit nicht (z. B. durch Pflege) besondere Aufwendungen infolge der Arbeitsunfähigkeit entstanden sind. RFH. 28. Sept. 27 VI A 274/27 DStZ. 1927, 1000 = StZblL. 1927, 214 = RStBl. 1927, 229.

7. — Die Aufnahme von Darlehen zur Bestreitung von Krankheitskosten als außergewöhnliche Belastung im Sinne von § 56. RFH. 28. Sept. 1927 VI A 499/27 StA. 1927, 382 = RStBl. 1927, 241 = StZblL. 1927, 233 = StuW. 1927 Nr. 587.

8. Berufsausbildung der Kinder. RFH. 19. Jan. 27 VI A 481/26 RStBl. 1927, 98 = StuW. 1927, 448; RFH. 18. Mai 27 VI A 178/27 DStZ. 1927, 634; RFH. 30. Mai 27 VI A 75/27 StuW. 1927 Nr. 366 = StA. 1927, 314.

9. — Die Anwendung des § 56 ist nicht davon abhängig zu machen, ob die Berufsausbildung, die ein Steuerpflichtiger seinen Kindern zuteil werden läßt, nach den Standesverhältnissen geboten war oder nicht. RFH. 24. Nov. 26 VI A 494/26 DStZ. 1927, 246 = RStBl. 1927, 85 = StuW. 1927, 450 = StZblL. 1927, 92.

10. Die aus der Erstellung eines Wohngebäudes dem Pflichtigen erwachsenden Verbindlichkeiten rechtfertigen nicht ohne weiteres eine Ermäßigung der Steuerpflicht nach § 56 EinkStG. RFH. 28. Sept. 27 VI A 578/27 StA. 1927, 382 = RStBl. 1927, 258 = StuW. 1927 Nr. 589.

11. Daß den Arbeitslohn in Höhe von 32 000 RM übersteigende Schuldzinsen gezahlt sind, schließt nicht aus, daß die allgemeine steuerliche Leistungsfähigkeit des Pflichtigen der Art war, daß es gerechtfertigt ist, den Anspruch auf Erstattung des einbehaltenen Arbeitslohns abzulehnen. RFH. 18. Nov. 27 VI A 736/27 RStBl. 1927, 261 = StuW. 1927 Nr. 591.

12. Einkommen aus außerordentlicher Waldnutzung schließt die Anwendung des § 56 nicht aus. RFH. 6. April 27 VI A 105/27 StuW. 1927 Nr. 234.

13. Anwendung des § 56 auf die Erstattung der Lohnsteuer: vgl. zu § 93 Anm. 3 fg.

14. Anwendung auf die Verbrauchsbesteuerung: vgl. zu § 49 Anm. 5.

15. Grenzen der Nachprüfung durch den Reichsfinanzhof. RFH. 2. Dez. 26 VI A 586/26 StuW. 1927, 124.

§ 57.

F r i e s e c k e, Der Begriff Gesamteinkommen in § 57 EinkStG. ZStFr. 1927, 253.

§ 58.

S t r u t z, Bezieht sich die Tarifmilderung nach § 58 des Einkommensteuergesetzes auch auf Veräußerung von Beteiligungen im Sinne des § 30 Abs. 3 a. a. O.? StuW. 1927, 1161.

1. Fall, daß die Witwe des einen der zwei Gesellschafter einer offenen Handelsgesellschaft auf Grund des Gesellschaftsvertrags für das Todesjahr mit dem bisherigen Anteil ihres Mannes, für die nächsten drei Jahre mit der Hälfte dieses Anteils am Ertrage des Geschäfts beteiligt bleibt, während der überlebende Gesellschafter das Geschäft allein fortführt. RFH. 7. Juli 27 VI A 211/27 StuW. 1927 Nr. 406.

2. § 58 ist nicht anwendbar, wenn der Direktor einer Gesellschaft in einem Jahre die Tantieme für zwei Geschäftsjahre erhalten hat. RFH. 6. Sept. 27 VI A 436/27 DStZ. 1927, 1000 = StuW. 1927 Nr. 441 = JndMitt. 1927, 366 = RStBl. 1927, 228.

§ 61.

H e f n e r, Abgabe von Einkommenserklärungen, wenn die Teilhaber mehreren Gesellschaften mit verschiedenen Wirtschaftsjahren angehören. DStBl. 1927, 29. — K o p p e, Die Einkommensteuererklärung zur Frühjahrsveranlagung 1927. DStZ. 1927, 17.

§ 65.

1. Bei der einheitlichen Feststellung des Geschäftsgewinns einer Gesellschaft sind die besonderen Vergütungen an einzelne Gesellschafter zuzurechnen. RFH. 2. März 27 VI A 89/26 S. 21, 8 = JndMitt. 1927, 128 = StuW. 1927 Nr. 97 = DStZ. 1927, 435 = DStBl. 1927, 359 = ZStFr. 1927, 142.

§ 69.

A c k e r m a n n, Zinsfreie Darlehen an Arbeitnehmer. DStBl. 1927, 152. — A r l t, Kein Aussonderungsrecht des Reichs aus § 43 KO. wegen einbehaltener Lohnsteuer beim Konkurse über das Vermögen des Arbeitgebers. DStBl. 1927, 37. — F r i e s e c k e, Was gehört zum Arbeitslohn im Sinne des Einkommensteuergesetzes? StA. 1927, 13. — K a l m, Wann sind volle 10 v. H. Lohnsteuer einzubehalten? StA. 1927, 207. — K r e t s c h m a n n, Darlehen oder Gehaltsvorschuß? StA. 1927, 181. — P i ß e l, Der Steuerabzug bei Lohnklagen und in der Zwangsvollstreckung. DStZ. 1927, 963. — Z i m m e r m a n n, Die Lohnsteuer nach den vom 1. Januar 1927 ab geltenden Vorschriften. (Köln: Otto Schmidt 1927).

1. Die Steuerabzugspflicht des Arbeitgebers nach §§ 69, 70 Abs. 3, 77 EinkStG. besteht auch, wenn der Arbeitslohn durch dritte Per-

sonen den Arbeitnehmern gezahlt wird. RFH. 30. Juni 27 VI A 258/27 DStZ. 1927, 903 = RStBl. 1927, 198 = StuW. 1927 Nr. 367.

2. Ist ein Beschäftigungsverhältnis so geregelt, daß der Arbeitleistende seine Tätigkeit tatsächlich nicht selbständig ausüben darf, sondern von den Weisungen des anderen Vertragsteils abhängig ist, so kann der Steuerabzug nicht dadurch ausgeschlossen werden, daß das Verhältnis als das eines selbständigen Gewerbetreibenden zum Besteller bezeichnet wird. RFH. 17. Nov. 26 VI A 225/26 S. 20, 6.

3. Vorschüsse auf Arbeitslohn unterliegen dem Steuerabzug. RFH. 17. März 27 VI A 24/27 DStZ. 1927, 436 = StuW. 1927 Nr. 237 = RStBl. 1927, 133.

4. Zur Frage der Lohnsteuerpflicht von Zahlungen an eine Pensionskasse RFH. 24. März 27 VI A 534/26 RStBl. 1927, 147 = DStZ. 1927, 436 = StuW. 1927 Nr. 153.

5. Prämien, die eine Firma für Lebensversicherung eines Angestellten, an eine Versicherungsgesellschaft zahlt, unterliegen dem Steuerabzug vom Arbeitslohn. RFH. 24. März 27 VI A 620/26 DStZ. 1927, 436 = StuW. 1927 Nr. 152 = RStBl. 1927, 148 = StA. 1927, 253.

6. Zur Frage, wer als Arbeitgeber anzusehen ist. RFH. 11. Mai 27 VI A 135/27 DStZ. 1927, 634.

§ 72.

1. Zur Maßgeblichkeit der Steuerkarte für die Lohnsteuer des Arbeitnehmers. RFH. 28. Sept. 27 VI A 412/27 StuW. 1927 Nr. 442.

2. Berücksichtigung der Verheiratung erst nach Vorlage der berichtigten Steuerkarte. RFH. 21. Sept. 27 VI A 503/27 RStBl. 1927, 222 = StuW. 1927 Nr. 593.

§ 75.

Hefner, Anträge auf Erhöhung des Werbungskosten- und Sonderleistungspauschals. DStBl. 1927, 573.

1. Entscheidungen, die das Finanzamt gemäß § 75 Nr. 2 über Anträge auf Erhöhung der zur Abgeltung der Werbungskosten und Sonderleistungen vom Lohnabzuge freizulassenden Beträge trifft, sind nur mit der Beschwerde anfechtbar. RFH. 10. Nov. 26 VI A 522/26 S. 20, 16 = DStBl. 1927, 93 = RStBl. 1927, 84 = JW. 1927, 1790 *(mit Bespr. v. Lucas).*

§ 78.

1. Zur Frage der Haftung einer Erwerbsgesellschaft für die von einer anderen Erwerbsgesellschaft zu entrichtende Lohnsteuer, wenn diese Gesellschaft im Verhältnis zu jener als Angestellte anzusehen ist. RFH. 17. März 27 VI A 431/26 RStBl. 1927, 146 = StuW. 1927 Nr. 195 = StuW. 1927 Nr. 236.

2. Lohnsteuerrückstände sind nicht als bevorrechtigte Forderungen im Sinne des § 10 Nr. 2 ZwVG. zu betrachten. OLG. Rostock 24. Jan. 27 Ka 667/630 RStBl. 1927, 150.

§ 83.

P i ß e l, Die Erstattung von Steuerabzugsbeträgen vom Arbeitslohn und vom Kapitalertrag. DStZ. 1927, 869. — R u p r e c h t, Der Steuerabzug vom Kapitalertrag im Einkommensteuergesetz. IndMitt. 1927, 248.

1. Zur rechtlichen Natur des Steuerabzugs vom Kapitalertrage. RFH. 19. Okt. 27 VI A 126/27 DStZ. 1927, 1091 = StA. 1927, 383 = StuW. 1927 Nr. 470 = RStBl. 1927, 258.
2. Reine Kaufpreisrückvergütungen der Konsumgenossenschaften (§ 4 Abs. 2b KörpStG. 1925) unterliegen nicht dem Steuerabzuge vom Kapitalertrage. RFH. 8. Nov. 27 I A 50/27 S. 22, 146 = StuW. 1927 Nr. 595.

§ 84.

1. Verschiedene Betriebe oder Verwaltungen einer und derselben Körperschaft des öffentlichen Rechtes sind nicht als „die gleiche Person" im Sinne des § 84 anzusehen, ebensowenig die Körperschaft einerseits und ihre Betriebe oder Verwaltungen anderseits. RFH. 24. Febr. 27 I A 15/27 RStBl. 1927, 111 = DStZ. 1927, 345 = StuW. 1927 Nr. 332 = PrVBl. 49, 70.

§ 89.

H o e r e s, Sind bei Ermittlung der Einkommensgrenze von 8000 RM., bei deren Überschreitung Arbeitnehmer gemäß § 89 EinkStG. zu veranlagen sind, die Familienermäßigungen zu berücksichtigen? ZStFr. 1927, 186.

§ 90.

S i e m o n, Wie ist die Veranlagung nach § 90 EinkStG. vorzunehmen? DStBl. 1927, 403.

§ 92.

H ü b n e r, Wann findet bei Arbeitnehmern eine Veranlagung zur Einkommensteuer statt? StA. 1927, 108.

§ 93.

W e t t e r, Zur Frage der Lohnsteuererstattungen. StuW. 1927, 337/38.

1. Erstattung von Lohnsteuer an K r i e g s b e s c h ä d i g t e mit einer Erwerbsbeschränkung von mindestens 30 v. H. RFH. 17. Juni 27 VI A 123/27 RStBl. 1927, 195 = StuW. 1927 Nr. 369 = DStBl. 1927, 696.
2. Ein V e r d i e n s t a u s f a l l im Sinne der Bestimmungen über die Erstattung der Lohnsteuer ist auch dann gegeben, wenn das steuerfreie Existenzminimum und die Familienermäßigungen innerhalb eines Steuerabschnitts bei den einzelnen Lohnzahlungen deshalb nicht in vollem Umfang berücksichtigt wurden, weil die Erwerbstätigkeit e r s t i m L a u f e d e s S t e u e r a b s c h n i t t s b e g o n n e n hat. RFH. 22. Dez. 26 VI A 541/26 S. 20, 213 = StuW. 1927, 419.

3. Anwendung des § 56. RFH. 28. Mai 27 VI A 197/27 DStZ. 1927, 634 = StuW. 1927 Nr. 443 = DStBl. 1927, 695.

4. — Die Änderung des § 93 schließt nicht aus, erhöhte Werbungskosten und Sonderleistungen nach § 93 i. Verb. mit § 95 zu berücksichtigen. RFH. 30. Mai 27 VI A 83/27 StuW. 1927 Nr. 368.

5. — Zur Frage der Lohnsteuererstattung wegen besonderer wirtschaftlicher Verhältnisse. RFH. 2. Dez. 26 VI A 568/26 RStBl. 1927, 44.

6. — Waisengeld ist auch, wenn es die Mutter einzieht, Arbeitseinkommen der Kinder. Zur Anwendbarkeit des § 129 Abs. 1 Satz 2 neben den durch das EinkStG. geordneten Erstattungsansprüchen. RFH. 14. Dez. 26 VI A 546/26 StuW. 1927, 286 = DStBl. 1927, 177.

7. — Berücksichtigung außergewöhnlich hoher Werbungskosten nicht veranlagter Lohnsteuerpflichtiger nach § 93 Abs. 1 Nr. 2 i. V. mit § 56. Einfluß der Streichung des § 53 Abs. 1 Nr. 3. RFH. 19. Jan. 27 VI A 3/27 StuW. 1927, 451 = RStBl. 1927, 98 = DStZ. 1927, 343.

8. — Lohnsteuererstattung wegen Belastung durch Unterhalt und Erziehung der Kinder. RFH. 25. Febr. 27 V e A 70/27 RStBl. 1927, 110.

9. — Zur Frage der Lohnsteuererstattung wegen besonderer wirtschaftlicher Verhältnisse. RFH. 2. März 27 VI A 611/26 RStBl. 1927, 122 = StuW. 1927 Nr. 233.

10. — Erstattung der Lohnsteuer bei außergewöhnlicher Belastung durch Aufwendungen zur Berufsfortbildung. RFH. 24. März 27 VI A 633/26 DStBl. 1927, 538.

11. — Nach der Gestaltung der Lohnsteuer als einer Sonderbesteuerung können Ausgabeüberschüsse bei einer anderen Einkommensart grundsätzlich nicht zur Erstattung einbehaltener Steuerabzüge vom Arbeitslohne führen. Ob und inwieweit ein solcher Verlust die Erstattung der Lohnsteuer unter dem Gesichtspunkt der wesentlich beeinträchtigten steuerlichen Leistungsfähigkeit nach § 93 Abs. 1 Nr. 2 und § 56 zu rechtfertigen vermag, hängt von den Gesamtumständen des Einzelfalls ab. RFH. 30. Juni 27 VI A 290/27 S. 21, 341 = StuW. 1927 Nr. 403.

12. — Bei Prüfung der Frage, ob Lohnsteuer wegen Vorliegens besonderer wirtschaftlicher Verhältnisse der im § 56 bezeichneten Art zu erstatten ist, sind die Verhältnisse des ganzen Steuerabschnitts zu berücksichtigen. RFH. 12. Okt. 27 VI A 388/27 StA. 1927, 383 = StuW. 1927 Nr. 590.

§ 94.

Baer, Die Erstattung des Steuerabzugs vom Kapitalertrag. StA. 1927, 367. — Becker, Die Einkommensgrenze bei der Erstattung des Steuerabzugs vom Kapitalertrage. ZStFr. 1927, 65. — Hefner, Frist für Anträge auf Erstattung des Steuerabzugs vom Kapitalertrage nach § 94 EinkStG. DStZ. 1927, 226. — Ott, Die Summe der Einnahmen als Erstattungsgrenze in § 94 Einkommensteuergesetz. DStBl. 1927, 607, 680.

1. Der einbehaltene Steuerabzug vom Kapitalertrage wird nach § 94 nur dann erstattet, wenn die Einnahmen des Steuerpflichtigen (Roheinnahmen) den im § 94 vorgesehenen Betrag nicht übersteigen. Die Erstattungsgrenze erhöht sich für die zur Haushaltung des Steuerpflichtigen zählende Ehefrau und die zu seiner Haushaltung zählenden minderjährigen Kinder um die im § 50 Abs. 2 aufgeführten Beträge. RFH. 8. Juli 27 VI A 151/27 S. 22, 23 = IndMitt. 1927, 334 = StuW. 1927 Nr. 408 = StA. 1927, 311 = StZdL. 1927, 215.

2. Die vom Kapitalertrag einbehaltenen Steuerbeträge sind beim Vorliegen der Voraussetzungen am Eingang von § 94 des Einkommensteuergesetzes 1925 ungekürzt zu erstatten, wenn sie im Jahre 5 *RM* übersteigen. RFH. 3. Nov. 27 VI A 354/27 S. 22, 191.

§ 102.

Blümich, Zur Erstattung von Steuerabzügen. IndMitt. 1927, 61. — Senf, Verzinsung von Erstattungsbeträgen bei vorangegangener Leistung von Einkommen- oder Körperschaftssteuervorauszahlungen. IndMitt. 1927, 325. — Derselbe, Erstattung von Überzahlungen bei der Einkommen-, Körperschaft- und Umsatzsteuer. IndMitt. 1927, 347. — Pißel, Die Frage der Erstattung von Steuerabzugsbeträgen vom Arbeitslohn und vom Kapitalertrag und die rechtliche Tragweite und Bedeutung des § 102 Abs. 3 des Einkommensteuergesetzes. DStZ. 1927, 131.

1. a) Die Erstattungsvorschrift des § 102 Abs. 3 bezieht sich nur auf Vorauszahlungen im Sinne der §§ 95 ff.; sie bezieht sich nicht auf Steuerbezugsbeträge vom Arbeitslohn und vom Kapitalertrag.
b) Die Erstattungsmöglichkeiten des § 93 greifen auch für den veranlagten Arbeitnehmer Platz.
c) Bei Steuerpflichtigen, die entweder nur Arbeitslohn oder nur steuerabzugspflichtige Kapitalerträge oder solche Einkünfte zusammen mit Einkünften der im § 6 Abs. 1 Nr. 1—3, 6—8 bezeichneten Art gehabt haben, und die mit ihrem gesamten Einkommen nach § 92 veranlagt worden sind, können im Falle der Überzahlung gegenüber der im Steuerbescheide festgesetzten Steuerschuld durch Vorauszahlungen und Steuerabzugsbeträge vom Arbeitslohn und vom Kapitalertrage nur die Vorauszahlungen erstattet werden. Dagegen sollen die einbehaltenen Steuerabzugsbeträge vom Arbeitslohn und vom Kapitalertrage nicht erstattet werden. RFH. 14. Dez. 26 VI D 2/26 S. 20, 164 = Ind. Mitt. 1927, 30 = JW. 1927, 1541 = RStBl. 1927, 57 = DStBl. 1927, 170.

2. § 102 Abs. 3 gewährt keinen Anspruch auf Erstattung der Lohnsteuer wegen Nichtberücksichtigung von negativen Ergebnissen, die bei anderen Einkommensarten eingetreten sind. Zur Anwendung des § 56. RFH. 12. Jan. 27 VI A 638/26 StuW. 1927, 453 = DStBl. 1927, 231 = StA. 1927, 222.

3. Zur Frage der Erstattung von Steuerabzugsbeträgen. RFH. 17. März 27, VI A 604/26 = RStBl. 1927, 147.

§ 104.

Beuck, Zur Frage des Zusammenhanges zwischen Vermögensaufstellung und Eröffnungsbilanz vom 1. Januar 1925. DStZ. 1927, 117.

§ 105.

Pick, Die Richtlinien für die Einkommen- und Körperschaftsteuer-Veranlagung 1927, insbesondere die Berichtigung der Steuer-Eröffnungsbilanz. IndMitt. 1927, 46.

§ 108.

Berthold, Aufwertungsausgleichskonto. DStBl. 1927, 147. — Beuck, Die Bedeutung der Einheitswerte für die Einkommensteuer-Eröffnungsbilanz. DStZ. 1927, 225. — Fürnrohr, Aufwertungsschulden und Einkommensteuer. StuW. 1927, 1173. — Sonnenstuhl, Eine Lücke im Einkommensteuergesetz. ZStFr. 1927, 12.

1. a) Bei der Einkommen- und Körperschaftsteuerveranlagung ist nicht zu prüfen, welche Werte bei der Vermögensteuerveranlagung nach dem Gesetze hätten eingesetzt werden müssen, sondern maßgebend ist der tatsächlich bei der Vermögensteuerveranlagung eingesetzte Wert.
b) Die bei der Vermögensteuerveranlagung nach § 26 Abs. 4, § 39 Nr. 10 RBewG. mit Null Mark anzusetzenden, von den ehemals feindlichen Mächten beschlagnahmten, am Vermögensteuerstichtag noch nicht freigegebenen Vermögensteile sind in die Körperschaftsteuer-Eröffnungsbilanz nicht nach § 108 Abs. 2 EinkStG. mit Null Mark, sondern mit ihren nach §§ 106, 107 EinkStG. errechneten Werten einzusetzen.
c) Bei der Ermittlung des Vermögensteuerwerts im Sinne des § 108 Abs. 2 EinkStG. 1925 bleibt ein gemäß § 14 RBewVermSt.-DurchfBest. 1925 gewährter Stillegungsabschlag außer Betracht. RFH. 4. Nov. 27 I A 126/27 S. 22, 155 = IndMitt. 1927, 401 = StuW. 1927 Nr. 694.
2. a) Zu den im § 108 Abs. 1 EinkStG. genannten Forderungen und Schulden, die der Aufwertung nach dem Aufwertungsgesetz unterliegen, gehören auch die im neunten Abschnitt (§§ 62 ff.) AufwG. behandelten „anderen" Ansprüche.
b) Nach den allgemeinen Vorschriften aufgewertete Forderungen und Schulden sind regelmäßig mit dem Betrage in die steuerliche Eröffnungsbilanz aufzunehmen, auf den sie tatsächlich aufgewertet worden sind.
c) Gegen die Einsetzung des tatsächlichen Aufwertungsbetrags sind nur dann Bedenken zu erheben, wenn besondere Umstände vorliegen, die eine verschiedenartige Bewertung der Forderungen oder Schulden für den Tag der tatsächlichen Aufwertung gegenüber dem Bilanzstichtage begründen. RFH. 29. März 27 I A 245/26 S. 21, 48 = RStBl. 1927, 118 = StuW. 1927 Nr. 320, 335 = IndMitt. 1927, 175 = DStBl. 1927, 633.
3. Zu den Ansprüchen im Sinne von § 108 Abs. 1 gehören auch die im § 62 AufwG. erwähnten nicht unter §§ 4—61 a. a. O. fallenden Ansprüche. RFH. 12. Okt. 27 VI A 559/27 (n. v.).

4. Auch wenn eine Aufwertung erfolgt, die nach dem Aufwertungsgesetze nicht beansprucht werden konnte, ist die Forderung oder Schuld mit dem Betrag in die Anfangsbilanz einzusetzen, der sich unter Berücksichtigung der Zahlungsbedingungen als ihr Wert am Bilanzstichtag ergibt. RFH. 11. Mai 27 VI A 172/27 S. 21, 65 = Ind.-Mitt. 1927, 209 = StuW. 1927 Nr. 238 = DStBl. 1927, 697.

§ 110.

v. Degenfeld-Schonburg, Die Absetzung für Abnutzung bei landwirtschaftlichen Gebäuden. DStZ. 1927, 601.

1. Der Friedenssteuerkassenwert als Bemessungsgrundlage für die Abnutzungsabsetzungen bei Gebäuden. RFH. 28. Sept. 27 VI A 378/27 = IndMitt. 1927, 367 = StuW. 1927 Nr. 568.

§ 111.

1. § 111 hat die Vergünstigung des § 59 Abs. 1a des EinkStG. 1921 nicht übernommen. RFH. 7. Juli 27 VI A 332/27 RStBl. 1927, 211 = StuW. 1927 Nr. 444.

§ 112.

1. § 112 findet keine Anwendung, wenn der Steuerpflichtige ein Einkommen von mehr als 15000 *RM* erzielt hat, gleichviel ob sein Vermögen 50000 *RM* übersteigt oder nicht. RFH. 16. Nov. 27 VI A 296/27 S. 22, 764 = StuW. 1927 Nr. 596.

§ 115.

Olbertz, Die Einschränkung der steuerlichen Begünstigung von Auslandsanleihen. DStBl. 1927, 154.

§ 117.

1. Die V. vom 17. Februar 1926 zur Durchführung des § 117 Abs. 4 ist rechtsgültig. RFH. 22. Dez. 26 VI A 553/26 RStBl. 1927, 69 = StuW. 1927, 294.
2. Gültigkeit der V. vom 24. Okt. 1925 (RMinV. 1. S. 1291). RFH. 23. Febr. 27 VI A 61/27 StuW. 1927 Nr. 156.
3. Rechtsgültigkeit der Durchführungsverordnung zu § 117 Abs. 4. RFH. 18. Mai 27 VI A 231/27 StA. 1927, 288.
4. An dem S. 18, 345 veröffentlichten Gutachten des vereinigten I. und VI. Senats über die Zugrundelegung des verlängerten Geschäftsjahrs bei der erstmaligen Veranlagung nach dem neuen Körperschaftsteuergesetz und an der Begründung dieses Gutachtens hält der I. Senat auch als erkennendes Gericht fest. RFH. 23. März 27 I A 298/26 S. 21, 53 = StuW. 1927 Nr. 414.

10.

Erbschaftsteuergesetz

vom 7. August 1922 (RGBl. I S. 695).

§ 3.

1. Schenkung bei Gutsüberlassungsverträgen: Bei sogenannten gemischten Verträgen ist das Vorhandensein einer Schenkung zunächst nach allgemeinen Grundsätzen darzutun. RFH. 5. Nov. 26 V e A 460/26 S. 20, 98 = StZbL. 1927, 54 = DVR. 1927, 29 = StA. 1927, 120 = StuW. 1927 Nr. 157 = StA. 1927, 183 = JW. 1927, 2589 *(mit Bespr. v. Philipsborn)*.
2. Gemischter Gutsüberlassungsvertrag; Bereicherung auch des Schwiegerkindes. RFH. 21. Jan. 27 V e A 494/22 StA. 1927, 256.
3. Bei der Auflösung eines Familienfideikommisses ist die Abfindung eines Anwärters nur insoweit schenkungsteuerpflichtig, als ihm die Familie aus Freigebigkeit mehr zuwendet, als ihm beim Fortbestehen des Fideikommisses voraussichtlich zugefallen wäre. RFH. 20. Mai 27 V e A 94/27 S. 21, 194 = DVR. 1927, 126 = DStBl. 1927, 539 = StuW. 1927 Nr. 600 = JW. 1927, 2590 *(mit Bespr. v. Schachian)*.
4. Die Schenkungsteuerpflicht wird dadurch nicht ausgeschlossen, daß die Schenkung in Erfüllung einer vor Inkrafttreten des Gesetzes übernommenen schuldrechtlichen Verpflichtung erfolgt ist. RFH. 22. Juli 27 V e A 403/27 S. 21, 304 = DVStR. 1927, 157 = StuW. 1927 Nr. 598.
5. Aufwertung als Schenkung. RFH. 11. Juli 27 V e A 25/27 StuW. 1927 Nr. 599.
6. — Keine steuerpflichtige Zuwendung bei Aufwertung einer stillen Gesellschaftsbeteiligung. RFH. 13. Mai 27 V e A 53/27 LZ. 1927, 1146 = IndMitt. 1927, 277 = DVR. 1927, 141.
7. — Aufwertung der Beteiligung eines stillen Gesellschafters. RFH. 29. Okt. 26 V e A 572/26 DVR. 1927, 14 = StuW. 1927 Nr. 159.
8. — Aufwertung von Kommanditanteilen von Kindern bei der GM.-Umstellung als Schenkung. RFH. 20. Mai 27 V e A 522/27 DVR. 1927, 191.
9. — Aufwertung einer früheren Schenkung oder neue freiwillige Zuwendung bei der Goldumstellung einer Familiengesellschaft. RFH. 5. Nov. 26/10. Okt. 27 V e A 485/26 DVR. 1927, 108.

§ 5.

1. Das ErbStG. 1922 sieht in Abweichung vom bürgerlichen Rechte bei fortgesetzter Gütergemeinschaft den Mutteranteil als Erben der Kinder an, das beim Wegfall eines Kindes dessen Geschwistern zunächst; dieser Zuwachs wird als Erwerb der Geschwister besteuert, die Steuer wird aber vom überlebenden Vater erhoben. RFH. 20. Mai 26 V e A 79/26 JW. 1927, 1227 *(mit Bespr. v. Hirschwald)*.

§ 9.

1. Zuwendungen einer aus Vater und Kindern bestehenden Kommanditgesellschaft an letztere als Zuwendungen des Vaters an seine Kinder. RFH. 26. Nov. 26 V e A 710/26 IndMitt. 1927, 31 = DVR. 1927, 46 = DStBl. 1927, 43.
2. Für die Entscheidung, wer beim Übergange von Vermögen auf eine Familienstiftung als nach der Stiftungsurkunde entferntest Berechtigter im Sinne des § 9 Abs. 2 ErbschStG. 1922 zu gelten hat, ist nicht entscheidend, ob der mit Stiftungsvermögen Bedachte gegenüber der Stiftung einen klagbaren Anspruch auf Bezüge aus dem Stiftungsvermögen hat. Auch solche Personen, die, ohne einen klagbaren Anspruch zu haben, nach der Satzung Vermögensvorteile aus der Stiftung erlangen können, sind als Berechtigte im Sinne des § 9 Abs. 2 anzusehen. Der Vermögensvorteil kann in der Erlangung von Darlehen bestehen. RFH. 13. Dez. 26 V e A 141/25 S. 20, 173 = DStBl. 1927, 170 = DJZ. 1927, 531 = StuW. 1927 Nr. 161 = DVR. 1927, 109 = StA. 1927, 184 = RVBl. 1927, 485.

§ 12.

1. Wann kann eine Vergütung für Vormundschaftsführung als Nachlaßverbindlichkeit angesehen werden. RFH. 17. Sept. 26 V e A 271/26 StuW. 1927 Nr. 164 = DVR. 1927, 12.

§ 18.

1. Ausführung einer Grundstückschenkung durch Auflassung oder Besitzübertragung. RFH. 12. April 27 V e A 93/27 DVR. 1927, 110 = StuW. 1927 Nr. 597.
2. Keine Ausführung der Schenkung bei Grundstücken, wenn weder Auflassung noch tatsächliche Übergabe stattgefunden hat. RFH. 12. April 27 V e A 123/27 StA. 1927, 319.
3. Auch der nicht steuerpflichtige Erbe gehört zu den Erben, den die im § 18 Abs. 4 festgesetzte Haftung für die Steuern trifft. RFH. 26. Sept. 27 V e A 239/27 S. 22, 67 = DStZ. 1927, 1001 = IndMitt. 1927, 321 = StuW. 1927 Nr. 601.

§ 21.

1. Für die Freistellung des Rückerwerbs einer Schenkung durch die Eltern oder Großeltern des beschenkten Abkömmlings ist es unerheblich, ob der Rückerwerb von Todes wegen oder wiederum durch Schenkung erfolgt. RFH. 14. Dez. 26 V e A 608/26 S. 20, 97 = DStBl. 1927, 94 = JW. 1927, 2590 *(mit Bespr. v. Herzfelder)* = StZdL. 1927, 55 = StuW. 1927, 461 = StA. 1927, 150 = DVR. 1927, 76.
2. Eine Vereinigung, die bezweckt, ihre Ideen „nach dem Gesetze der universellen Nächstenliebe" zu verbreiten und die ihre Richtung in der ganzen Welt verbreiten und zur Geltung bringen will, genießt nicht die Befreiungsvorschrift des Abs. 1 Nr. 19 b in der Fassung der Zweiten Steuernotverordnung. RFH. 21. Okt. 27 V e A 452/27 StA. 1927, 383 = StuW. 1927 Nr. 605.

§ 31.

1. Berechnung der Bereicherung des Anerben = Erbfall 1924 (Hannoversches Höferecht). RFH. 20. Mai 27 V e A 163/27 DVR. 1927, 125.

§ 32.

1. Bewertung eines Gesellschaftsanteils, wenn die Erben nach einem Gesellschaftsvertrage noch an dem Gewinn und Verlust des laufenden Geschäftsjahres beteiligt sind. RFH. 1. Okt. 26 V e A 534/26 StuW. 1927 Nr. 162.

§ 33.

1. Steuerberechnung bei unentgeltlicher Errichtung eines Gebäudes auf einem von der Ehefrau des Beschenkten übertragenen Grundstücke, wenn diese Übertragung rechtskräftig zur Grunderwerbssteuer veranlagt ist und deshalb zur Schenkungssteuer nicht herangezogen werden kann. RFH. 22. Juni 26 V e A 402/26 StuW. 1927 Nr. 160.

§ 39.

1. Eine Berichtigung des Steuerbescheids nach § 39 kann nicht deshalb verlangt werden, weil bei der Veranlagung zur Erbschaftssteuer Papiermarkhypotheken, die auf einem Nachlaßgrundstück lasteten, unberücksichtigt geblieben (§ 38 der 3. StNVO.), später aber nach Rechtskraft des Erbschaftssteuerbescheids aufgewertet worden sind. RFH. 9. Sept. 27 V e A 325/27 RStBl. 1927, 218 = DVStR. 1927, 175 = StZbL. 1927, 235 = StuW. 1927 Nr. 609.

11.

Erbschaftsteuergesetz

vom 22. August 1925 (RGBl. I S. 320).

Finger, Nachtrag zur dritten Auflage des Erbschaftsteuergesetzes vom 22. August 1925. (Berlin: Vahlen 1927). — Kipp, Erbschaftsteuergesetz 1925. (Berlin: Otto Liebmann 1927). — Liebisch, Das Wesen der unentgeltlichen Zuwendungen. (Leipzig: Weicher 1927).

— Vgl. auch zu ErbStG. 1922 (oben S. 84). —

§ 3.

Wallach, Die Bereicherungsabsicht und die Bewertung nach allgemeinen Grundsätzen im Schenkungssteuerrecht. DStBl. 1927, 687.

1. Das Ergebnis der Prüfung, ob und wie hoch eine Schenkung nach bürgerlich-rechtlichen und nach steuerrechtlichen Grundsätzen vorliegt, kann durchaus verschieden sein. RFH. 4. Jan. 27 V e A 478/26 StuW. 1927, 460 = DVR. 1927, 76.

2. Die subjektive Voraussetzung der Schenkungssteuerpflicht ist ausgeschlossen, wenn sich der Zuwendende in dem Glauben befindet, daß er zur Zuwendung rechtlich verpflichtet sei, es sei denn, daß sich die Pflicht auf die Erfüllung eines nicht vollzogenen Schenkungsversprechens bezieht. RFH. 26. Sept. 27 V e A 299/27 DVStR.
3. Bestätigung der in RFH. Bd. 19 S. 336 vertretenen Rechtsauffassung über die Aufwertung der Beteiligung eines stillen Gesellschafters. RFH. 13. Mai 27 V e A 53/27 (n. v.).
4. Voraussetzungen der Annahme einer freigebigen Zuwendung bei Bemessung von Kommanditbeteiligungen in der Goldmarkbilanz. RFH. 10. Jan. 27 V e A 485/26 StuW. 1927 Nr. 158.
5. Schenkungssteuerpflicht bei vorzeitiger Herausgabe des Erbteils durch den Vorerben. RFH. 11. März 27 V e A 921/26 DVR. 1927, 63.
6. Abstandsgeld als Gegenleistung bei Gutsüberlassungsverträgen. RFH. 10. Sept. 26 V e A 477/26 RStBl. 1927, 151 (n. v.).

§ 9.

Finger, Wer ist bei Familienstiftungen der entferntest Berechtigte im Sinne des § 9 Abs. 2 des Erbschaftssteuergesetzes. DStZ. 1927, 415. — Kern, Zuwendungen an den Schwiegersohn (Schenkungssteuer). DVR. 1927, 17. — Was ist zu verstehen unter eingekindschafteten Personen im Sinne des § 9 Abs. 1 Ziff. 4? StZdL. 1927, 172.

§ 18.

Droß, Das Inditätserfordernis bei § 18 Abs. 1 Ziff. 12 und § 20 ErbschStG. DStBl. 1927, 583. — Jacobi, Der Begriff der Gemeinnützigkeit in der Rechtsprechung des Reichsfinanzhofs. StA. 1927, 233. — Liebisch, Ist der Verzicht auf den vorher geltendgemachten Pflichtteilsanspruch von der Erbschaftssteuer befreit? ZStFr. 1927, 181.

1. Leben Eltern in der übergeleiteten Fahrnisgemeinschaft des Code civil und verschenken sie ihr aus Grundstücken, die teils zur Gütergemeinschaft, teils zum Sondergut der beiden Eheleute gehören, bestehendes Vermögen an ihren Sohn, stirbt dieser und wird er von seinen Eltern beerbt, so ist zu unterscheiden zwischen den Gegenständen, die zur Gütergemeinschaft, und denen, die zum Sondergute der Eltern gehört haben. Was aus der Gütergemeinschaft stammt, ist steuerfreier Rückfall. Hatte jedoch ein Grundstück zum Sondergut eines Elternteils gehört, so hat nur dieser Elternteil das Grundstück geschenkt und es dann von dem Erblasser zur Hälfte geerbt. Für jeden Elternteil ist somit die Steuer besonders in der Weise zu berechnen, daß bei jedem Elternteil außer der Hälfte des aus der Gütergemeinschaft stammenden Vermögens die Hälfte des aus dem Sondergut dieses Elternteils stammenden Vermögens als steuerfreier Rückfall behandelt wird. RFH. 30. Sept. 27 V e A 378/27 DStZ. 1927, 1001 = StuW. 1927 Nr. 602.

2. Die Befreiungsvorschrift des § 18 Abs. 1 Nr. 15, wonach Zuwendungen an Pensions- oder Unterstützungskassen des eigenen Betriebs steuerfrei sind, ist auch dann anwendbar, wenn einer Kasse mehrere Betriebe angeschlossen sind, die Zuwendung aber nur von einem oder nur von einem Teile der angeschlossenen Betriebe gemacht wird. RFH. 1. April 27 V e A 661/26 RStBl. 1927, 151 = DJZ. 1927, 1483 = DVR. 1927, 126 = DStBl. 1927, 421.

3. Zum Begriff der Gelegenheitsgeschenke. RFH. 21. Okt. 27 V e A 521/27 StuW. 1927 Nr. 603.

4. Gemeinnützigkeit eines Landschulheims. RFH. 11. März 27 V e A 73/27 StuW. 1927 Nr. 604.

5. Zur Frage der Gemeinnützigkeit einer Stiftung; Kreis der bedachten Personen. RFH. 4. Jan. 27 V e A 645/26 JnMitt. 1927, 102 = StuW. 1927, 462 = DStBl. 1927, 236 = StA. 1927, 221.

6. Keine Nachprüfung der Angemessenheit einer Zuwendung im Rechtsbeschwerdeverfahren: vgl. zu § 267 AO. Anm. 5.

§ 20.

1. § 20 setzt nicht voraus, daß das Vermögen noch in derselben Form vorhanden ist. Es gelten jedenfalls die Grundsätze der dinglichen Surrogation. An Stelle eines von dem ersten Erwerber veräußerten Grundstücks tritt deshalb der Verkaufserlös. RFH. 28. Jan. 27 V e A 865/26 S. 20, 234 = RStBl. 1927, 136 = JW. 1927, 2590 = DStBl. 1927, 235 = StuW. 1927 Nr. 321 = DVR. 1927, 111 *(mit Bespr. v. Goldmann).*

§ 21.

Marcus, Bewertung von Nachlaßkapitalforderungen und Nachlaßverbindlichkeiten, die der Aufwertung unterliegen. StZdL. 1927, 31. — Uhlich, Aufwertungsforderungen und -schulden bei der Veranlagung der Vermögenssteuer und Erbschaftssteuer. ZStFr. 1927, 60.

1. Ist der für die Berechnung eines Wertes einer Schenkung maßgebende Stichtag nicht genau feststellbar, so ist er im Wege der Schätzung zu ermitteln. RFH. 23. Juli 27 V e A 404/27 StuW. 1927 Nr. 606.

§ 22.

1. Zur Bewertung von Altenteilsleistungen (insbes. bei kleinbäuerlichen Betrieben). RFH. 30. Sept. 27 V e A 476/27 DVR. 1927, 190 = StuW. 1927 Nr. 607.

2. Bewertung von Aufwertungsforderungen für Erwerbe, bei denen die Steuerschuld zwischen dem 1. Jan. 1925 und 31. Dez. 1926 entstanden ist. RFH. 29. Okt. 26 V e A 706/26 DStBl. 1927, 44 = StuW. 1927 Nr. 163.

§ 24.

1. Dienstleistungen des Erwerbers; Abzug eines Betrages nach § 24. FG. Hannover 7. Okt. 27 V a A 9/27 DVR. 1927, 157.

§ 43.

1. Die Erbschaftsteuer für 1926 realisierte Teile des Nachlasses eines 1889 in Bremen gestorbenen Erblassers ist nach den Sätzen des damals geltenden Landessteuerrechts zu erheben. RFH. 14. Okt. 27 V e A 397/27 S. 22, 83 = DVR. 1927, 192 = StuW. 1927 Nr. 610.

12.

Gesetz über den Finanzausgleich zwischen Reich, Ländern und Gemeinden

vom 27. April 1926 (RGBl. I S. 203).

Pape u. Kappe, Finanzausgleich. (Berlin: Spaeth u. Linde 1927). — Lotz, Der Finanzausgleich u. Bayern. (Tübingen: Mohr 1927). — Koch, Gesetz zur Übergangsregelung des Finanzausgleichs. (München: Beck 1927).

Koch, Gesetz zur Übergangsregelung des Finanzausgleichs zwischen Reich, Länder und Gemeinde. (München: C.H.Beck 1927). — Hammer, Die Übergangsregelung des Finanzausgleichs und Bayern. StuW. 1927, 645. — Lorenz, Die Übergangsregelung des Finanzausgleichs für 1927. StA. 1927, 15. — Derselbe, Das Gesetz zur Übergangsregelung des Finanzausgleichs. StA. 1927, 137. — Markull, Das Gesetz zur Übergangsregelung des Finanzausgleichs. DJZ. 1927, 574, nach DStZ. 1927, 403. — Derselbe, Der Entwurf eines Gesetzes zur Übergangsregelung des Finanzausgleichs. DJZ. 1927, 139.

Von C. F. Steuerstatistik und Finanzausgleich. IndMitt. 1927, 394. — Jager, Grenzen des bisherigen Systems des Finanzausgleichs. IndMitt. 1927, 330. — Popitz, Finanzausgleichsprobleme. (Berlin: Kommunalverlag 1927). — Strutz, Der Finanzausgleich. DStBl. 1927, 119. — Trautvetter, Der Finanzausgleich und die Verbrauchssteuern. (Gesetzgebung vom 9. April 1927). ZfZ. 1927, 209.

§ 2.

1. Das für den Besuch höherer öffentlicher Schulen festgesetzte Schulgeld ist keine Steuer, wenn es zwar nach dem steuerpflichtigen Einkommen der Pflichtigen abgestuft ist, in seinem Höchstsatz aber noch unter dem Durchschnitt der Gesamtaufwendungen für die Schule, gerechnet nach der Kopfzahl der Schüler, bleibt. RFH. 29. Nov. 26 Gr. S. 4/26 S. 20, 21 = DStBl. 1927, 94 = PrVBl. 1927, 300 = StuW. 1927 Nr. 98.

§ 6.

1. a) Die Ausführungsgesetze der Länder zum Finanzausgleichsgesetze sind landessteuerliche Vorschriften im Sinne des § 6 Abs. 1, auch soweit sie sich nicht auf die Steuererhebung beziehen.

b) Eine landesrechtliche Steuervorschrift, die die selbständigen Gutsbezirke an dem Landesanteile der Einkommensteuer oder der Körperschaftsteuer nicht beteiligt, ist mit dem Reichsrecht nicht vereinbar. RFH. 29. Nov. 26 Gr. S. 5/26 S. 20, 54 = DJZ. 1927, 169 = PrVBl. 1927, 299 = StuW. 1927 Nr. 99.

§ 8.

Blumrath, Ungleiche Heranziehung von Grundvermögen und Gewerbe zu den Gemeindelasten. IndMitt. 1927, 24. — Helpenstein, Stellung u. Wesen der Gewerbesteuer im deutsch. Steuersystem. (Leipzig: Gloeckner 1926). — Kronstein, Die Lösung der Gewerbesteuer-Kalamität. DStBl. 1927, 39. — Mielke, Die Grundvermögen- und die Gewerbesteuer in Preußen nach der Inflation. DStZ. 1927, 895. — Riewald, Personal- und Realsteuern. IndMitt. 1927, 75. — Schwede, Gedanken zum Rahmengesetze für die Gewerbesteuer und Grundsteuer. DStBl. 1927, 261.

Gaertner, Zur Neuregelung der Gewerbesteuer. DStBl. 1927, 134. — Körner, Die Senkung der preußischen Gewerbesteuer in ihrer steuerstaatsrechtlichen Bedeutung. DJZ. 1927, 357. — Mirow, Das neue preußische Gewerbesteuergesetz. DStZ. 1927, 298. — Rhode, Die preußische Gewerbesteuer 1927. 2. Aufl. (Berlin: Spaeth u. Linde 1927). — Derselbe, Der Abbau der preußischen Gewerbesteuer. DStZ. 48. — Selle, Die Neuregelung der Gewerbesteuer in Preußen. ZStFr. 1927, 82. — Thiem, Die preuß. Gewerbesteuer im Rechnungsjahr 1927. IndMitt. 1927, 97.

Ball, Vergünstigungen bei der preußischen Gewerbesteuer. DStZ. 1927, 141. — Delbrück, Die Behandlung der Gehälter von Kommanditisten und nicht geschäftsführenden Gesellschaftern einer G.m.b.H. bei der Gewerbesteuer. IndMitt. 1927, 63. — Fritz, Der Begriff der Betriebsstätte im preuß. Gewerbesteuer-Gesetz. DStBl. 1927, 160. — Rhode, Ist die Verpachtung eines Gewerbebetriebs gewerbesteuerpflichtig? DStZ. 1927, 975. — Zetsche, Die gewerbesteuerliche Behandlung der Tankzapfstellen. DStBl. 1927, 347. — Unterliegen Aufsichtsratstantiemen der Lohnsteuer? IndMitt. 1927, 62.

Hefner, Ist der Gewinn des laufenden Jahres am Betriebskapital nach dem bayer. Gewerbesteuergesetz abzugsfähig. DStBl. 1927, 165. — Michael, Die Errechnung der Betriebskapitalsanlagen im Sinne des bayerischen Gewerbesteuergesetzes nach der Summe der Steuerkurswerte. DStBl. 1927, 585. — Ringelmann u. Mühlfeld, Kommentar zum Bayer. Gewerbesteuergesetze vom 9. Juli 1926. (München: C. H. Beck 1927). — Wassermann, Bayerisches Gewerbesteuergesetz. (München: Schweitzer 1927). — Derselbe, Die Gewerbesteuer in Bayern. DStZ. 1927, 300.

Kreuter, Grund- und Gebäudesteuer in Preußen. IndMitt. 1927, 64. — Schultze, Die Grundwertsteuer in Anhalt. StZdL.

§ 12.

1. a) Die bremische Firmensteuer als eine der Gewerbesteuer gleichartige Steuer.

b) Tragweite des § 12: reichsrechtlicher Schutz gegen Doppelbesteuerung durch die Länder.
c) Gewerbesteuerpflicht, wenn eine Gesellschaft einen Gewerbebetrieb durch G. m. b. H. als Organgesellschaft ausübt. RFH. 20. Juni 27 V f B 2/27 StuW. 1927 Nr. 611.

2. Verteilung des gewerblichen Ertrags eines Unternehmens auf mehrere Länder wegen der Gewerbeertragssteuer nach dem Ermessen RFH. 6. Dez. 26 V f B 1/26 LZ. 1927, 396.

3. Doppelbesteuerung bei der Gewerbesteuer. Verteilung bei der Gewerbekapitalsteuer nach den gezahlten Löhnen. RFH. 18. Dez. 26 VI B 2/26 PrVBl. 49, 74.

§ 13.

1. Die Zuschläge zur Kraftfahrzeugsteuer sind auch von denjenigen dieser Steuer unterworfenen Kraftfahrzeughaltern zu entrichten, die den Vorausleistungen nach § 13 Abs. 1 Satz 5 nicht unterlegen haben. RFH. 24. Mai 27 II A 648/26 DVR. 1927, 137 = DJZ. 1927, 1696 = StuW. 1927 Nr. 494.

2. § 1 Abs. 1 Satz 2 des lippeschen Gesetzes über die Erhebung von Vorausleistungen für die Wegeunterhaltung vom 30. Juni 1925 (Lippesche GesS. S. 101) ist mit § 13 Abs. 1 FinAusglG. nicht vereinbar. RFH. 15. Jan. 27 Gr. S. 3/26 S. 20, 189 = PrVBl. 1927, 486.

§ 14.

v. Löwenstein, Der Begriff „gemeinnützig" im Sinne des § 2 Ziff. 7 der Reichsrats-Bestimmungen über die Vergnügungssteuer. Preuß. VerwBl. 1927, 205. — Redder, Die Vergnügungssteuer bei Lichtspieltheatern. PrVerwBl. 1927, 391.

§ 15.

Pape, Die Neuregelung der Gemeindegetränkesteuern. DStZ. 1927, 407.

§ 16.

Pape, Gemeindegetränkesteuern. (Die Bedeutung des § 70a preuß. Kommunalabgabengesetzes gegenüber § 16 des Finanzausgleichgesetzes). DStZ. 1927, 203.

§ 18.

Berolzheimer, Aus der Praxis der gemeindlichen Wertzuwachssteuer. ZStFr. 1927, 258. — Hertel, Die steuerliche Ausbeutung der Neubauten. PrVerwBl. 1927, 515. — Krämer, Fusion und Wertzuwachssteuer. StuW. 1927, 983. — Oelrichs, Irrwege gemeindlicher Wertzuwachsbesteuerung. DStBl. 1927, 657. — Oppenheimer, Entwicklung des Wertzuwachssteuerrechts. DStZ. 1927, 304.

§ 20.

Bettinghausen, Vereinfachung der Kirchensteuerverwaltung in Preußen. StA. 1927, 235. — Koch, Finanzausgleich und Kirchen-

steuer. DStBl. 1927, 651. — Peters, Die Auswirkungen der Lohnsteuererstattungen auf die Kirchensteuer in Preußen. DStBl. 1927, 529.

§ 21.

1. Vgl. zu § 6 Anm. 1 b.

§ 25.

1. Bei der Anschlußgleisanlage eines Fabrikbetriebes wird vorausgesetzt, daß damit ein besonderes Gewerbe, ein selbständiges Beförderungsunternehmen betrieben wird. RFH. 22. Sept. 27 V f B 1/27 (n. v.).

§ 27.

Scheerbarth, Wechselseitige Verpflichtungen von Betriebsgemeinden zu Leistungen an Wohngemeinden. PrVerwBl. 1927, 581.

§ 28.

1. Betreibt eine Aktiengesellschaft eine Straßenbahn und ein Elektrizitätswerk, so ist für die Entscheidung der Frage, ob die Vorschriften in Abs. 2 oder in Abs. 3 des § 28 anzuwenden sind, bei jedem der beiden Betriebszweige wesentlich, ob der Gewerbebetrieb sich über mehrere Gemeinden mit besonderen Betriebsstätten erstreckt oder ob eine einheitliche Betriebsstätte vorhanden ist, die sich über mehrere Gemeinden erstreckt. RFH. 22. Sept. 27 V f B 3/27 (n. v.).
2. Zur Frage, ob sich eine Betriebsstätte über mehrere Gemeinden erstreckt oder ob mehrere Betriebsstätten vorliegen. RFH. 22. Sept. 27 V f B 5/27 StuW. 1927 Nr. 612.

§ 38.

Ott, Das Verbot von Grunderwerbsteuerzuschlägen bei Einbringungen in Kapitalgesellschaften DVR. 1927, 33. — Derselbe, Zweifelsfragen bei den Grunderwerbsteuerzuschlägen der Gemeinden. DVR. 1927, 97.

1. Nach dem Gesetze vom 15. April 1884 erfolgt in Sachsen die Verkündung von Ortsvorschriften über Gemeindezuschläge zur Grunderwerbsteuer durch Anschlag am Amtslokal, der bei umfänglichen Schriftstücken durch Auslegung an bestimmter Stelle und Hinweis hierauf im Aushang ersetzt werden kann. Ob ein Schriftstück umfangreich ist, ist lediglich von den Verwaltungsbehörden zu entscheiden, im Steuerrechtsmittelverfahren aber nicht nachzuprüfen. Fehler in den Vermerken über die Anheftung und Abnahme des Anschlages berühren die Gültigkeit der Vorschriften nicht. RFH. 21. Okt. 27 II A 402/27 StuW. 1927 Nr. 613.
2. Ist bei Errichtung einer Kapitalsgesellschaft oder bei Erhöhung ihres Gesellschaftskapitals ein Grundstück gegen Gewährung von Gesellschaftsrechten in die Gesellschaft vor dem 1. Sept. 1925 eingebracht worden, so ist die Fortsetzung von Zuschlägen zur Grunderwerbsteuer nicht ausgeschlossen. RFH. 19. Okt. 26 II A 430/26 StuW. 1927, 125 = DStBl. 1927, 95 = DStBl. 1927, 178.

3. Im Anschluß an RFH. 18, 1 erachtet das preuß. OVerwG. das bloße Bestehen einer Wertzuwachssteuerordnung mit der Erhebung erhöhter Grunderwerbssteuerzuschläge in den der betreffenden Steuerordnung nicht unterliegenden Fällen nur dann für vereinbar, wenn die Steuerordnung derart bestimmt gefaßt ist, daß sie lediglich einen scharf umgrenzten Kreis von Veräußerungen erfaßt. Eine solche Begrenzung ist u. a. dann gegeben, wenn eine Steuerordnung in unzweideutiger Klarstellung allein die Veräußerungen einer Wertzuwachssteuer unterwirft, bei denen der Erwerb des Grundstücks seitens des Veräußerers nach einem bestimmten Zeitpunkt stattgefunden hat. PrOVG. 14. Jan. 27 7 D 330/26 DVR. 1927, 175.

§ 45.

1. Verteilungssache; Zurückweisung der weiteren Beschwerde wegen Unabänderlichkeit des Verteilungsschlüssels. RFH. 11. Nov. 27 VfB 13/27 (n. v.).

§ 62.

1. Der Grundsatz, daß nach dem 1. Oktober 1920 der Erhebung von Zuschlägen zur Grunderwerbsteuer keine rückwirkende Kraft mehr beigelegt werden darf, gilt allgemein und hat nicht nur die Bedeutung, daß damit eine zeitliche Begrenzung für die Ausübung der im ersten Satze vorgesehenen Ermächtigung zur Erhebung der Zuschläge schon für eine gewisse Zeit vor dem Inkrafttreten dieses Reichsgesetzes festgelegt werden kann. Die Vorschrift des § 39 Abs. 2 des Pr. AusfGes. zum FinAusglGes. in der Fassung der V. v. 24. November 1923 (GS. S. 535), wonach den Beschlüssen der Gemeinden usw. über die Erhebung der Zuschläge zur Grunderwerbsteuer einschließlich der als Ersatz einer Wertzuwachssteuer zugelassenen erhöhten Zuschläge rückwirkende Kraft bis zum 1. November 1923 beigelegt werden kann, ist deshalb mit dem Reichsrecht nicht vereinbar. PrOVG. 12. Nov. 26 VII D 140/26 Pr. 6/27 = DVR. 1927, 108.

13.

Verordnung über die Gesellschaftssteuer bei der Ausstellung von Goldbilanzen.

vom 1. Dezember 1924 (RGBl. I S. 700).

1. In Fällen des § 5 Abs. 2 KapVerkStG. greifen die für Einzahlungen auf Stammkapitalanteile geltenden Steuerermäßigungen auch für die Einzahlungen auf Kommanditanteile Platz. Bei der Feststellung, ob ein Verlust am Eigenkapitale eingetreten ist, hat die Berechnung so zu erfolgen, als ob für das Gesamtunternehmen nur eine Gesellschaft als G. m. b. H. bestände. RFH. 29. Dez. 26 II A 503/26 DStBl. 1927, 239.

2. Ist der Anspruch einer Kapitalgesellschaft auf die bei der Umstellung noch ausstehenden Papiermarkeinzahlungen aufgewertet in die Goldmarkeröffnungsbilanz eingestellt, so findet die Verordnung vom 1. Dezember 1924 keine Anwendung auf die späteren Einzahlungen, durch die dieser Anspruch getilgt wird. RFH. 24. Juni 27 II A 75/27 S. 21, 239 = LZ. 1927, 1414 = StuW. 1927 Nr. 662.
3. Gesellschaftsteuer bei der Aufstellung von Goldbilanzen: Verlust am Eigenkapital. RFH. 4. Okt. 27 II A 272/27 DVR. 1927, 185.

14.

Verordnung über Goldbilanzen

vom 28. Dezember 1923 (RGBl. I S. 253).

§ 6.

Burkhardt, Die Tilgung der Kapitalentwertungskonten. DStZ. 1927, 243.

§ 19.

1. Wird bei Aufstellung der Goldmarkeröffnungsbilanz einer Gesellschaft m.b.H. aus dem Überschusse des auf Goldmark umgestellten Vermögens (§ 5 Abs. 1 GoldbilVO.) ein Betrag zugunsten der Alleingesellschafterin ausgeschieden, gleichzeitig aber durch Stundung unter den in § 6, c KapVerkStG. geordneten Voraussetzungen der Gesellschaft wie Gesellschaftskapital wieder zur Verfügung gestellt, so ist diese Forderungsstundung im Sinne von § 19 Abs. 1 Satz 2 GoldbilVO. als eine lediglich zahlenmäßige Veränderung im Vermögen der Gesellschaft anzusehen und von Erhebung einer Gesellschaftsteuer freizulassen. RFH. 22. April 27 II A 93/27 DStBl. 1927, 422 = DVR. 1927, 134 = StuW. 1927 Nr. 451.

15.

Grunderwerbsteuergesetz

vom 11. März 1927 (RGBl. I S. 72).

Boethke, Die Grunderwerbsteuer in Recht und Wirtschaft. DStBl. 1927, 7. — Ott: Das Grunderwerbsteuergesetz in der neuen Fassung vom 11. März 1927, 3. Aufl. (Stuttgart: J. Heß 1927)

§ 1.

1. Der RFH. bleibt bei seiner Auffassung, daß der Eigentumsübergang von Treuhänder auf die Treugeber grunderwerbsteuerpflichtig ist. RFH. 21. Dez. 26 II A 576/26 DStZ. 1927, 247 =

StuW. 1927 Nr. 100. — Ebenso RFH. 5. April 27 II A 133/27 StA, 1927, 320.

2. Für den Zuschlag in der Zwangsversteigerung ist Grunderwerbsteuer nicht zu erheben, wenn und soweit der Ersteher im Zeitpunkt des Zuschlags schon Eigentümer des Grundstücks war. RFH. 22. April 27 II A 122/27 S. 21, 148 = StuW. 1927 Nr. 239 = DVR. 1927, 105 = StA. 1927, 288 = DStBl. 1927, 539.

3. Übertragen alle Miterben ihre Erbanteile auf einen Nacherben, so entsteht GrEStPflicht, wenn zu dem Nachlaß ein Grundstück gehört. RG. 28. Okt. 26 1 X 631 DVR. 1927, 76.

4. Steuerpflicht bei Grundstücksübertragungen zwischen Eheleuten. RFH. 25. Jan. 27 II A 22/27 DVR. 1927, 44.

5. Wird ein fideikommissarisch gebundenes Grundstück auf Grund des § 1 der Preuß. V. v. 19. November 1920 über die Zwangsauflösung der Familiengüter und Hausvermögen in der Hand des Besitzers freies Vermögen, so steht das einem Eigentumserwerbe nicht gleich, weil der Besitzer — auch im Gebiete des Preuß. Allgem. Landrechts — schon vorher Volleigentum hatte, wenn auch beschränkt durch die Rechte der Familie. RFH. 26. Febr. 27 II A 631/26 S. 20, 267 = DVR 1927, 59 = DStBl 1927, 360 = StuW. 1927, 370.

6. Sind bei einem sächsischen Lehngut zwei Mitbelehnte Miteigentümer zu Bruchteilen und überträgt einer der Miteigentümer seinen Bruchteil auf den anderen, so kommt zwar ein Eigentumsübergang zustande. Da jedoch der Lehnsverband unverändert bestehen bleibt, so hindert § 10 Abs. 1 Nr. 1, der Besteuerung des ganzen Lehnguts nach Verlauf gewisser Zeiträume vorsieht, die Heranziehung zur Steuer aus den §§ 1 und 4. RFH. 19. Juli 27 II A 191/27 StuW. 1927 Nr. 477 = JW. 1927, 2593 *(mit Bespr. v. Stillschweig)*.

7. Kaufvertrag über Grundstücke mit einem darauf herzustellenden Gebäude; einheitlicher Vertrag. RFH. 12. Okt. 26 II A 468/26 StA. 1927, 187 = JW. 1927, 1960 *(mit Bespr. v. Rheinstrom)*.

§ 2.

1. Ein Vertrag, durch den in den preußischen, früher sächsischen Landesteilen, für welche das Kurfürstlich Sächsische Mandat vom 19. Aug. 1743 galt, ein Kohlenabbaurecht vom Grundstückseigentümer veräußert worden ist, bevor das Kohlenabbaurecht gemäß Art. 38 §§ 2, 3 Pr. AG. BGB. durch Eintragung im Grundbuch zu seiner selbständigen Gerechtigkeit geworden war, unterliegt nicht der Grunderwerbsteuer, sondern ist nach Tarifstelle 32 c Pr. StStG. vom 16. März 24 stempelpflichtig. RG. 28. Jan. 27 VI 241/26 (n. v.).

2. Bruchteilseigentum an einem Bergwerk ist kein unbeweglicher Bergwerksanteil im Sinne des § 2 GrunderwStG. RFH. 18. Febr. 27 II A 52/27 S. 20, 247 = DStZ. 1927, 343 = DStBl. 1927, 236 = StuW. 1927 Nr. 372 = PrVBl. 49, 73 = JW. 1927, 2540 *(mit Bespr. v. Hagelberg)*.

§ 3.

Kluckhohn, Zusammentreffen von Börsenumsatzsteuer und Grunderwerbsteuer. ZStFr. 1927, 63.

1. Erhebung der Grunderwerbsteuer und der Börsenumsatzsteuer nebeneinander. RFH. 7. Mai 27 II A 202/27 DStBl. 1927, 539.

2. Wechsel im Personalbestand der offenen Handelsgesellschaft. RFH. 8. April 27 II A 81/27 StA. 1927, 320.

3. Werden sämtliche Anteile in der Hand mehrerer Familienmitglieder vereinigt, so kann die Steuer nicht deshalb auf einen entsprechenden Bruchteil des Grundstückswerts beschränkt werden, weil die Anteile, die schon vor dem Erwerbe des letzten in den Händen der Familie gewesen sind, durch Erbfall erworben waren. RFH. 24. Juni 27/2. Aug. 27 II A 226/27 S. 21, 312 = JndMitt. 374 StuW. 1927 Nr. 617 = JW. 1927, 3026 *(mit Bespr. v. Hagelberg)*.

4. Gründet jemand eine Aktiengesellschaft durch vorgeschobene Personen und läßt sich dann von ihnen die sämtlichen Aktien übertragen, so ist Grunderwerbsteuerpflicht nach § 3 gegeben, wenn die Aktiengesellschaft vor der Übertragung der Aktien Grundbesitz erworben hat. RFH. 31. Mai 27 II A 187/27 DStZ. 1927, 635 = DVR. 1927, 123 = StZdL. 1927 Nr. 478.

5. Wirtschaftliches Eigentum. Vereinigt ein Gesellschafter alle Geschäftsanteile in seiner Hand und erwirbt er gleichzeitig den Anspruch auf Übereignung des Grundstücks der Gesellschaft, so tritt keine Steuerpflicht ein, weil das Grundstück zur Zeit der Vereinigung der Geschäftsanteile schon im sogenannten wirtschaftlichen Eigentume des Gesellschafters stand, der Gesellschaft also nicht mehr gehörte. RFH. 25. Jan. 27 II A 13/27 DStZ. 1927, 247 = StuW. 1927 Nr. 241.

6. a) Der II. Senat hält an seiner Rechtsprechung fest, daß § 3 nicht die grundbuchmäßige Eintragung des Eigentums an Grundstücken voraussetzt, sondern daß für seine Anwendung wirtschaftliches Eigentum im Sinne des § 80 Abs. 1 AO. genügt.
b) Alle Anteile einer Personenvereinigung sind nicht dadurch in einer Hand vereinigt, daß sie von mehreren Gesellschaften erworben werden, die wirtschaftlich nur einer Gesellschaft gehören. Wohl aber muß in solchen Fällen geprüft werden, ob nicht § 5 AO. Platz greift. RFH. 11. März 27 II A 609/26 StuW. 1927 Nr. 240 = DVR. 1927, 123 = JW. 1927, 2541.

7. — War eine Personenvereinigung zur Zeit der Vereinigung aller ihrer Anteile in einer Hand auf Grund eines schuldrechtlichen Vertrags verpflichtet, in ihrem Eigentume stehende Grundstücke einem Dritten zu übereignen, so gehören diese Grundstücke nicht zu ihrem Vermögen im Sinne des § 3 und bleiben daher bei der Steuerberechnung außer Betracht. RFH. 28. Okt. 27 II A 415/27 S. 22, 115 = StA. 1927, 384 = StuW. 1927 Nr. 616.

8. Wegen des Steuerschuldners vgl. zu § 20 Anm. 1.

§ 4.

Wietfeld, Die Rechtsprechung des Reichsfinanzhofs zu der Frage der Grunderwerbsteuerpflicht bei Schwarzverkäufen. ZStFr. 1927, 131. — Derselbe, Schwarzverkäufe und Grunderwerbsteuer. StZdL. 1927, 137. — Derselbe, Schwarzverkäufe und Grunderwerbsteuer. DJZ. 1927, 1610.

1. Steuerfreiheit bei Eigentumsübertragung auf Grund von Schwarzverkäufen. RFH. 29. März 27 II A 132/27 JW. 1927, 1959 *(mit Bespr. v. Hagelberg).*

2. Ist die Auflassung eines Grundstücks und die Eintragung der vermeintlichen Eigentumsänderung im Grundbuch nichtig, sehen die Beteiligten aber den Eigentumsübergang als vollzogen an, so kann der Umstand, daß dem Erwerber die wirtschaftliche Macht über das Grundstück übertragen wird, nicht dazu führen, einen steuerpflichtigen Eigentumsübergang anzunehmen und auch die spätere Rückübertragung der wirtschaftlichen Macht in Verbindung mit der Wiederberichtigung des Grundbuchs als steuerpflichtig zu behandeln. Eine wirtschaftliche Betrachtungsweise ist hier nicht am Platze. RFH. 29. Dez. 26 II A 573/26 DStZ. 1927, 151 = DStBl. 1927, 172 = DVR. 1927, 61 = StuW. 1927 Nr. 101 = DVR. 1927, 140 = JW. 1927, 1443. *(mit Bespr. v. Berolzheimer).*

3. Ist die Auflassung von einem nicht eingetragenen Nichteigentümer erklärt, so kann sie durch Genehmigung des Eigentümers gültig werden. Diese Genehmigung bedarf keiner besonderen Form, kann also auch stillschweigend erklärt werden. RFH. 30. Nov. 26 II A 548/26 StuW. 1927, 126 = DStBl. 1927, 95 = StuW. 1927 Nr. 107.

4. Ist eine Eigentumsübertragung im Grundbuch zunächst ohne Rechtswirkung und wird die Unwirksamkeit erst durch einen späteren Rechtsvorgang behoben, so tritt die Steuerpflicht nicht an dem Tage der Eintragung ein, sondern erst mit dem späteren Rechtsvorgange. (Abweichung von der früheren Rechtsprechung.) RFH. 12. Aug. 27 II A 327/27 DVR. 1927, 188 = StuW. 1927 Nr. 619 = JW. 1927, 2946 *(mit Bespr. v. Bergschmidt).*

5. Ist Auflassung erforderlich, hat aber der Grundbuchrichter die Eigentumsumschreibung im Wege der Grundbuchberichtigung vorgenommen, so muß letztere steuerlich nach § 4 GrEStG. so behandelt werden, als wenn ihr eine Auflassung zugrunde läge. RFH. 28. Dez. 26 II A 509/26 StuW. 1927 Nr. 104.

6. Erwirbt jemand nacheinander von den Erben alle Nachlaßanteile, so wird er mit dem Erwerbe des letzten Anteils ohne Auflassung Alleineigentümer der zum Nachlasse gehörigen Grundstücke. In diesem Augenblicke tritt volle Steuerpflicht ein. Steuerbemessungsgrundlage ist der gemeine Wert, den die Grundstücke bei Erwerb des letzten Erbteils hatten. RFH. 21. Okt. 27 II A 456/27 StA. 1927, 384 = StuW. 1927 Nr. 614.

7. Wird eine offene Handelsgesellschaft im Handelsregister gelöscht, nachdem sie ihr Geschäft mit Ausnahme eines Grundstücks veräußert hat, so ist damit noch nicht das Gesamthandeigen-

tum an dem zurückbehaltenen Grundstück in Bruchteilseigentum der Gesellschafter übergegangen. Um das herbeizuführen, bedarf es vielmehr der Auflassung und der Umschreibung des Eigentums im Grundbuch. RFH. 19. Juli 27 II A 348/27 StuW. 1927 Nr. 475.

8. Eine aus § 5 Abs. 1 angeforderte Steuer kann nicht durch eine solche aus § 4 ersetzt werden, wenn sich herausstellt, daß die Voraussetzungen des § 5 Abs. 1 nicht vorgelegen haben. RFH. 4. März 27 II A 73/27 StuW. 1927 Nr. 242 = PrVBl. 49, 73.

§ 5.

Kluckhohn, Grunderwerbsteuer bei Aufhebung und gleichzeitigem anderweitigem Abschluß eines Kaufvertrages. ZStFr. 1927, 110. — Wietfeld, Die Rechtsprechung des Reichsfinanzhofs zur Frage der Grunderwerbsteuerpflicht von Veräußerungsgeschäften, deren Rechtswirksamkeit von der nachträglichen Genehmigung Dritter abhängt. ZStFr. 1927, 256.

Abs. 1.

1. Die Anwendung des § 5 Abs. 1 ist auch dann noch zulässig, wenn bereits der Tatbestand des § 4 gegeben ist. RFH. 25. Febr. 27 II A 65/27 StuW. 1927 Nr. 373.

2. Die einjährige Frist des § 5 ist erst von dem Tage an zu rechnen, an dem eine unbedingte Verpflichtung auf Übertragung des Eigentums besteht. RFH. 9. Nov. 26 II A 446/26 ZStFr. 1927, 46.

3. Ein von der Regierung (Domänenverwaltung) mit einem Privatmann geschlossener, nicht öffentlich beurkundeter Veräußerungsvertrag über ein Grundstück ist rechtsunwirksam und löst keine Steuerpflicht aus § 5 Abs. 1 aus. RFH. 31. Mai 27 II A 230/27 DVR. 1927, 154.

4. Fehlt einem Grundstücksveräußerungsgeschäfte die gesetzlich vorgeschriebene behördliche Genehmigung, so ist die Steuerpflicht aus § 5 Abs. 1 gleichwohl nicht ausgeschlossen, wenn die Rechte und Pflichten aus dem Geschäft auf einen neuen Erwerber übertragen worden sind, dieser für seine Person die behördliche Genehmigung erhalten hat und ihm das Grundstück von dem eingetragenen Eigentümer an Stelle des ersten Erwerbers aufgelassen worden ist. Die Jahresfrist ist in diesem Falle vom Zeitpunkt der Erteilung der behördlichen Genehmigung an den zweiten Erwerber an zu rechnen. RFH. 28. Okt. 27 II A 398/27 (n. v.)

5. Zeitpunkt der Bewertung: vgl. zu § 11 Anm. 3.

6. Umgehungen vgl. § 5 AO. Anm. 1 fg.

Abs. 2.

7. Ist bei der Steuerberechnung aus § 5 Abs. 1 zu Unrecht der Wert des Grundstücks an Stelle des höheren Kaufpreises zugrunde gelegt, so läßt sich dieser Fehler unter Umständen auf Grund der §§ 212, 228 AO. berichtigen, nicht aber bei der Steuerberechnung aus § 5 Abs. 2. Diese hat, da die Steuern aus Abs. 1 und Abs. 2 ganz selbständig sind, als schon versteuert den Betrag anzusehen, der bei rich-

tiger Festsetzung aus Abs. 1 zur Steuergrundlage hätte genommen werden müssen, und kann niemals zu einer zweiten Besteuerung führen, wenn der Kaufpreis höher ist als der Endwert. RFH. 25. Febr. 27 II A 535/26 S. 20, 253 = DStZ. 1927, 343 = DStBl. 1927, 237 = StuW. 1927 Nr. 374 = PrVBl. 49, 79 = DVR. 1927, 154.

8. Über die Art, wie der für die Steuerberechnung maßgebende Unterschied des Wertes zur Zeit des Vertragsschlusses und des Eigentumsüberganges festzustellen ist. RFH. 18. März 27 II A 49/27 JW. 1927, 2543.

9. Steuerberechnung im Falle des § 5 Abs. 2 GrEStG. Verschulden Dritter an der Verzögerung der Grundbuchumschreibung ist für den StAnsatz ohne Bedeutung. RFH. 24. Juni 27 II A 224/27 DVR. 1927, 155.

Abs. 3.

10. Liegt ein steuerpflichtiges Zwischengeschäft im Sinne des § 5 Abs. 3 vor und hat der Grundbuchrichter den Zwischenerwerber nach Ablauf eines Jahres seit Abschluß des Zwischengeschäfts gegen seinen Willen im Grundbuche als Eigentümer eingetragen, so kann von dem Zwischenerwerber eine Steuer aus § 5 Abs. 2 nicht gefordert werden. RFH. 4. März 27 II A 596/26 StuW. 1927 Nr. 375.

11. Übereignet ein Eigentümer sein Grundstück an einen anderen auf Grund eines mit ihm geschlossenen Veräußerungsgeschäfts, so kann diese Eigentumsübertragung nicht formlos abgeschlossene frühere Veräußerungsgeschäfte heilen, die ein Dritter über dasselbe Grundstück abgeschlossen hat, wenn dem Dritten gegen den Eigentümer kein Anspruch auf Auflassung an ihn zustand, dies selbst dann nicht, wenn der Käufer in dem Geschäfte mit dem Eigentümer und in dem Geschäfte mit dem Dritten dieselbe Person ist. RFH. 14. Okt. 27 II A 337/27 StA. 1927, 384 = StuW. 1927 Nr. 620.

Abs. 4 Nr. 2.

12. Kauf im Namen eines Dritten oder unter Vorbehalt der Benennung eines Dritten. RFH. 9. Nov. 26 II A 288/26 DStZ. 1927, 53 = StuW. 1927, 127.

13. Erwerb eines Grundstücks für eine zu gründende Aktiengesellschaft. RFH. 17. Mai 27 II A 40/27 DStR. 1927, 155.

14. Kaufangebot an einen Grundstücksmakler. RFH. 8. Febr. 27 II A 503/27 StuW. 1927, 245.

Abs. 4 Nr. 4.

15. Die Erklärung des Meistbietenden, daß er für einen anderen geboten habe, kommt auch dann für die Steuerpflicht in Frage, wenn sie im Versteigerungstermin selbst, also vor Abschluß der Verhandlungsniederschrift abgegeben ist. RFH. 7. Mai 27 II A 176/27 StuW. 1927 Nr 409 = DVR. 1927, 155 = JW. 1927, 1793 *(mit Bespr. v. Stillschweig.)*.

Abs. 4 Nr. 5.

16. Ermächtigung, das Grundstück auf eigene Rechnung zu veräußern. RFH. 2. Nov. 26 II A 493/26 DStBl. 1927, 44 = StuW 1927 Nr. 106 = DVR. 1927, 156.

17. Die sich auf ein inländisches Grundstück beziehende Ermächtigung gemäß § 5 Abs. 4 Nr. 5 unterliegt auch dann der Steuerpflicht, wenn die Ermächtigungsurkunde von einem Ausländer und im Ausland ausgestellt ist. RFH. 7. Okt. 27 II A 455/27 StuW. 1927 Nr. 622.
18. Eine Veräußerung auf eigene Rechnung des Bevollmächtigten setzt voraus, daß dieser im Innenverhältnis zwischen Eigentümer und Bevollmächtigten die Gefahr des Geschäfts zu tragen hat. RFH. 29. Dez. 26 II A 530/26 DVR. 1927, 156.
19. Auch eine Mehrheit von Rechtsgeschäften kann in ihrer Zusammenfassung eine Ermäßigung im Sinne von § 5 Abs. 4 Nr. 5 darstellen. RFH. 21. Jan. 27 II A 665/26 StuW. 1927 Nr. 244.

§ 6.

1. § 6 bildet eine Bestätigung der Auffassung des RFH., daß die §§ 1 und 4 ausschließlich den Übergang bürgerlich-rechtlichen und nicht sogenannten wirtschaftlichen Eigentums im Sinne haben. RFH. 21. Dez. 26 II A 576/26 DStZ. 1927, 247 = DVR. 1927, 28.
2. Eine, wenn auch noch so umfassende Vollmacht zum Verkauf eines Grundstücks, kann für sich allein den Tatbestand des § 6 nicht erfüllen. RFH. 7. Dez. 26 II A 470/26 StuW. 1927, 295 = StuW. 1927 Nr. 479.
3. Durch einen Pachtvertrag oder Nießbrauch erlangt der Nutzungsberechtigte an sich noch nicht die Möglichkeit, über das Grundstück wie ein Eigentümer zu verfügen. RFH. 18. März 27 II A 89/27 StuW. 1927 Nr. 376 = DVR. 1927, 138 = StA. 1927, 383 = JW. 1927, 1446.
4. Wenn auch die Begründung des Erbbaurechts für sich allein Steuerpflicht nicht auslöst, so tritt diese doch nach § 6 ein, wenn neben dem Erbbaurecht dem Berechtigten Vollmacht erteilt ist, das Grundstück jederzeit für seine Rechnung zu veräußern. RFH. 29. Juli 27 II A 155/27 StuW. 1927 Nr. 480.
5. a) Bedarf der im § 6 bezeichnete Rechtsvorgang der gerichtlichen oder notariellen Form, so kann über den Mangel auch dann nicht hinweggesehen werden, wenn das Grundstück nachträglich aufgelassen worden ist.

   b) Daß die Steuerpflichtigkeit eines Grundstückskaufvertrags durch den Mangel einer vorgeschriebenen behördlichen Genehmigung nicht ausgeschlossen wird, wenn die Beteiligten ihn nicht in seinen wirtschaftlichen Wirkungen rückgängig machen, gilt auch für den Fall des Erfordernisses vormundschaftsgerichtlicher Genehmigung. RFH. 14. Okt. 27 II A 346/27 S. 22, 92 = StuW. 1927 Nr. 621 u. 624.
6. Der Tatbestand des § 6 kann nicht deshalb verneint werden, weil ein zu seiner Feststellung verwerteter Angebotsvertrag nach dem Parteiwillen ein Kaufvertrag gewesen und deshalb nichtig sei. RFH. 5. Aug. 27 II A 325/27 StuW. 1927 Nr. 623.
7. An der Entscheidung S. 18, 7, daß ein Zurückgreifen auf den Ersatztatbestand nicht stattfindet, wenn er bis zum Zeitpunkt der Veranlagung nach §§ 1, 4 nicht zur Steuer herangezogen ist, wird

auch für den Fall festgehalten, daß es sich bei der späteren Versteuerung um eine solche aus § 5 Abs. 1 handelt. RFH. 21. Okt. 27 II A 274/27 StA. 1927, 384 = StuW. 1927 Nr. 618.

8. War eine Grunderwerbsteuer auf Grund des § 6 rechtskräftig festgesetzt, hinsichtlich der Höhe jedoch zunächst nur vorläufig, und erfolgt dann die endgültige Festsetzung, so kann diese, soweit der endgültige Betrag den vorläufig festgesetzten Betrag überschreitet, auch um deswillen angefochten werden, weil der Tatbestand des § 6 nicht vorliege. Erweist sich dies als richtig, so ist der Pflichtige von der mehrgeforderten Steuer auch dann freizustellen, wenn inzwischen das juristische Eigentum durch Umschreibung im Grundbuch übergegangen ist. Hier greifen die Grundsätze der Entsch. S. 15, 223 Platz. RFH. 5. Aug. 27 II A 325/27 StuW. 1927 Nr. 517.

9. Grundstückskaufverträge zwischen dem Reich und der Reichsbahngesellschaft können auch nicht nach § 6 der Grunderwerbsteuer unterworfen werden. RFH. 2. Aug. 27 II A 377/27 S. 21, 323 = StuW. 1927 Nr. 481.

10. Mobilisierung des Grundbesitzes. Vgl. zu § 5 AO. Anm. 6 fg.

§ 8.

Warzel, Zur Anwendung des § 8 Nr. 1 GrEStG. bei Güterüberlassungsverträgen (Schenkungssteuer und Grunderwerbsteuer). DVR. 1927, 101.

Abs. 1 Nr. 1.

1. Wenn ein Pflichtteilsberechtigter zu seiner Befriedigung ein Nachlaßgrundstück zwangsweise versteigern läßt und in diesem Verfahren selbst erwirbt, so besitzt er keinen Anspruch auf Freiheit von der Grunderwerbsteuer. RFH. 12. Aug. 27 II A 314/27 DVR. 1927 173 = StuW. 1927 Nr. 625.

Abs. 1 Nr. 2.

2. Die Befreiungsvorschrift ist auch anzuwenden, wenn die Eheleute Ausländer sind und nach ausländischem Rechte in einer ehelichen Gütergemeinschaft leben, die der des Bürgerlichen Gesetzbuchs entspricht. RFH. 23. Sept. 27 II A 395/27 StuW. 1927 Nr. 626 = JW. 1927, 2593.

Abs. 1 Nr. 3.

3. Für die Anwendbarkeit der Befreiungsvorschrift kommt es nicht darauf an, zwischen welchen Personen sich der dingliche Eigentumsübergang vollzieht, sondern zwischen welchen Personen das dem Eigentumsübergang unmittelbar zugrunde liegende schuldrechtliche Geschäft abgeschlossen ist. RFH. 26. Febr. 27 II A 611/26 S. 20, 261 = DStZ. 1927, 343 = DVR. 1927, 173 = DStBl. 1927, 237 = StA. 1927, 257 = StuW. 1927 Nr. 377.

4. Aufhebung einer Erbengemeinschaft. RFH. 19. Okt. 26 II A 375/26 DVR. 1927, 106.

5. Haben Miterben ein Nachlaßgrundstück in eine Aktiengesellschaft eingebracht und löst sich diese auf, bevor das Eigentum auf sie umgeschrieben ist, so kann § 8 Abs. 1 Nr. 3 auch dann keine Anwendung finden, wenn die Erben zufolge Ermächtigung des

Liquidators der Gesellschaft das Grundstück an einen der Miterben verkaufen und den Erlös an die Liquidationsmasse abführen. RFH. 4. März 27 II A 57/27 StuW. 1927 Nr. 378 = DVR. 1927, 173.

6. Ein Erbauseinandersetzungsvertrag, der im wesentlichen vollzogen ist, kann nicht mit erbrechtlicher Wirkung wieder aufgehoben werden. Wird ein solcher Vertrag aufgehoben und durch einen anderen ersetzt, so kann für diesen keine Steuerfreiheit aus § 8 Nr. 3 gewährt werden. RFH. 12. Aug. 27 II A 360/27 StuW. 1927 Nr. 627.

7. Ist die Erbauseinandersetzung vereinbart, so tritt Steuerfreiheit nicht ein für ein Geschäft, durch das ein Miterbe ein ihm zugeteiltes Grundstück einem anderen Miterben überträgt und dieser mit einem ihm bei der Erbauseinandersetzung gewährten Anspruch aufrechnet. RFH. 17. Juni 27 II A 217/27 (n. v.).

8. Wird das Eigentum an einem Grundstück, das den Erben zur gesamten Hand zusteht, den einzelnen Erben grundbuchmäßig zu Bruchteilen überwiesen, so ist insoweit eine Nachlaßteilung zustande gekommen. Wird später das Bruchteilseigentum in Flächeneigentum verwandelt, so greift für diesen Vorgang die Befreiungsvorschrift des § 8 Nr. 3 nicht Platz. Das gilt auch, wenn ein Testamentsvollstrecker ernannt ist und dieser, dem Wunsche des Erblassers entsprechend, seine Tätigkeit im Einverständnisse mit den Erben bis zur Flächenteilung fortgesetzt hat. RFH. 23. Sept. 27 II A 444/27 StuW. 1927 Nr. 628.

9. Die badischen Stammgüter sind seit dem Inkrafttreten der badischen Verfassung, d. h. seit dem 9. Mai 1919, aufgehoben. Bei Kondominaten besteht seitdem Eigentum zu Bruchteilen nach bürgerlichem Rechte. Setzen sich die bisherigen Stammgutsherren in der Weise auseinander, daß sie sich Flächeneigentum und teilweise andere Bruchteile zuweisen, so ist dieser Vorgang von der Besteuerung nicht ausgeschlossen. RFH. 8. Juli 27 II A 213/27 StuW. 1927 Nr. 482.

Abs. 1 Nr. 4.

10. Erwerb zwischen Eltern und Abkömmlingen. RFH. 10. Juni 27 II A 123/27 DVR. 1927, 174.

11. Im Gebiete des gemeinen Rechtes ist der Inhaber eines Familienfideikommisses im Sinne des Grunderwerbsteuergesetzes als Eigentümer der zum Fideikommißvermögen gehörenden Grundstücke anzusehen. Werden solche Grundstücke bei der Auflösung des Fideikommisses durch Familienschluß einem Abkömmling des letzten Fideikommißinhabers als freies Eigentum zugeteilt, so ist nach § 8 Abs. 1 Nr. 4 keine Steuer zu erheben. RFH. 7. Mai 27 II A 655/26 StZdL. 1927, 116 = DVR. 1927, 106 = StuW. 1927 Nr. 371 = StA. 1927, 383.

Abs. 1 Nr. 5.

12. Die Befreiungsvorschrift schlägt nicht ein, wenn eine aus zwei Brüdern bestehende offene Handelsgesellschaft ihr Grundstück auf eine aus denselben Brüdern gebildete Gesellschaft m. b. H. überträgt, mag auch das Grundstück vorher einem Vorfahr gehört haben. Die Steuerbefreiung setzt stets voraus, daß ein Vorfahr das Grundstück der Gesellschaft übertragen hat. RFH. 2. Febr. 27 II A 38/27 DStBl. 1927, 237 = StuW. 1927, 245.

13. Ausscheiden von Grundstücken aus Gesamthandeigentum unter Übertragung an die Gesellschafter zu Bruchteileigentum. RFH. 1. Okt. 26 II A 351/26 DVR. 1927, 29.

Abs. 1 Nr. 6.

14. Wie im Falle der Nr. 5 wird auch nicht im Falle der Nr. 6 die Anwendung der Befreiungsvorschrift dadurch ausgeschlossen, daß bei der Gründung der Vereinigung, der zugleich Grundstücke übereignet wurden, vorgeschobene Personen mitgewirkt haben, die nicht zu den Abkömmlingen gehörten. Zur Feststellung, daß dem so ist, genügt aber nicht die Feststellung, daß die zugezogenen fremden Personen als Treuhänder der Abkömmlinge oder Miterben verpflichtet sind, ihre Anteile an der Gesellschaft an die steuerbegünstigten Personen abzutreten, sondern es muß an der Hand von Tatsachen, z. B., daß die vorgeschobenen Personen ihre Anteile sofort an Abkömmlinge oder Miterben übertragen haben, ohne irgendeine Zahlung geleistet und zurückerhalten zu haben, festgestellt werden, daß die Zuziehung nicht zugleich auf wirtschaftlichen Gründen beruht. RFH. 24. Juni 27 II A 268/27 DStBl. 1927, 540 = JW. 1927, 2594 *(mit Bespr. v. Berolzheimer)*.

15. Die Übertragung von Grundstücken, die einer aus dem Erblasser und einem Miterben bestehenden offenen Handelsgesellschaft gehörten, auf eine aus allen Miterben bestehende Aktiengesellschaft hat keinen Anspruch auf Steuerfreiheit, wenn die Miterben nach dem Tode des Erblassers zunächst die durch den Tod des Erblassers aufgelöste Handelsgesellschaft weiter fortgesetzt haben. RFH. 24. Juni 27 II A 268/27 DStBl. 1927, 540 = StuW. 1927 Nr. 484 = JW. 1927, 2594 *(mit Bespr. v. Berolzheimer)*.

Abs. 1 Nr. 7.

16. a) Der „Austausch" zum Zwecke der Zusammenlegung (Flurbereinigung) oder der Ermöglichung einer besseren landwirtschaftlichen Ausnutzung von Grundstücken in Gemengelage setzt nicht notwendig die unmittelbare räumliche Verbindung eines eingetauschten Grundstücks mit sonstigem Grundbesitze des Erwerbers voraus. b) Ein „Austausch" von Grundstücken kann auch dann vorgenommen werden, wenn einer Vertragspartei zwar in dem einen Falle ein Ehegatte und im anderen Falle beide Ehegatten gegenüberstehen, die Ehegatten aber im vertragsmäßigen Güterrechte der allgemeinen Gütergemeinschaft oder der Errungenschaftsgemeinschaft leben und die gemeinsamen Grundstücke zum Gesamtgut gehören. RFH. 11. Nov. 27 II A 451/27 S. 22, 152.

Abs. 1 Nr. 8.

17. Der II. Senat hält an seiner Rechtsprechung (RFH. 6, 69) fest, wonach unter „Vereinigung zweier oder mehrerer Bergwerke" nicht nur die Konsolidation im Sinne des preußischen Bergrechts zu verstehen ist, im Gegensatz zu der Feldesteilung, die ein bergbautechnischer Begriff ist (vgl. RFH. 16, 91). RFH. 5. April 27 II A 105/27 StuW. 1927 Nr. 446 = JW. 1927, 1722.

Abs. 1 Nr. 9.

18. Die **Reichsbank** gehört zu den Körperschaften des öffentlichen Rechts im Sinne der Befreiungsvorschrift. RFH. 31. Mai 27 II A 157/27 StuW. 1927 Nr. 629 = JW. 1927, 2165.

19. Geländeerwerb einer öffentlich-rechtlichen Körperschaft. RFH. 7. Dez. 26 II A 564/26 DStBl. 1927, 95 = PrVBl. 1927, 296 = DVR. 1927, 45 = StuW. 1927 Nr. 109 = StA. 1927, 151.

20. Beabsichtigt eine Körperschaft des öffentlichen Rechtes, auf einem zum Verkaufe gestellten Grundstück zunächst keine Kleinwohnungen für Minderbemittelte schaffen zu lassen, genehmigt sie dann aber vor Abschluß des Vertrags und vor der Grundstücksübertragung den Bauplan, der die Schaffung solcher Wohnungen vorsieht, so kann angenommen werden, daß auch auf seiten der Körperschaft das Grundstück dem steuerbegünstigten Zwecke zu dienen bestimmt ist. RFH. 12. Juli 27 II A 306/27 u. 20. Sept. 27 II A 284/27 DVR. 1927, 187 = StuW. 1927 Nr. 633 = JW. 1927, 2866 *(mit Bespr. v. Berolzheimer).*

21. Die Befreiungsvorschrift greift auch für Grundstücksübertragungen Platz, welche dadurch bedingt sind, daß ein Siedlungsunternehmen von einem der privilegierten Rechtssubjekte auf ein anderes zwecks **Fortführung übergeht**. RFH. 10. Mai 27 II A 210/27 II A 193/27 S. 21, 144 = LZ. 1927, 1147 = StuW. 1927 Nr. 322 = DVR. 1927, 123 = DStBl. 1927, 540.

22. Die Befreiung ist nicht dadurch ausgeschlossen, daß nicht der Minderbemittelte, sondern für ihn ein wirklicher **Treuhänder** das bürgerlich-rechtliche Eigentum erwirbt. RFH. 14. Dez. 26 II A 579/26 S. 20, 108 = DStBl. 1927, 171 = LZ. 1927, 397 = DVR. 1927, 45 = StuW. 1927 Nr. 110, 196, 253.

23. Die Befreiungsvorschrift greift nicht Platz, wenn jemand von einer gemeinnützigen Siedlungsgesellschaft zwar den Auftrag erhalten hatte, ein Grundstück für sie zu erwerben, den Kaufvertrag mit dem Dritten aber im eigenen Namen abgeschlossen hat. RFH. 23. Nov. 26 II A 549/26 StuW. 1927 Nr. 108.

24. **Mittelbare Förderung**. Der Erwerb einer Ziegelei, aus der Baustoffe zur Schaffung von Kleinwohnungen gewonnen werden sollen, fällt nicht unter § 8 Nr. 9. RFH. 1. Juli 27 II A 258/27 DVR. 1927, 157 = StuW. 1927 Nr. 632.

25. **Kleinwohnungen**. RFH. 26. Febr. 27 II A 666/26 DStZ. 1927, 343 = DVR. 1927, 74.

26. — Gesunde Kleinwohnungen. RFH. 5. Okt. 26 II A 423/26 DStBl. 1927, 44 = PrVBl. 1927, 296 = DVR. 1927, 61.

27. — Kleinwohnungsbau und Ladeneinbau. RFH. 21. Dez. 26 II A 594/26 DVR. 1927, 61 = StuW. 1927 Nr. 111.

28. — Die Ausstattung einer Wohnung mit **Zentralheizung** sowie eines einzelnen Zimmers mit Stabfußboden nimmt der Wohnung nicht notwendig ihren Charakter als Kleinwohnung. RFH. 31. Mai 27 II A 185/27 DStBl. 1927, 540 = DVR. 1927, 188 = StuW. 1927 Nr. 631.

29. — Besiedlung des platten Landes — Schaffung gesunder Kleinwohnungen für Minderbemittelte. RFH. 8. Juli 27 II A 223/27 DVR. 1927, 123.

30. — Eckwohnungen im Sinne des Erl. des RFinMin. vom 26. Februar 1921 (RStBl. S. 153) sind nur solche, die an einer Straßenecke liegen. RFH. 26. Febr. 27 u. 5. Aug. 27 II A 666/26, 363/27 (n. v).

Abs. 1 Nr. 10.

31. Die Befreiung setzt Ankauf des Grundstücks im Interesse der Wohnungspolitik voraus. RFH. 25. Jan. 27 II A 37/27 PrVBl. 1927, 488.

32. a) Der Erwerb eines Grundstücks zum Zwecke eines Sportplatzes ist nicht steuerfrei, wenn die Benutzung des Sportplatzes nicht jedermann aus dem Publikum, sondern nur den Mitgliedern der Sportvereine zusteht, mag auch die Benutzung anderen auf Antrag genehmigt werden.
b) Ein Grundstück muß, um für seinen Erwerb Steuerfreiheit zu begründen, unmittelbar bestimmt sein, den im Gesetz angegebenen Zwecken zu dienen; Steuerfreiheit tritt nicht ein, wenn es nur erworben ist, um es gegen ein zu diesen Zwecken geeignetes Grundstück auszutauschen. RFH. 29. Dez. 26 II A 512/26 DStBl. 1927, 172 = StuW. 1927 Nr. 112.

33. Es widerspricht dem § 8 Nr. 10 nicht, die Schaffung einer öffentlichen Erholungsanlage anzunehmen, wenn eine Großstadt Gelände bereitstellt, um ihrer Jugend den regelmäßigen Betrieb von Turnspielen zu ermöglichen. RFH. 29. Juli 27 II A 343/27 StuW. 1927 Nr. 635.

34. Der Umstand, daß eine Stadtgemeinde das zu Erholungszwecken für die Einwohnerschaft erworbene Waldgelände forstmäßig nutzen und bewirtschaften muß, schließt für sich allein die Anwendung der Steuerbefreiungsvorschrift nicht aus. RFH. 20. Sept. 27 II A 284/27 StuW. 1927 Nr. 636.

35. Nicht jeder Wald ist eine Waldanlage im Sinne des Gesetzes. Ob beim Erwerbe von Grundstücken zur Anlage eines Waldes die Befreiungsvorschrift Platz greift, ist Frage des Einzelfalles, die unter Berücksichtigung der Größe und der Lage des Waldes zu beantworten ist. RFH. 1. Febr. 27 II A 5/27 DStBl. 1927, 237 = StuW. 1927 Nr. 246 = PrVBl. 49, 73.

36. Ein Waldfriedhof gehört nicht zu den öffentlichen Erholungs-, Wald- und sonstigen Grünanlagen. RFH. 28. Okt. 27 II A 431/27 S. 22, 171.

§ 10.

1. § 10 gilt für das sächs. Lehnrecht. RFH. 19. Juli 27 II A 191/27 StuW. 1927 Nr. 477 = JW. 1927, 2593 *(mit Bespr. v. Stillschweig)*.

§ 11.

1. Stichtag. Wertberechnung bei erneuter Auflassung. RFH. 20. Okt. 26 II A 463/26 DVR. 1927, 139.

2. — In den Fällen des § 5 ist, falls das Veräußerungsgeschäft der Genehmigung bedarf, für die Bewertung des Grundstücks die Zeit der Genehmigung des Veräußerungsgeschäfts maßgebend. RFH.

22. April 27 II A 158/27 S. 21, 113 = DVR. 1927, 106 = DStBl. 1927, 422 = StA. 1927, 319 = StuW. 1927 Nr. 445.

3. — Im Falle des § 5 Abs. 1 ist der Wert des Grundstücks auf den Tag des Vertragsschlusses festzustellen. RFH. 23. Nov. 26 II A 532/26 StuW. 1927, 128, 295 = DVR. 1927, 154 = JW. 1927, 1446.

4. Die Frage, ob die Steuer nach dem Werte (Preise) des Grundstücks allein zu bemessen, oder ob der Wert (Preis) des Gebäudes hinzuzurechnen ist, hängt nach ständiger Rechtsprechung davon ab, ob Gegenstand des Kaufvertrags nur das Grundstück oder das Grundstück mit dem herzustellenden Gebäude sein sollte, ob also ein einheitlicher Kaufvertrag über Grundstück mit Gebäude geschlossen ist. RFH. 12. Okt. 27 II A 468/27 DVR. 1927, 190.

5. Wird in einem Veräußerungsvertrag über ein Grundstück ein bestimmter Barpreis für das Grundstück angegeben, dann aber bestimmt, daß der Erwerber zur Deckung dieses Vertrags für den Veräußerer auf einem andern Grundstück ein Gebäude errichten soll, so ist zu prüfen, ob nicht in Wirklichkeit ein unmittelbarer Austausch des Grundstücks gegen das herzustellende Werk gewollt ist, so daß der Wert dieses Werkes der Preis für das Grundstück ist. RFH. 7. Okt. 27 II A 369/27 StA. 1927, 384 = DVR. 1927, 189 = StuW. 1927 Nr. 640.

6. „Innerer" Grundstückswert zur Zeit des Währungsverfalls. RFH. 8. Okt. 26 II A 454/26 StA. 1927, 58.

7. Als Vorkriegswert eines Grundstücks ist in der Regel der Wehrbeitragswert anzunehmen. RFH. 14. Dez. 26 II A 559/26 StuW. 1927, 295.

8. Die Vorschrift des § 140 AO. findet auch auf die Grunderwerbsteuer Anwendung. Demgemäß ist bei Bewertung eines Grundstücksbruchteils nicht zu berücksichtigen, daß Bruchteile für sich im allgemeinen schwerer verkäuflich sind als das Grundstück im ganzen. RFH. 17. Juni 27 II A 221/27 S. 21, 208 = DVR. 1927, 138 = DStBl. 1927, 700 = StuW. 1927 Nr. 522, 638 = JW. 1927, 2542 *(m. Bespr. v. Stillschweig).*

9. Ein Pachtrecht an dem erworbenen Grundstück kann unter Umständen auf den gemeinen Wert dieses Grundstücks Einfluß haben, wenn der Pachtvertrag auf weite Sicht geschlossen ist und der Pachtzins unter dem angemessenen Pachtzins bleibt. RFH. 27. Sept. 27 II A 265/27 StuW. 1927 Nr. 637.

§ 12.

1. Bleibt bei geringen Objekten der Kaufpreis nur verhältnismäßig wenig hinter dem zurück, was äußerstenfalls als Grundstückswert geschätzt werden könnte, so dürfen Preis und Wert als übereinstimmend behandelt und der Preis der Versteuerung zugrunde gelegt werden. RFH. 15. März 27 II A 630/26 S. 20, 307 = DStBl. 1927, 366 = StuW. 1927 Nr. 198, 379 = DVR. 1927, 111, 125 = PrVBl. 49, 72 = JW. 1927, 2542.

2. Ist der Kaufpreis für ein Grundstück unverzinslich gestundet, so darf vom vereinbarten Barbetrage kein Abzug für den Zwischen-

zins gemacht werden. Wohl aber ist das zulässig bei Sachleistungen. RFH. 25. März 27 II A 120/27 JW. 1927, 2546.

3. Preisänderungen, die nach dem rechtswirksamen Eigentumsübergange zwischen den Beteiligten vereinbart werden, haben, abgesehen von den Fällen des § 23 Abs. 1 a Nr. 4, keinen Einfluß auf die für den Eigentumsübergang festzusetzende Steuer, da sie bei der Berechnung des Veräußerungspreises nach § 12 nicht zu berücksichtigen sind. RFH. 2. Aug. 27 II A 311/27 S. 22, 30 = JndMitt. 1927, 373 = DBR. 1927, 188 = StuW. 1927 Nr. 639.

4. Eine nach dem AufwGes. eingetretene Erhöhung des Aufwertungssatzes einer übernommenen Hypothek bedingt auch eine nachträgliche Erhöhung des steuerpflichtigen Kaufpreises. RFH. 8. Febr. 27 II A 503/26 StuW. 1927 Nr. 247.

5. Nachzahlungen bei einem Schwarzverkaufe. RFH. 21. Jan. 27 II A 607/26 DBR. 1927, 139.

6. Berechnung einer aufzuwertenden Papiermark-Restgeldhypothek. RFH. 12. Okt. 26 II A 356/26 StA. 1927, 187.

7. Über die Preisfeststellung, wenn ein Kaufpreis dadurch belegt ist, daß eine Papiermarkhypothek mit übernommen ist. RFH. 8. Juli 27 II A 261/27 JW. 1927, 2240 (*mit Bespr. v. Bergschmidt*).

8. Ist ein Grundstück mit einem auf ihm betriebenen Warenhandelsgeschäft, einschl. stiller Werte, für einen Gesamtpreis verkauft, so ist nicht ohne weiteres der auf die stillen Werte fallende Teil des Preises dem Grundstück zuzuschlagen, mag dieses auch durch das Vorhandensein des Geschäfts an Wert gewonnen haben. RFH. 7. Dez. 26 II A 556/26 DStZ. 1927, 151 = DStBl. 1927, 172 = StuW. 1927 Nr. 114, 189 = DBR. 1927, 156.

9. Verkauf eines Grundstücks mit Schankwirtschaftsbetrieb. RFH. 14. Jan. 27 II A 505/26 DStZ. 1927, 247.

10. Entschädigung für die Aufgabe der Erwerbsquelle des Veräußerers als Teil des Preises für das Grundstück. RFH. 8. Okt. 26 II A 360/26 DStBl. 1927, 44.

11. Ein vereinbarter Gesamtkaufpreis ist auf bewegliche und unbewegliche Gegenstände nach Maßgabe ihres Wertes verhältnismäßig zu verteilen. RFH. 21. Dez. 26 II A 477/26 StuW. 1927, 296.

12. Wird in einem Veräußerungsvertrag über ein Grundstück ein bestimmter Barpreis für das Grundstück angegeben, dann aber bestimmt, daß der Erwerber zur Deckung dieses Betrags für den Veräußerer auf einem anderen Grundstück ein Gebäude errichten soll, so ist zu prüfen, ob nicht in Wirklichkeit ein unmittelbarer Austausch des Grundstücks gegen das herzustellende Werk gewollt ist, so daß der Wert dieses Werkes der Preis für das Grundstück ist. RFH. 7. Okt. 27 II A 369/27 (n. v.)

13. Veräußert eine Stadt ein Grundstück, über das ein öffentlicher Weg führt, und legt sie dem Erwerber die Pflicht auf, den wegfallenden Weg an anderer Stelle anzulegen, so gehört diese Verpflichtung zum Kaufpreis. RFH. 3. Mai 27 II A 54/27 StA. 1927 Nr. 447 = StuW. 1927 Nr. 447.

14. Zum Veräußerungspreise kann nur gerechnet werden, was dem Verkäufer oder zu seinen Gunsten einem Dritten zufließt, nicht also

eine einem Dritten für die Aufgabe eines Mietrechts gewährte Entschädigung, wenn der Käufer das Grundstück auch mit dem es belastenden Mietrecht erwerben wollte und die Entschädigung ohne Beteiligung des Verkäufers vereinbart hat. RFH. 11. Febr. 27 II A 586/26 DStZ. 1927, 248 = DStBl. 1927, 237 = StuW. 1927 Nr. 248 = DVR. 1927, 189.

15. Wird ein Grundstück gegen ein minderwertiges unter Zuzahlung eines baren Betrages eingetauscht, so ist die Gegenleistung für das minderwertige Grundstück nicht gleich dem Werte des höherwertigen, abzüglich des Barbetrags, sondern der Wert des höherwertigen ist anteilig auf das minderwertige Grundstück und die Barleistung nach Verhältnis des Wertes des minderwertigen Grundstücks zu der Barleistung zu verteilen. RFH. 25. Febr. 27 II A 65/27 DStZ. 1927, 344 = DVR. 1927, 75 = DStBl. 1927, 360 = StuW. 1927 Nr. 380.

16. Vermittlungsprovision, die der Käufer an den von ihm angenommenen Vermittler zahlt, ist nicht Teil des steuerpflichtigen Kaufpreises. RFH. 2. Aug. 27 II A 257/27 DVR. 1927, 189 = StuW. 1927 Nr. 641.

§ 14.

Metzger, Die Steuervergünstigung nach dem Grunderwerbsteuergesetz beim Erwerb von Grundstücken im Zwangsversteigerungsverfahren. IndMitt. 1927, 352. — Wietfeld, Die einjährige Frist des § 14 Abs. 1 Nr. 2 GrEStG. bei gelöschten Aufwertungshypotheken. ZStFr. 1927, 214.

§ 15.

Wietfeld, Die Rechtsprechung des Reichsfinanzhofs zur Frage der Grunderwerbsteuerpflicht von Veräußerungen zwischen zwei ganz oder zum Teil personengleichen Gesamthandsgemeinschaften (§ 15 GrEStG.). ZStFr. 1927, 280.

1. Eigentumsübergang des Grundstücks einer off. Handelsgesellschaft an ihre beiden Gesellschafter je zur Hälfte. RFH. 16. Nov. 26 II A 500/26 DStBl. 1927, 45 = StuW. 1927 Nr. 115, 141, 167 = DVR. 1927, 107.

2. Die Anwendung des § 15 ist nicht ausgeschlossen bei Veräußerung eines Grundstücks von einer offenen Handelsgesellschaft an eine ganz oder zum Teil personengleiche andere. RFH. 1. Juli 27 II A 215/27 DStZ. 1927, 1092 = StuW. 1927 Nr. 642 = JW. 1927, 2544 *(mit Bespr. v. Hagelberg)*.

3. Erwirbt eine Gesellschaft von einem ihrer Gesellschafter ein Grundstück zur gesamten Hand und hat sie die Kapitalbeteiligung für die Zeit des Bestehens der Gesellschaft und für den Fall der Auflösung der Gesellschaft verschieden geregelt, so ist die für den ersten Fall getroffene Regelung für die Bestimmung des Anteils des Veräußerers maßgebend. RFH. 29. Dez. 26 II A 517/26 S. 20, 125 = DVR. 1927, 28 = DStBl. 1927, 172 = StuW. 1927 Nr. 166.

§ 20.

Wietfeld, Die Haftung der an einem Grundstückskaufvertrage Beteiligten für die Grunderwerbsteuer. StZdL. 1927, 228.

1. Bei Vereinigung aller Gesellschaftsanteile in einer Hand kann die Gesellschaft nicht als Steuerschuldnerin in Anspruch genommen werden. RFH. 18. März 27 II A 78/27 DVR. 1927, 123.
2. Erwirbt ein Mitglied einer Familie im Sinne des § 3 Satz 2 den letzten Geschäftsanteil einer Gesellschaft m. b. H., so daß sämtliche Anteile in den Händen der Familie vereinigt sind, so haften für die Steuer alle Mitglieder der Familie als Gesamtschuldner. RFH. 24. Juni 27 u. 2. Aug. 27 II A 226/27 S. 21, 312 = IndMitt. 1927, 374 = StuW. 1927 Nr. 617 = JW. 1927, 3026 *(mit Bespr. v. Hagelberg)*.

§ 21.

Abs. 1.

1. a) Die Steuerfreiheit gilt auch für Offiziere, insbesondere auch für solche des Beurlaubtenstandes.
b) Hat die Heeresbehörde Kapitalabfindung bewilligt, so kann die Steuerstelle die Steuerbefreiung nicht wegen der Art des erworbenen Grundstücks ablehnen. Die gegenwärtigen Gesetzesvorschriften machen die Vergünstigungen überhaupt nicht von der Art des Grundstücks abhängig. RFH. 18. Febr. 27 II A 71/27 DStBl. 1927, 237 = RStBl. 1927, 151 = StuW. 1927 Nr. 381.
2. a) Die Steuervergünstigung muß grundsätzlich schon im Steuerfestsetzungs- oder in dem daran anschließenden Rechtsmittelverfahren geltend gemacht werden. Nur wenn die Kapitalabfindung so spät bewilligt wird, daß sie vor Rechtskraft der Steuerfestsetzung nicht mehr geltend gemacht werden kann, ist ein Steuererstattungsverfahren zuzulassen.
b) Ist die Kapitalabfindung nicht zum Erwerb eines Grundstücks, sondern zur Stärkung eigenen Grundbesitzes bewilligt, so greift die Steuervergünstigung des § 21 Abs. 1 nicht Platz. Den Finanzbehörden steht eine Entscheidung darüber, ob eine zur Stärkung eigenen Grundbesitzes gewährte Kapitalabfindung auch zum Erwerbe des Grundstücks hätte bewilligt werden können, nicht zu. RFH. 23. Sept. 27 II A 399/27 S. 22, 55 = StuW. 1927 Nr. 422, 643.

Abs. 2.

3. Steuerfreiheit tritt ein beim Wechsel des Rechtssubjekts, in dem unverändert öffentlich-rechtliche Funktionen, denen das Grundstück dient, verkörpert werden. RFH. 21. Dez. 26 II A 608/26 StuW. 1927 Nr. 249.
4. Löst sich ein sächsischer Gemeindeverband, der sich mit Armen- und Krankenpflege befaßt, in der Weise auf, daß seine Aufgaben mit seinem Vermögen kraft öffentlich-rechtlichen Vertrags auf den Bezirksverband der Bezirkshauptmannschaft übergehen, so sind die Voraussetzungen der Steuerfreiheit erfüllt. RFH. 7. Jan. 27 II A 605/26 = StuW. 1927 Nr. 250.
5. Übernahme einer Körperschaft des öffentlichen Rechts durch eine andere (Wechsel der Schulunterhaltungspflicht). RFH. 1. Juli 27 II A 322/27 DVR. 1927, 157.
6. Die Steuerfreiheit ist nicht von der Zweckbestimmung des übergehenden Grundstücks abhängig. RFH. 28. Okt. 27 II A 471/27 S. 22, 112 = StuW. 1927 Nr. 644.

§ 22.

1. Gegen die Entscheidung des Landesfinanzamts, durch die ein auf Grund des § 22 beantragter Steuererlaß abgelehnt wird, ist das Berufungsverfahren nicht eröffnet. RFH. 18. Okt. 27 II A 378/27 (n. v.).

§ 23.

Abs. 1a Nr. 1.

1. Die Anfechtung nach dem Reichs-Anfechtungsgesetz oder nach der Konkursordnung begründet keine Nichtigkeit des Eigentumsüberganges. RFH. 7. April 25 II A 84/25 (n. v.).
2. Die Antragsfrist des § 23 Abs. 2 beginnt im Falle des § 23 Abs. 1a Nr. 1 nicht vor dem Tage, an dem die Nichtigkeit der Auflassung von einer Vertragspartei geltend gemacht wird. RFH. 7. Jan. 27 II A 634/26 S. 20, 155 = DStBl. 1927, 237 = StuW. 1927 Nr. 251 = DVR. 1927, 140.

Abs. 1a Nr. 3.

3. Steuerpflicht durch Erwerb aller Geschäftsanteile nach § 3 tritt auch ein, wenn der Erwerber einen Geschäftsanteil nicht für sich, sondern für Rechnung eines anderen als dessen Treuhänder erworben hat. Überträgt der Erwerber sodann diesen Geschäftsanteil wieder dem Veräußerer und veranlaßt diesen, ihn dem anderen unmittelbar zu übertragen, so ist die für die erste Übertragung gezahlte Steuer gemäß § 23 Abs. 1 zu a 3 zu erstatten, auch ist für eine Anwendung des § 5 AO. kein Raum. RFH. 14. Dez. 26 II A 445/26 DStZ. 1927, 247 = DVR. 1927, 61 = StuW. 1927 Nr. 103 = DStBl. 1927, 236.
4. a) Auch ein Rückerwerb im Zwangsversteigerungsverfahren kann die Anwendung des § 23 Abs. 1 a Nr. 3 rechtfertigen. b) Die dort vorgesehene Frist von zwei Jahren beginnt erst mit dem Übergange des Eigentums auf den Erwerber und nicht schon mit dem Abschluß des etwa zugrunde liegenden Veräußerungsgeschäfts. RFH. 29. Dez. 26 II A 554/26 DVR. 1927, 61 = DStBl. 1927, 238 = StuW. 1927 Nr. 252 = JW. 1927, 1792 *(mit Bespr. v. Stillschweig)*.
5. Im Gegensatz zu dem Falle, daß Steuerpflicht nach § 6 eingetreten, demnächst aber innerhalb zwei Jahren der ursprüngliche Rechtszustand wiederhergestellt ist, greift § 23 Abs. 1a Nr. 3 nicht Platz, wenn der frühere juristische Eigentümer nicht das juristische, sondern nur das wirtschaftliche Eigentum zurückverlangt. RFH. 29. Juli 27 I A 155/27 StuW. 1927 Nr. 646.
6. Zum Rückerwerb des wirtschaftlichen Eigentums durch den früheren Eigentümer im Sinne des § 23 Abs. 1a Nr. 3 genügt nicht der ohne oder gegen seinen Willen erklärte bloße Verzicht des wirtschaftlichen Eigentümers auf das Eigentum. RFH. 20. Sept. 27 II A 388/27 StA. 1927, 384 = StuW. 1927 Nr. 647.

Abs. 1b

7. Ist der Besteuerung aus § 5 Abs. 1 der Eigentumsübergang gefolgt, so regelt sich die Erstattung der Steuer nicht mehr nach § 23 Abs. 1 zu b, sondern nach § 23 Abs. 1 zu a. RFH. 27. Sept. 27 II A 417/27 S. 22, 58 = StuW. 1927 Nr. 645.

8. Die Steuerpflicht der **Abtretung der Rechte** aus einem Vertragsantrage fällt auch dann weg, wenn durch Annahme des Antrags ein Veräußerungsgeschäft zustande gekommen ist, dieses aber, ohne zum Eigentumsübergange geführt zu haben, wieder aufgehoben wird und nicht mehr die Möglichkeit besteht, z. B. wegen Fristablaufs, daß die Abtretung der Rechte noch zu einem Eigentumsübergange führt. RFH. 26. März 26 II A 83/26 JW. 1927, 2541 *(mit Bespr. v. Schulze)*.

9. Wird die durch ein Veräußerungsgeschäft begründete Verpflichtung zur Übereignung eines Grundstücks durch Vertrag wieder aufgehoben, so schließt eine etwaige Vereinbarung, daß der Verkäufer einen Teil des bereits empfangenen Kaufpreises nicht zurückzuzahlen brauche, oder daß er umgekehrt neben der Rückzahlung des Preises dem Käufer noch eine besondere Vergütung zu gewähren habe, die Anwendung des § 23 Abs. 1b Nr 2 jedenfalls dann nicht aus, wenn die Aufhebung der Übereignungspflicht innerhalb der im § 23 Abs. 1a Nr 3 bezeichneten Frist von 2 Jahren seit Abschluß des Veräußerungsgeschäfts vereinbart worden ist. RFH. 10. Juni 27 II A 121/27 DStZ. 1927, 635 = DStBl. 1927, 541 = StuW. 1927 Nr. 648.

10. Hat jemand sämtliche Geschäftsanteile einer G. m. b. H. von den drei Besitzern durch eine innerlich zusammenhängende und äußerlich als eine Einheit zu bewertende Handlung erworben, so kann er die dafür gezahlte Grunderwerbsteuer, wenngleich der Rückerstattungsanspruch grundsätzlich auch bei einer aus § 3 schuldig gewordenen Steuer zulässig ist, dann nicht zurückverlangen, wenn er nur die von zwei Vorbesitzern erworbenen Anteile an diese zurücküberträgt, die von dem dritten Vorbesitzer erworbenen aber behält; denn die Voraussetzung der Wiedererstattung ist die Wiederbeseitigung des Zustandes, der zur Steuererhebung geführt hat. RFH. 14. Dez. 26 II A 582/26 DStZ. 1927, 152 = StuW. 1927 Nr. 102 = DStBl. 1927, 238.

§ 24.

Kluckhohn, Der Vorauszahlungsbescheid nach § 24 GrEStG. DVR. 1297, 129.

1. Ist wegen Fehlens der nach dem Preuß. GrVerG. erforderlichen behördlichen Genehmigung die Auflassung unwirksam, so kann im Falle der erneuten Auflassung der grundbuchliche Vermerk der erfolgten rechtswirksamen Auflassung nicht von der Beibringung einer Bescheinigung gemäß § 24 abhängig gemacht werden. KG. 11. Nov. 26 I X 695/26 DVR. 1927, 76.

2. Kommt Steuererhebung nach § 5 Abs. 1 und 2 in Frage, so kann die Steuerstelle die Ausstellung der Bescheinigung des § 24 von der Zahlung eines der voraussichtlichen Höhe der gesamten Steuer entsprechenden Betrags abhängig machen. RFH. 16. Nov. 26 II A 422/26 S. 20, 15 = DStBl. 1927, 45 = PrVBl. 1927, 297 = StuW. 1927 Nr. 116 = DVR. 1927, 75.

3. Auch wenn das Eigentum bereits durch **Zuschlag** in der Zwangsversteigerung übergangen war, ist zur Eintragung des Erwerbers in das Grundbuch die Erteilung der in § 24 vorgeschriebenen Be-

scheinigung erforderlich, und die Erteilung kann von der Zahlung einer vorläufig berechneten Steuer abhängig gemacht werden. RFH. 26. Febr. 27 II A 611/26 S. 20, 261 = DStBl. 1927, 238 = StA. 1927, 257 = StuW. 1927 Nr. 382 = DVR. 1927, 138.

4. Rechtsmittelverfahren. Der Bescheid aus § 24, daß keine Grunderwerbsteuer zu erheben sei, ist kein Freistellungsbescheid im Sinne des § 212 Abs. 2 AO. RFH. 16. Nov. 26 II A 500/26 DStBl. 1927, 45 = DVR. 1927, 75.

5. — Ist gegen einen Vorauszahlungsbescheid aus § 24 der Rechtsmittelweg beschritten worden, so wird durch die in diesem Rechtsmittelverfahren ergangene Entscheidung die Einlegung eines Rechtsmittels gegen den endgültigen Steuerbescheid aus § 29 in keiner Weise behindert. Die Feststellungen und die Gründe der im ersten Rechtsmittelverfahren ergangenen Entscheidung sind nicht maßgebend. RFH. 14. Dez. 26 II A 579/26 S. 20, 108 = DVR. 1927, 29 = DStBl. 1927, 238 = PrVBl. 1927, 486.

6. — In dem Rechtsmittelverfahren über die endgültige Grunderwerbsteuer kann nicht zugleich über die Kosten eines Vorverfahrens aus § 24 entschieden werden. RFH. 4. März 27 II A 73/27 PrVBl. 49, 73 = StuW. 1927 Nr. 410.

7. — Wird im Laufe des Rechtsmittelverfahrens nach § 24 das Eigentum im Grundbuch umgeschrieben, so ist das Verfahren für erledigt zu erklären. Die Entscheidung über die Kosten hängt davon ab, wer in der Hauptsache obsiegt haben würde. RFH. 29. März 27 II A 132/27 JW. 1927, 1959 *(mit Bespr. v. Hagelberg)*.

§ 29.

1. Die Grundsätze, die die Entscheidungen S. 19, 211 über die Beschränkung in der Vertretung preußischer Landräte aufgestellt haben, dürfen nicht auf die Vertretung durch Regierungsassessoren ausgedehnt werden, die den Landräten zur Hilfeleistung in den landrätlichen Geschäften überwiesen worden sind. RFH. 30. Nov. 26 II A 566/26 S. 20, 91 = PrVBl. 1927, 485.

2. Rheinische Kreisordnung § 81. Mitwirkung eines Nichtmitgliedes des Kreisausschusses. RFH. 29. Juli 27 II A 344/27 StA. 1927, 350.

16.

Gesetz gegen die Kapitalflucht.

vom 24. Dezember 1922 (RGBl. S. 960).

§ 1.

1. Für den Begriff „geschäftsmäßiges Bank- oder Bankiergeschäft" im Sinne des § 1 Abs. 4 ist nicht Voraussetzung, daß eigene Geschäftsräume, die dem Publikum als solche äußerlich erkennbar gemacht sind, vorhanden sind, oder Angestellte beschäftigt oder ordnungsgemäße Geschäftsbücher geführt werden; dieser Begriff ist vielmehr dann schon als erfüllt anzusehen, wenn jemand als gelernter Bank-

fachmann sich als Bankier in das Handelsregister eintragen läßt und nach Anmeldung des Gewerbebetriebs Bankiergeschäfte, wenn auch in engen Grenzen betreibt. RGStr., 25. Nov. 26 2 D 24/26 R 5/27 (n. v.).

17.

Kapitalverkehrsteuergesetz

vom 8. April 1922 (StGBl. 354).

Keßler, Kapitalverkehrssteuer-Gesetz. 2. Aufl. (Mannheim: Bensheimer 1927). — Veiel, Das Kapitalverkehrsteuer-Gesetz. (Stuttgart: Heß 1927). — Derselbe, Die neuen Ausführungs- und Durchführungsbestimmungen zum Kapitalverkehrsteuergesetz. StuW. 1927, 937, 995.

§ 2.

Burkhardt, Die Tilgung der Kapitalentwertungskonten. DStZ. 1927, 243. — Mattes, Zur Gesellschaftsteuer von Kapitalgesellschaften. StA. 1927, 210.

§ 4.

1. Zur Frage der ausschließlichen Gemeinnützigkeit von Baugenossenschaften. RFH. 9. Nov. 26 II A 457/26 DStZ. 1927, 54 = DStBl. 1927, 45 = DVR. 1927, 23.
2. Eine „gemeinnützige Baugesellschaft", die tatsächlich auch für andere als minderbemittelte Kreise tätig ist, ist nicht steuerfrei. RFH. 10. Juni 27 II A 209/27 DVR. 1927, 134 = StuW. 1927 Nr. 649.
3. Eine Bestattungsgesellschaft entspricht nicht den Voraussetzungen des § 4, c, wenn sie sich zwar im wesentlichen auf eine Geschäftstätigkeit mit Minderbemittelten beschränkt hat, diese Beschränkung aber keine organische, sondern nur eine zufällige, jederzeit abänderbare ist. RFH. 29. Dez. 26 II A 567/26 RStBl. 1927, 71 = DVR. 1927, 38 = StuW. 1927 Nr. 254.
4. Eine Gesellschaft, deren satzungsmäßiger Zweck die Saatwirtschaft ist, dient nicht der inneren Kolonisation im Sinne des § 4 b, und zwar auch dann nicht, wenn sie in der Verfolgung des satzungsmäßigen Zweckes die Ödländereien kultiviert und Familien ansiedelt. RFH. 21. Okt. 27 II A 441/27 RStBl. 1927, 234.
5. Über das Vorliegen der Befreiungsgründe des § 4 Abs. 1 u. 2 entscheidet das Finanzamt im Festsetzungsverfahren. RFH. 9. Nov. 26 II A 457/26 StuW. 1927, 296 = DVR. 1927, 23 = StuW. 1927 Nr. 117.

§ 5.

Gierse, Der Steuerschuldner im Falle des § 5 Abs. 2 des Kapitalverkehrsteuergesetzes. IndMitt. 1927, 327.

Abs. 1.

1. Eine Forderung, die einen Anteil am Rohüberschuß einer Kapitalsgesellschaft gewährt, ist keine Forderung im Sinne des § 5 Abs. 1c. RFH. 24. Mai 27 II A 107/27 DVR. 1927, 119 = StuW. 1927 Nr. 650.

Abs. 2.

2. In Fällen des § 5 Abs. 2 greifen die für die Einzahlungen auf Stammkapitalanteile geltenden Steuerermäßigungen auch für die Einzahlungen auf Kommanditanteile Platz. Bei der Feststellung, ob ein Verlust am Eigenkapital eingetreten ist, hat die Berechnung so zu erfolgen, als ob für das Gesamtunternehmen nur eine Gesellschaft als G. m. b. H. bestünde. RFH. 28. Dez. 26 II A 503/26 RStBl. 1927, 71 = StuW. 1927 Nr. 261 = DStZ. 1927, 152.

3. Die Vorschrift des § 5 Abs. 2 bezieht sich nicht nur auf Fälle beabsichtigter Umgehung der Gesellschaftsteuer für Kapitalgesellschaften. Sie gilt insbesondere auch, wenn in eine bestehende Kommanditgesellschaft nachträglich eine Kapitalgesellschaft als persönlich haftende Gesellschafterin eintritt. RFH. 3. Mai 27 II A 654/26 S. 21, 150 = DStBl. 1927, 591 = StuW. 1927 Nr. 449.

4. a) Es ist rechtsirrig, den § 5 Abs. 2 erweiternd dahin auszulegen, daß die Gründung einer Kommanditgesellschaft, zu deren persönlich haftenden Gesellschaftern eine Kapitalgesellschaft gehört, so zu versteuern sei, als ob nicht eine Kommanditgesellschaft, sondern eine neue Kapitalgesellschaft entstanden sei. Zahlungen und Leistungen der Kapitalgesellschaft an die Kommanditgesellschaft können nur besteuert werden, wenn die Voraussetzungen der §§ 17, 19 gegeben sind, und zwar nach Maßgabe dieser Vorschriften.
b) Unter den gleichen Voraussetzungen, unter denen Anteile der Kommanditisten als Anteile an der Kapitalgesellschaft anzusehen sind, muß auch der Ersatztatbestand des § 6c (Hingabe von Darlehen seitens der Kommanditisten an die Kommanditgesellschaft) der gleichen Beurteilung unterfallen. RFH. 29. März 27 II A 126/27 DStZ. 1927, 437 = DVR. 1927, 120 = RStBl. 1927, 127 = StuW. 1927 Nr. 448.

5. Im Falle des Eintritts einer Kapitalgesellschaft in eine bestehende Kommanditgesellschaft als persönlich haftende Gesellschafterin entsteht Steuerpflicht der Kommanditanteile nach § 6d. Steuerpflichtig ist nicht die Kommanditgesellschaft, sondern die eintretende Kapitalgesellschaft. RFH. 7. Mai 27 II A 175/27 RStBl. 1927, 181 = DStBl. 1927, 591 = StuW. 1927 Nr. 450.

6. Stille Beteiligung: vgl. zu § 23 Anm. 4.

§ 6.

Becher, Die Umgehung der Gesellschaftsteuer durch Erwerb von Aktien- und GmbH.-Mänteln. DStBl. 1927, 35. — Kluckhohn, Der Begriff des Ersterwerbs von Aktien nach dem Kapitalverkehrsteuergesetz. IndMitt. 1927, 148. — Schwercke, Wann unterliegen Gesellschafterdarlehen der Gesellschaftsteuer aus § 6c (letzter Fall) KVStG.? DVR. 1927, 49.

Buchstabe a.

1. Wenn ein Mitbegründer einer Aktiengesellschaft in die Gesellschaft das von ihm erworbene Recht auf Ausnutzung eines Patents gegen Überlassung von Aktien und die Verpflichtung der Gesellschaft einbringt, die von dem Mitbegründer für den Erwerb des Ausnutzungsrechts geleistete Zahlung aus Lizenzgebühren zu tilgen, so erhöht diese Verpflichtung nicht die steuerliche Leistung des Mitbegründers, vielmehr tritt Steuerpflicht nach § 6a über den Wert der Aktien hinaus nur ein, wenn und soweit der Wert des mit der Verpflichtung belasteten Ausnutzungsrechts den Wert der Aktien übersteigt. Auch für eine Steuerpflicht aus § 6c oder § 5 Abs. 1c ist kein Raum, selbst wenn die Tilgung vom Gewinne der Gesellschaft abhängig gemacht ist. RFH. 11. Febr. 27 II A 18/27 DStZ. 1927, 248 = DVR. 1927, 70 = RStBl. 1927, 101 = DStBl. 1927, 239 = StuW. 1927 Nr. 256.
2. Eine Schankerlaubnis kann nicht in eine Gesellschaft eingebracht werden. RG. 2. Mai 27 2D 21/27, VIII. 215 StA. 1927, 289.
3. Einheitliche Behandlung eines Gründungsvertrages und eines Ergänzungsvertrags für die Gesellschaftsteuer zugunsten der Steuerpflichtigen. RFH. 1. Febr. 27 II A 591/26 ZStFr. 1927, 94.
4. Zahlungen und Leistungen an die Gesellschaft; Steuerpflicht bei Verwertungsaktien. RFH. 24. Nov. 26 II A 466/26 DVR. 1927, 38.
5. Verzicht auf Barbonus bei Ausübung des Bezugsrechts als Leistung zum Erwerbe der Aktien gemäß § 6a. RFH. 10. Juni 27 II A 239/27 DVR. 1927, 134 = StuW. 1927 Nr. 652.

Buchstabe b.

6. Freiwillige Leistung. Übernahme der Verpflichtung der Vorzugsaktionäre, ihre Vorzugsaktien bei Erhöhung des Stammkapitals behufs Umwandlung in Stammaktien zurückzugeben. RFH. 19. Okt. 26 II A 61/26 DStBl. 1927, 96 = DVR. 1927, 22.
7. — Überlassen die Gewerken einer Gewerkschaft, die einen Betrieb nicht mehr unterhielt, der Gewerkschaft die Ausbeutung von Steinbrüchen, so liegt hierin eine nach § 6 zu b steuerpflichtige Leistung, da durch den Rechtsvorgang die bisher inhaltslose, nur noch einen Mantel bildende Gewerkschaft wieder einen Inhalt erhält. RFH. 11. Febr. 27 II A 27/27, RStBl. 1927, 100 = DVR. 1927, 69.
8. — a) Freiwilligkeit einer Leistung im Sinne des § 6b ist überall da vorhanden, wo im Gegensatz zu den Fällen des § 6a die Leistung nicht auf gesellschaftsvertragsmäßigen Verpflichtungen oder auf Verpflichtungen beruht, die unmittelbar aus dem Gesetz entspringen; die Befürchtung, daß ohne den Verzicht auf eine Forderung die Gesellschaft in Konkurs gehen müsse und dann noch mehr als die Forderung verlorengehe, schließt die Freiwilligkeit des Verzichts nicht aus.

   b) Der Wert von Gesellschaftsrechten wird durch Verzicht auf Forderungen gegen sie auch dann erhöht, wenn die Gesellschaft überschuldet ist und der Verzicht die Überschuldung nicht völlig beseitigt.

c) Für den die Entscheidung S. 14, 202 tragenden Gedanken, daß eine Leistung zugunsten einer Gesellschaft wohl eine Verminderung des Wertes der Gesellschaftsrechte verhüten könne, trotzdem aber nicht dessen Erhöhung zur Folge haben brauche, ist ebensowenig wie in den Fällen, in denen der Gesellschaft unmittelbar Geld zugeführt wird, zu dessen Rückzahlung die Gesellschaft nicht verpflichtet ist (S. 19, 265), in denjenigen Fällen Raum, in denen Gesellschafter auf ihnen gegen die Gesellschaft zustehende Forderungen verzichten. RFH. 7. Dez. 26 II A 475/26 RStBl. 1927, 71 = StuW. 1927, 129 = DStZ. 1927, 153 = DStBl. 1927, 173 = DVR. 1927, 38.

9. — Unter Zahlungen und Leistungen im Sinne des § 6 b sind Zahlungen und Leistungen auf Grund einer freiwillig übernommenen, d. h. nicht auf gesellschaftsvertragsmäßigen Verpflichtungen beruhenden Verpflichtung, nicht aber ist unter Leistung die freiwillig übernommene Verpflichtung selbst zu verstehen. RFH. 19. Aug. 27 II A 317/27 S. 22, 43 = IndMitt. 1927, 372 = StuW. 1927 Nr. 654.

10. — Aufwertung. Erfolgt bei Umwandlung einer Papiermarkschuld in eine Goldmarkschuld die Bemessung des Goldmarkbetrags nicht als Ausgleich für die Geldentwertung, sondern als billiger Ausgleich dafür, daß infolge der Undurchsichtigkeit der Wertverhältnisse in der Inflationszeit die Beteiligten für den Gläubiger zu ungünstige Vertragsbedingungen vereinbart hatten, so ist beim Vorliegen der sonstigen Voraussetzungen § 6 b anwendbar. RFH. 21. Okt. 27 II A 353/27 RStBl. 1927, 233 = StA. 1927, 353 = StuW. 1927 Nr. 655.

11. — — Übergesetzliche Aufwertung einer Gesellschafterschuld als steuerpflichtige freiwillige Leistung. RFH. 21. Dez. 26 II A 502/26 IndMitt. 1927, 68.

12. — — Als freiwillige Leistung nach § 6 b ist es steuerpflichtig, wenn eine Forderung einer Kapitalgesellschaft an einen Gesellschafter, für die nach § 63 Abs. 1 AufwG. eine 25% des Goldmarkbetrags übersteigende Aufwertung nicht gefordert werden kann, auf mehr als 25 v. H. aufgewertet wird. RFH. 13. April 27 II A 640/26 DVR. 1927, 151.

13. Fehlen der Freiwilligkeit. Eine zur Erhöhung des Wertes der Gesellschaftsrechte geeignete Leistung im Sinne des § 6 b kann nur eine solche sein, die der Gesellschaft an Werten etwas zuführt, was ihr nicht bereits zustand. Von einer solchen Leistung kann aber nicht die Rede sein, wenn die Überlassung eines Gegenstandes nur Tragung der Unkosten der Gesellschaft erfolgt. RFH. 8. Okt. 26 II A 214/26 DVR. 1927, 4.

14. — Die Leistungen eines Aktionärs, die bestimmt sind, seine Gesellschaft dafür schadlos zu halten, daß sie im Interesse des Aktionärs Waren unter Preis verkauft und dadurch Schaden erleidet, begründen keine Gesellschaftsteuerpflicht aus § 6 b, wenn die Leistung im voraus versprochen war. RFH. 18. Febr. 27 II A 626/26 S. 20, 241 = DStZ. 1927, 344 = IndMitt. 1927, 132 = StuW. 1927 Nr. 383.

Buchstabe c.

15. Darlehen. Darlehen der Gewerken zweier Gewerkschaften an deren gemeinsame Vermögensverwaltungsges. m. b. H. RFH. 17. Juni 27 II A 147 DVR 1927, 134 = StuW. 1927 Nr. 653.

16. — Der Tatbestand des § 6c kann auch gegeben sein, wenn ein Darlehnsgeber nachträglich Gesellschafter wird. Ob unter dieser Voraussetzung der Steuertatbestand im übrigen, namentlich die Annahme einer sachlichen Beteiligung gegeben ist, muß nach den Umständen des einzelnen Falles beurteilt werden und wird namentlich dann anzunehmen sein, wenn Umstände und Bedingungen des Darlehns als Grund der Hingabe nicht so sehr die Absicht der Geldnutzung, als vielmehr das Bestreben, der Gesellschaft zu Hilfe zu kommen, erkennen lassen, so daß der spätere Beitritt des Geldgebers als Gesellschafter als folgerichtige, wenn auch nicht von Anfang an beabsichtigte Entwicklung erscheint. RFH. 24. Juni 27 II A 293/27 S. 21, 229 = IndMitt. 1927, 253 = DStBl. 1927, 592 = LZ. 1927, 1480 = StuW. 1927 Nr. 657 = JW. 1927, 2446.

17. — Übereignung der Rohmaterialien der Vorfirma gegen die Verpflichtung zur Abbürdung alter, nicht übernommener Geschäftsschulden und StPflicht aus § 6 c. RFH. 17. Juni 27 II A 212/27 DVR. 1927, 135.

18. — Darlehnshingabe; Stundung von Forderungen; Reparaturdarlehen. RFH. 26. Febr. 27 II A 593/26 DVR. 1927, 70.

19. Stundung. Auch die Stundung von Warenforderungen kann steuerpflichtig sein. RFH. 4. März 27 II A 63/27 DVR. 1927, 70.

20. — Die Verlängerung der Zahlungsfrist eines vor Inkrafttreten des KVStG. gewährten Darlehns, dessen Hingabe eine sachliche Beteiligung darstellte, ist der Versteuerung nach § 6c nicht schon deshalb entzogen, weil das Darlehn vor Inkrafttreten des KVStG. gewährt worden war. RFH. 17. Juni 27 II A 19/27 DVR. 1927, 151 = StuW. 1927 Nr. 656.

21. — Eine Kaufpreisstundung wird sich in der Regel dann als sachliche Beteiligung an der Gesellschaft darstellen, wenn durch sie eine Kapitalerhöhung ersetzt werden soll. RFH. 8. Nov. 27 II A 476/27 StuW. 1927 Nr. 658.

22. — Stundung des Dividendenanspruchs löst in der Regel keine Steuerpflicht aus. RFH. 8. Juli 26 II A 86/27 DStZ. 1927, 1002.

23. Sachliche Beteiligung beim Kontokorrentverkehr. RFH. 7. Dez. 26 II A 461/26 DVR. 1927, 39.

24. Sanierung. Sachliche Beteiligung im Sinne des § 6c ist nicht anzunehmen, wenn eine Bank, die einen kleinen Posten von Aktien einer Aktiengesellschaft im Portefeuille hat, dieser Aktiengesellschaft im Rahmen des Bankbetriebs Darlehen gewährt und, nachdem das Darlehn notleidend geworden ist, ohne Absicht gewinnbringender Beteiligung lediglich aus bankmäßigem Verantwortungsgefühl heraus zur Rettung nach fehlgeschlagenen Abdeckungsversuchen weitere Darlehen gibt und Sicherheit hiefür erhält. RFH. 8. April 27 II A 145/27 DVR. 1927, 152.

25. — Bedienen sich Realgläubiger eines notleidenden geschäftlichen Unternehmens, lediglich um ihre Forderungen zu retten, einer aus ihnen bestehenden G. m. b. H., damit diese das Unternehmen in der Zwangsversteigerung ersteht, und lassen sie nach der Versteigerung ihr Geld im Grundbesitze stehen, so spricht der Umstand, daß es sich nur um ein Rettungswerk handelt, gegen die Annahme, daß die Gläubiger sich an dem Unternehmen mit ihren Forderungen sachlich beteiligen wollen. RFH. 14. Dez. 26 II A 486/26 S. 20, 112 = RStBl. 1927, 71 = StuW. 1927, 297 = DStBl. 1927, 174 = StuW. 1927 Nr. 257.

26. Die Vorschrift darf nicht dazu benützt werden, legitime Kreditgeschäfte der Gesellschaftssteuer zu unterwerfen. RFH. 11. Febr. 27 II A 650/26 StuW. 1927, Nr. 258.

27. Der Senat hält an der Entscheidung S. 19, 229 fest, daß eine Versteuerung an sich steuerpflichtiger Darlehen zu unterbleiben hat, nachdem diese in Stammkapital umgewandelt und als solche versteuert sind, mag auch der Steuersatz zur Zeit der Darlehnsgewährung ein höherer gewesen sein. RFH. 15. März 27 II A 76/27 RStBl. 1927, 120 = DStZ. 1927, 437 = DStBl. 1927, 360 = StuW. 1927 Nr. 384.

Buchstabe d.

28. Erwerb von Gesellschaftsrechten durch den ersten Erwerber ohne Zahlung oder Leistung. RFH. 8. Febr. 27 II A 558/26 DVR. 1927, 70.

Buchstabe e.

29. Leistet eine ausländische Versicherungsanstalt, um den Betrieb einer Zweigniederlassung im Deutschen Reiche zu ermöglichen, auf Anordnung der Reichsbehörde gemäß § 7 VersichAufsG. Sicherheit, indem sie Wertpapiere im Inland hinterlegt, so gilt das hinterlegte Kapital als „zugewendet" an die inländische Zweigniederlassung. RFH. 7. Jan. 27 II A 616/26 RStBl. 1927, 87 = DStBl. 1927, 239 = StuW. 1927 Nr. 259.

§ 7.

1. Konzernzugehörigkeit der Gesellschaften. RFH. 1. Jan. 27 II A 606/26 StuW. 1927 Nr. 260.

§ 9.

1. a) Ist die Steuerschuld einer Einzahlung auf eine beschlossene Kapitalerhöhung mit der Fälligkeit der Einzahlung entstanden, so wird daran durch die Einleitung des Kaduzierungsverfahrens nach den §§ 219 ff. HGB. nichts geändert, da dieses nur der zwangsweisen Beitreibung dient.

b) War zur Zeit des Beschlusses einer Kapitalerhöhung weder eine Überschuldung noch ein Verlust am Grundkapital vorhanden, so kann § 13 b keine Anwendung finden, mag auch bis zur Zeit der Einforderung der beschlossenen Einzahlungen eine Überschuldung oder ein Verlust entstanden sein. RFH. 24. Juni 27 II A 281/27 RStBl. 1927, 181 = DStZ. 1927, 905 = DStBl. 1927, 592 = DVR. 1927, 185 = StuW. 1927 Nr. 659, 663.

2. Bei freiwilligen Zahlungen und Leistungen im Sinne von § 6b entsteht die Steuerpflicht, sobald die Zahlungen und Leistungen fällig werden, spätestens indes, sobald sie bewirkt werden. RFH. 19. Aug. 27 II A 317/27 S. 22, 43 = StA. 1927, 355 = JndMitt. 1927, 372 = StuW. 1927 Nr. 660.

§ 10.

1. Schuldner der Gesellschaftsteuer aus § 5 Abs. 2, 3, §§ 6, 9 ist die Kapitalgesellschaft. RFH. 3. Mai 27 II A 654/26 S. 21, 150 = StuW. 1927 Nr. 449.
2. Als Gesamtschuldner haftet auch der Darlehnsgeber im Sinne des § 6 zu c in Höhe des von ihm gezahlten Betrages. RFH. 26. Juli 27 II A 253/27 (n. v.).
3. In den Fällen des § 5 Abs. 2 ist nach § 10 Abs. 2 die Kommanditgesellschaft für die Steuer haftbar. RFH. 2. Aug. 27 II A 95/27 S. 22, 34 = JndMitt. 1927, 371 = StuW. 1927 Nr. 651 = JW. 1927, 2446 *(mit Bespr. v. Strauß)*.

§ 11.

1. Stichtag für Bewertung von Aktien (Leistung vor Übernahme der neuen Aktien). RFH. 8. Okt. 26 II A 283/26 DVR. 1927, 5.
2. Bei Einbringung eines Handelsgeschäfts in eine Gesellschaft ist dem Werte des Einbringens der stille Geschäftswert hinzuzurechnen. RFH. 14. Dez. 26 II A 371/26 S. 20, 93 = RStBl. 1927, 54 = JndMitt. 1927, 33 = StuW. 1927, 102, 131 = DVR. 1927, 23 = DStBl. 1927, 174.
3. Aufwertbare Schulden sind bei Bemessung des Wertes eines eingebrachten Vermögens nach dem sich nach Aufwertungsrecht regelnden Betrage anzusetzen. RFH. 20. Sept. 27 II A 326/27 (n. v.).

§ 13.

Buchstabe b.

1. Die Vergünstigung des § 13 bezieht sich auf § 6a und § 6b. RFH. 7. Dez. 26 II A 475/26 RStBl. 1927, 71.
2. In Fällen des § 5 Abs. 2 greifen die für Einzahlungen auf Stammkapitalanteile geltenden Steuerermäßigungen auch für die Einzahlungen auf Kommanditanteile Platz. Bei der Feststellung, ob ein Verlust am Eigenkapital eingetreten ist, hat die Berechnung so zu erfolgen, als ob für das Gesamtunternehmen nur eine Gesellschaft als G. m. b. H. bestünde. RFH. 29. Dez. 26 II A 503/26 DVR. 1927, 22.
3. Von einem Verlust am Grundkapital kann nur insoweit die Rede sein, als das Grundkapital eingezahlt war und der Aktivsaldo zur Zeit der Sanierung den Betrag der Einzahlung nicht erreicht. Von einem Verlust an dem auf Gold umgestellten Grundkapital kann nur insoweit die Rede sein, als dem in der Goldmarkeröffnungsbilanz eingestellten Grundkapital ein entsprechendes Reinvermögen gegenüberstand. RFH. 3. Mai 27 II A 113/27 DStZ. 1927, 537 = DVR. 1927, 185 = RStBl. 1927, 182 = DStBl. 1927, 422 = StuW. 1927 Nr. 452.
4. Ist das Grund- oder Stammkapital zunächst nicht voll eingezahlt, so fallen die späteren Einzahlungen selbst dann nicht unter § 13 zu b,

wenn der vorher eingezahlte Teil des Kapitals nicht mehr durch das Reinvermögen der Gesellschaft gedeckt wird. RFH. 24. Juni 27 II A 75/27 S. 21, 239 = LZ. 1927, 1414 = DStBl. 1927, 636 = StuW. 1927 Nr. 662.

5. Die Steuerermäßigung des § 13 zu b findet auf fortlaufende Betriebszuschüsse, durch die der Mangel eines für den Gesellschaftszweck ausreichenden Eigenkapitals ersetzt werden soll, keine Anwendung. RFH. 2. Aug. 27 II A 95/27 S. 22, 34 = IndMitt. 1927, 371 = StuW. 1927 Nr. 661 = JW. 1927, 2446 *(m. Bespr. v. Strauß).*

Keine Anwendung auf Gesellschaftsdarlehen. RFH. 15. März 27 II A 176/27 Nr. 411.

6. Nachträgliche Überschuldung: vgl. zu § 9 Anm. 1.

§ 14.

Rompf, Erstattung von Gesellschaftsteuer beim Nichtvorliegen von Zahlungen oder Leistungen. DStBl. 1927, 158.

1. Ist vor Entstehung einer Gesellschaft Gesellschaftsteuer auf Grund des § 10 Abs. 1 Satz 2 von demjenigen entrichtet, der Geschäfte für die Gesellschaft führt, so ist dieser berechtigt, einen nach § 14 zu erstattenden Gesellschaftsteuerbetrag in Empfang zu nehmen. RFH. 11. März 27 II A 35/27 RStBl. 1927, 127.

2. Vorbereitungshandlungen. RFH. 10. Mai 27 II A 188/27 DVR. 1927, 121.

3. Hat eine Zuzahlung nach § 6 b stattgefunden, so ist § 14 nicht anwendbar, wenn später die Zuzahlung durch Generalversammlungsbeschluß in ein Darlehn umgewandelt wird. RFH. 31. Mai 27 II A 199/27.

4. Keine Erstattung aus § 14, wenn eine G. m. b. H.-Kommanditgesellschaft ins Handelsregister eingetragen ist, ihre Geschäfte begonnen und bis zur von Amts wegen wegen angeblicher Nichtigkeit des Vertrags erfolgten Löschung mehrere Monate geführt hat. RFH. 10. Juni 27 II A 196/27 DVR. 1927, 152.

5. Eine Rückgewähr von Zahlungen und Leistungen kann nicht nur durch bare Rückzahlung, sondern auch durch Aufrechnung mit Forderungen an die Empfangsberechtigten bewirkt werden. RFH. 18. Okt. 27 II A 271/27 DStZ. 1927, 1093 = StA. 1927, 385 = StuW. 1927 Nr. 664.

6. Der in der Entsch. S. 18, 70 für eine Steuererstattung geforderte ursächliche Zusammenhang zwischen Nichtausführung des Gesellschaftsvertrags und Rückgewähr der geleisteten Zahlungen kann nicht allein um deswillen geleugnet werden, weil die Gesellschaft vor der Eintragung in das Handelsregister einen wirtschaftlichen Betrieb aufgenommen hatte, sondern nur, wenn an sich nicht die Absicht bestand, den Vertrag rückgängig zu machen, die wirtschaftlichen Verhältnisse aber zur Einstellung des Betriebs und der Liquidation der Geschäfte und der Betriebsmittel geführt haben. RFH. 15. März 27 II A 34/27 DStZ. 1927, 438 = RStBl. 1927, 126 = DStBl. 1927, 361 = DVR. 1927, 120 = StuW. 1927 Nr. 412.

7. Ist ein Gesellschaftsvertrag nachträglich durch den Rücktritt eines Gesellschafters derart wieder rückgängig gemacht, daß dessen Bin-

dung von Anfang an beseitigt ist, ohne daß die Beteiligten die inzwischen etwa getätigten Geschäfte wirtschaftlich unter sich gelten lassen, so liegen die Voraussetzungen, unter denen die Entscheidung des Senats S. 18, 70 die Rückerstattung der Gesellschaftsteuer wegen Tätigung von Geschäften ablehnt, nicht vor. RFH. 7. Dez. 26 II A 555/26 RStBl. 1927, 45 = DStBl. 1927, 96 = DVR. 1927, 22 = StuW. 1927 Nr. 118.

§ 16.

Kluckhohn, Die Bedeutung der Urkunde für die Gesellschaftsteuer nach Teil 1 B des Kapitalverkehrsteuergesetzes („Andere Erwerbsgesellschaft".) DStBl. 1927, 340.

§ 17.

1. Tragweite des sogenannten Urkundenprinzips. RFH. 20. Sept. 27 II A 284/27 StuW. 1927 Nr. 427.
2. Ist eine offene Handelsgesellschaft durch den Tod eines Gesellschafters aufgelöst, so ist eine steuerfreie Rückverwandlung der entstandenen Abwicklungsgesellschaft in eine volltätige Gesellschaft durch Aufnahme eines neuen Gesellschafters nur möglich, wenn diese auf Beschluß aller Beteiligten, insbesondere der Erben des verstorbenen Gesellschafters, geschieht. RFH. 15. März 27 II A 79/27 S. 20, 304 = DStZ. 1927, 344 = IndMitt. 1927, 132 = DStBl. 1927, 362 = StuW. 1927 Nr. 385.

§ 18.

Kluckhohn, Gesellschaftsteuer bei der Fortsetzung einer offenen Handelsgesellschaft oder Kommanditgesellschaft mit den Erben eines Gesellschafters. IndMitt. 1927, 195.

§ 19.

1. a) § 19 hat das Urkundenprinzip des früheren Stempelrechts übernommen und damit zum Ausdruck gebracht, daß die Richtigkeit des beurkundeten Rechtsgeschäfts nur dann zu berücksichtigen ist, wenn sie sich aus der Urkunde selbst ergibt.
   b) Aus dem Urkundenprinzip des § 19 ergibt sich, daß der Inhalt der Urkunde selbst dann maßgebend bleibt, wenn das wirklich vereinbarte Geschäft höher zu besteuern und wenn das beurkundete Geschäft nur zu dem Zwecke niedergeschrieben worden wäre, um der höheren Steuer zu entgehen. RG. 27. Sept. 27 1 D 134/27 R. 54/27 (n. v.).

§ 23.

1. Keine StPflicht aus § 23, wenn ein Gesellschafter aus einer offenen Handelsgesellschaft ausscheidet, seinen Geschäftsanteil aber als stille Beteiligung beläßt, sofern die Errichtung der offenen Handelsgesellschaft oder der Beitritt des ausscheidenden Gesellschafters bereits eine Steuerpflicht nach KVStG. oder nach RStplG. ausgelöst hatte. RFH. 1. Okt. 26 II A 482/26 DVR. 1927, 5.
2. Ausscheiden eines Gesellschafters aus der offenen Handelsgesellschaft und Beteiligung als stiller Gesellschafter. RFH. 19. Okt. 26 II A 404/26 DStBl. 1927, 46.

3. Für die Frage, ob die Umwandlung eines Anteils an einer offenen Handelsgesellschaft in eine stille Beteiligung nach § 23 steuerpflichtig ist, ist es ohne Bedeutung, ob der umgewandelte Kapitalanteil seitdem die ihm zugrunde liegende Einlage versteuert worden ist, seinen Inhaber gewechselt hat und ob dieser Wechsel nach § 17 zu d steuerpflichtig war oder nach § 18 steuerfrei geblieben ist. RFH. 22. April 27 II A 136/27 S. 21, 120 = IndMitt. 1927, 252 = DVR. 1927, 121 = DStBl. 1927, 422 = StuW. 1927 Nr. 486.
4. Stille Beteiligungen an einer Kommanditgesellschaft unterliegen auch dann nur der Steuer aus § 23, wenn zu den persönlich haftenden Gesellschaftern eine Kapitalgesellschaft gehört. RFH. 5. Aug. 27 II A 372/27 S. 22, 1 = DStZ. 1927, 906 = IndMitt. 1927, 337 = StuW. 1927 Nr. 665 = JW. 1927, 3025 *(mit Bespr. v. Dünkelsbühler)*.

§ 27.

1. Der Senat hält an seiner Auslegung S. 15, 317 fest (Wertpapiersteuer, wenn es nicht zur Ausgabe der Papiere an Dritte kommt). RFH. 7. Jan. 27 II A 628/26 S. 20, 140 = LZ. 1927, 397 = DVR. 1927, 39 = PrVBl. 1927, 487 = StuW. 1927, 262.

§ 35.

Kluckhohn, Zusammentreffen von Börsenumsatzsteuer und Grunderwerbsteuer. ZStFr. 1927, 63. — Derselbe, Börsenumsatzsteuer bei der Abtretung von G. m. b. H.-Anteilen. DVR. 1927, 113. — Mallachow, Umsatzsteuer statt Börsenumsatzsteuer? DStBl. 1927, 580. — Derselbe, Das Anschaffungsgeschäft in der Rechtsprechung des Reichsgerichts und des Reichsfinanzhofs. DVR. 1927, 19. — Derselbe, Die Typen des Anschaffungsgeschäfts. Ind.-Mitt. 1927, 14.

1. Börsenumsatzsteuer bei gleichzeitiger Veräußerung sämtlicher Anteile einer G. m. b. H. RFH. 14. Jan. 27 II A 474/26 DStZ. 1927, 248.
2. Schließt eine Gelegenheitsgesellschaft ein Anschaffungsgeschäft über Wertpapiere ab, so kann das nicht in der Weise geschehen, daß das Eigentum unmittelbar auf den Gesellschafter übergehen soll, dem die Wertpapiere bei der Auseinandersetzung unter den Gesellschaftern später einmal zufallen werden. Im Zweifel ist anzunehmen, daß die Gesellschafter das Eigentum zur gesamten Hand erwerben sollen. RFH. 18. Febr. 27 II A 43/27 StuW. 1927 Nr. 386.
3. Die Abtretung eines Geschäftsanteils einer Grundstücksgesellschaft m. b. H. zur Sicherheit und zu treuen Händen ist börsenumsatzsteuerpflichtig. Daran ändert es nichts, daß die Wirksamkeit des Vertrags von der Zustimmung der übrigen Gesellschafter abhängig gemacht ist oder in dem Abtretungsvertrage gesagt ist, daß der endgültige Übergang des zunächst nur treuhänderisch abgetretenen Geschäftsanteils der Genehmigung sämtlicher Gesellschafter bedürfe. RFH. 5. April 27 II A 664/26 DStZ. 1927, 538 = StuW. 1927 Nr. 487.

§ 36.

1. Wenn zwei Mitgründer einer Aktiengesellschaft sich neben der Übernahme von Aktien für sich verpflichtet haben, 9 Millionen Mark

Aktien zu treuen Händen für die Gründer derart zu übernehmen, daß diese 9 Millionen für die Gesellschaft verwertet werden, und wenn die Gesellschaft sodann diese 9 Millionen an Dritte veräußert, so kann keine Börsenumsatzsteuer für die Verpflichtung der beiden Gründer zur Hingabe der 9 Millionen an die Gesellschaft oder für ein Anschaffungsgeschäft zwischen der Gesellschaft und den dritten Erwerbern erhoben werden, vielmehr sind die letzteren als die ersten Erwerber anzusehen, und der Verwertungserlös kann nur zur Gesellschaftssteuer herangezogen werden. RFH. 14. Jan. 27 II A 550/26 RStBl. 1927, 78 = StuW. 1927 Nr. 255 = DStZ. 1927, 248 = DStBl. 1927, 173 = DVR. 1927, 56.

§ 46.

1. Unter „Geschäften der betreffenden Art" im Sinne von § 46a, b sind Geschäfte in solchen Wertpapieren zu verstehen, die ihrer rechtlichen Natur (als Aktien, Schuldverschreibungen usw.) nach von der gleichen Art wie diejenigen sind, die Gegenstand des Gewerbes des Händlers sind, gleichgültig ob sie auch individuell nach der Person des Ausstellers der Papiere usw. gleicher Art sind. RFH. 23 Nov. 26 II A 438/26 S. 20, 24 = DStBl. 1927, 46 = RStBl. 1927, 78 = StuW. 1927 Nr. 119.

§ 52.

1. Genußscheine, die auf Grund des § 43 Nr. 1 ausgegeben sind, unterliegen als Genußscheine dem Abgabensatze von § 52 Abs. 1d. RFH. 5. Aug. 27 und 21. Okt. 27 II A 252/27 S. 12, 107 = StA. 1927, 385 = IndMitt. 1927, 404 = StuW. 1927 Nr. 666.

§ 56.

Vehlow, Metaverbindung, Börsenumsatz- und Umsatzsteuer. DStZ. 1927, 586.

§ 58.

1. Die die Abwicklung von Metageschäften betreffende Vorschrift § 58 Abs. 4 Satz 1 stellt nicht eine Befreiungsvorschrift dar, deren Anwendbarkeit von der Innehaltung gewisser Förmlichkeiten abhängig gemacht werden kann. RFH. 24. Mai 27 II A 135/27 S. 21, 182 = DVR. 1927, 135 = StuW. 1927 Nr. 667.

§ 63.

1. Der Aufsichtsratssteuer unterlagen nicht Bezüge, die ein Aufsichtsratsmitglied für besondere Tätigkeit erhielt. RFH. 8. Febr. 27 II A 615/26 DStZ. 1927, 438.

§ 65.

1. Eine doppelte Heranziehung zur Aufsichtsratssteuer sowohl nach den Vorschriften des Kapitalverkehrsteuergesetzes wie nach denen des Körperschaftsteuergesetzes 1925 kommt nicht in Frage. RFH. 29. Juli 27 I A 182/27 RStBl. 1927, 204 = DStZ. 1927, 1095 = StuW. 1927 Nr. 692.

§ 70.

Luz, Pauschbesteuerung des Steuermilderungsgesetzes und Rechtskraft. IndMitt. 1927, 193.

§ 71.

1. Ein Erstattungsanspruch ist aus § 71 auch in Fällen gegeben, in denen die Steuer durch Verwendung der Steuermarken nach Vorschrift der AusfBest. durch den Notar zu erfolgen hatte und erfolgt ist. RFH. 8. Febr. 27 II A 601/26 S. 20, 227 = DStZ. 1927, 344 = DVR. 1927, 70 = DStBl. 1927, 240 = StuW. 1927 Nr. 263 = JW. 1927, 1662 *(mit Besprechungen v. Kiese und Kluckhohn).*

18.

Körperschaftsteuergesetz

vom 10. August 1925 (RGBl. I S. 208).

Evers, Körperschaftssteuergesetz. 2. Aufl. (Berlin: Otto Liebmann 1927). — Mirre, Das Privatkonto bei Aktiengesellschaften. ZStFr. 1927, 6. — Wolffheim, Wirtschaftliche Betriebszusammenschlüsse und ihre Auswirkung auf die Einkommensteuer und Körperschaftsteuer. StA. 1927, 46.

§ 2.

Kennerknecht, Öffentliche Betriebe und Verwaltungen als Subjekte der Körperschaftssteuerpflicht. ZStFr. 1927, 2.

1. Auch die Betriebe und Verwaltungen von Vermögensmassen (Stiftungen und Anstalten) des öffentlichen Rechtes fallen unter die Vorschrift des § 2 Nr. 3. Die Übergangsvorschrift in § 32 Abs. 1 Satz 1 kommt nur solchen Betrieben und Verwaltungen nicht zugute, die als Steuersubjekte schon nach bisherigem Körperschaftssteuerrechte steuerpflichtig waren. RFH. 8. März 27 I A 4/27 S. 20, 282 = DStZ. 1927, 345 = DStBl. 1927, 363 = StuW. 1927 Nr. 323 = PrVBl. 49, 69 = JW. 1927, 2237.
2. Lagerhausbetrieb ist kein Versorgungsbetrieb. RFH. 24. Mai 27 I A 126/27 StuW. 1927 Nr. 488.

1. a) Die V. über Vergünstigungen beim Steuerabzuge vom Kapitalertrage vom 13. Febr. 1926 hat Gesetzeskraft, ihre Verletzung vermag also die Rechtsbeschwerde zu begründen.
b) Die Befreiungsvorschriften der V. über Vergünstigungen beim Steuerabzuge vom Kapitalertrage vom 13. Febr. 1926 § 1 Buchst. a und des Körperschaftsteuergesetzes 1925 § 3 Abs. 3 ergreifen auch die politischen Gemeindeverbände, die sich als Zwischenstufen zwischen Ländern und einzelnen Gemeinden darstellen, wie Provinzen, Kreise.
c) Die Befreiung findet nur statt, wenn gerade dasjenige Land und diejenige Gemeinde, denen die Kapitalerträge zugeflossen sind, auch

im Besitze von mehr als einem Viertel der Anteile gewesen ist. RFH. 5. April 27 I A 363/26 u. 8. Juli 27 S. 21, 331 = StuW. 1927 Nr. 594, 671.

2. Wegen der Organeigenschaft vgl. zu § 10.

§ 4.

Abs. 1.

1. Rechtsform als Körperschaftssteuermerkmal ohne Erwerbszweck und Gewinn. RFH. 8. Febr. 27 I A 14/27 StA. 1927, 223.
2. Eine nichteingetragene Absatzgenossenschaft gehört zu den körperschaftssteuerpflichtigen Erwerbsgesellschaften. RFH. 8. März 27 I B 142/26 StuW. 1927 Nr. 325.

Abs. 2.

3. Stiftungen, die nach ihrer Zweckbestimmung keine subjektive Steuerbefreiung für sich beanspruchen können, sich aber im Erwerbsleben ähnlich wie Erwerbsgesellschaften betätigen, sind nach den für Erwerbsgesellschaften vorgesehenen Steuersätzen zur Körperschaftsteuer heranzuziehen. RFH. 7. Jan. 27 I A 399/26 RStBl. 1927, 60 Nr. 49.
4. Für die Frage des Hinausgehens des Geschäftsbetriebs über den Kreis der Mitglieder ist bei den Produktivgenossenschaften im Sinne des § 1 Nr. 4 GenG. zwischen der eigentlichen Produktion und dem Verkaufe zu unterscheiden. Sobald an der Produktion regelmäßig Nichtgenossen teilnehmen, beschränkt sich die Genossenschaft nicht mehr auf den Kreis ihrer Mitglieder. Dagegen kann sich der Verkauf der Produkte nicht auf die Mitglieder beschränken, können vielmehr diese Geschäfte auch mit Dritten abgeschlossen werden und bedeuten dann nicht ein Hinausgehen über den Kreis der Mitglieder. RFH. 15. März 27 I A 301/26 S. 21, 40 = DStBl. 1927, 423 = StuW. 1927 Nr. 413.
5. Gewerbs- oder gewohnheitsmäßiges Hinausgehen über den Kreis der Mitglieder ist nicht Voraussetzung für den Ausschluß der Befreiung, auch nicht ein die steuerliche Mehrbelastung überwiegender Gewinn an Geschäften mit Nichtmitgliedern. RFH. 5. April 27 I A 86/27 RStBl. 1927, 213 = StuW. 1927 Nr. 387.
6. Die Rechtsauffassung, daß schon jeder geschäftliche Verkehr mit Nichtmitgliedern an und für sich als ein Hinausgehen über den Kreis der Mitglieder mit der Wirkung des Verlustes der Steuerfreiheit zu gelten hätte, ist unzutreffend. Eine Ausdehnung des Geschäftsbetriebes über den Kreis der Mitglieder liegt nur dann vor, wenn die Genossenschaft Geschäfte, die nach dem Gegenstande des Unternehmens mit den Mitgliedern zur Förderung von deren Wirtschaft und Erwerb abgeschlossen werden sollen, auch mit anderen Personen abschließt; sie liegt nicht vor, wenn mit Nichtmitgliedern unter besonderen Umständen oder aus besonderer zwingender Veranlassung vorübergehend und gelegentlich solche Geschäfte abgeschlossen werden. RFH. 19. Okt. 27 I A 263/27 RStBl. 1927, 262 = StuW. 1927 Nr. 673
7. Steht fest, daß ein in der Rechtsform einer Genossenschaft betriebener und einem Revisionsverband angehörender Konsumverein Waren auch an Nichtmitglieder verkauft hat, so wird die Steuerpflicht nicht durch den Einwand beseitigt, daß der Konsumverein seinem

Personale die Abgabe von Waren an Nichtmitglieder verboten und dieses Verbot auch in seinen Läden durch Schilder bekanntgemacht habe. Es muß vielmehr zum mindesten verlangt werden, daß der Konsumverein die Verwirklichung seines Willens, nur Mitglieder zu beliefern, durch entsprechende Kontrolle des Verkaufspersonals und der Käufer gesichert hat. RFH. 22. Nov. 27 I A 267/27 RStBl. 1927, 262 = StuW. 1927 Nr. 672.

8. Auch für das Körperschaftsteuerrecht hält der I. Senat an seiner Rechtsauffassung fest, daß der sich auf den Kreis der Mitglieder beschränkende Geschäftsbetrieb einer eingetragenen Erwerbs- oder Wirtschaftsgenossenschaft, die einem Revisionsverband angeschlossen ist, einen Gewerbebetrieb nicht darstellt. RFH. 30. Nov. 26 I A 372/26 S. 20, 130 = DStBl. 1927, 175.

§ 9.

1. Zu den Zweckvermögen im Sinne des § 16 Abs. 3b der DurchfBO. v. 17. Mai 26 gehören auch die Zweckvermögen mit Rechtspersönlichkeit; darum wird die ausschließliche Gemeinnützigkeit rechtsfähiger Stiftungen gleichfalls nach dieser Vorschrift zu prüfen sein. RFH. 19. Juli 27 I A 218/27 S. 21, 301 = StA. 1927, 320 = StuW. 1927 Nr. 676.
2. Die Deutsche Reichsbahn-Gesellschaft ist gemäß § 9 Abs. 2 Satz 1 von der beschränkten Körperschaftsteuerpflicht befreit. RFH. 22. Aug. 27 I D 2/27 S. 22, 38 = StA. 1927, 355 = StuW. 1927 Nr. 670.
3. Eine Genossenschaft kann nicht schon um deswillen als ausschließlich gemeinnützig anerkannt werden, weil sie ihren Mitgliedern die Befriedigung lebenswichtiger Bedürfnisse ermöglicht. RFH. 27. Sept. 27 I A 331/27 S. 22, 86 = StA. 1927, 385 = StuW. 1927 Nr. 674.
4. Eine Loge, deren unmittelbarer Zweck u. a. in der sittlichen Vervollkommnung ihrer Mitglieder besteht, kann nicht als ausschließlich gemeinnützig anerkannt werden, da bei den strengen Aufnahmebestimmungen die Logenmitglieder einen engeren Personenkreis darstellen. RFH. 27. Sept. 27 I A 317/27 S. 22, 89 = StA. 1927, 386.
5. Die Erziehungsanstalten der katholischen Kirche dienen ausschließlich und unmittelbar kirchlichen Zwecken, wenn ihre Zöglinge die Schulbildung abgeschlossen haben und in die Ausbildung für den Priesterstand eingetreten sind. Werden die Zöglinge aber vor Abschluß der Schulausbildung aufgenommen, so steht die Anstalt jeder anderen der Beherbergung, Verpflegung und Beaufsichtigung von Schülern dienenden Anstalt gleich. PrOVG. 11. März 20 7 D 181/26 29/27 (n. v.).
6. Voraussetzungen für die Anerkennung der Gemeinnützigkeit eines Kreditinstituts sind billige Kreditgewährung und vorsichtige Kapitalanlage. RFH. 5. April 27 I B 8/27 RStBl. 1927, 213 = StuW. 1927 Nr. 389.
7. Kontokorrentverkehr mit Krediteinräumung als Teil des eigentlichen Sparkassenverkehrs. RFH. 12. Nov. 26 I D 4/26 DStBl. 1927, 47 = PrVBl. 48, 297.

8. Für das Körperschaftsteuergesetz v. 10. Aug. 1925 wird daran festgehalten, daß als Berufsverband nur eine Vereinigung angesehen werden kann, die aus dem Beruf erwachsene Interessen ihrer Mitglieder vertritt und die deshalb nur Angehörige desselben Berufs oder doch nahe verwandter, durch natürliche Interessengemeinschaft verknüpfter Berufe zu Mitgliedern zählen wird. RFH. 4. März 27 I A 56/27 S. 20, 308 = DStBl. 1927, 364 = StuW. 1927 Nr. 326 = PrVBl 49, 70 = JW. 1927, 1501 *(mit Bespr. v. Rheinstrom).*

§ 10.

Abraham, Stellt der durch Verzicht eines Gläubigers auf seine Forderung sich für den Schuldner ergebende wirtschaftliche Vorteil bei einer gewerbetreibenden Erwerbsgesellschaft Einkommen aus Gewerbebetrieb dar? Kann eine solche Gesellschaft überhaupt anderes Einkommen als Einkommen aus Gewerbebetrieb haben? IndMitt. 1927, 196. — Mirre, Verschleierte Gewinnausschüttungen. DStZ. 1927, 948.

1. Einkommen. Das Einkommen jeder Art wird bei den zur kaufmännischen Buchführung verpflichteten Erwerbsgesellschaften wie gewerbliches Einkommen ermittelt und steuerlich behandelt. RFH. 19. Okt. 27 I A 3/27 DStZ. 1927, 1094 = StA. 1927, 386 = IndMitt. 1927, 399 = StuW. 1927 Nr. 677.

2. — Die Einkünfte einer Erwerbs- oder Wirtschaftsgenossenschaft, die einem Revisionsverband angeschlossen ist und ihren Geschäftsbetrieb auf den Kreis der Mitglieder beschränkt, sind nicht Einkünfte aus Gewerbebetrieb, sondern solche aus sonstiger selbständiger Berufstätigkeit, bleiben bei Ermittlung des Einkommens der Genossenschaft, sofern sie unbeschränkt steuerpflichtig ist, außer Betracht und können auch nicht in Form der Gewinnausschüttungsteuer von der Körperschaftsteuer erfaßt werden. RFH. 30. Nov. 26 I A 372/26 S. 20, 130 = DStBl. 1927, 175.

3. Organgesellschaft. Zur Frage, wann eine gewerblich tätige juristische Person, z. B. eine Gesellschaft m. b. H., steuerrechtlich der Selbständigkeit entbehrt, d. i. als bloßes Glied (Organ) oder Angestellter eines anderen geschäftlichen Unternehmens gelten kann. RFH. 11. Nov. 27 I A 75/27 S. 22, 183 = StuW. 1927 Nr. 669.

4. — Eine juristische Person kann ebenso wie eine physische Person z. T. einen selbständigen Gewerbebetrieb ausüben, z. T. als Angestellte eines anderen Unternehmens tätig werden. RFH. 13. Mai 27 I A 254/26 S. 21, 166 = IndMitt. 1927, 214 = StA. 1927, 317 = LZ. 1927, 1482 = StuW. 1927 Nr. 738 = JW. 1927, 2444 *(mit Bespr. v. Rheinstrom).*

5. — Zur Frage, unter welchen Voraussetzungen eine juristische Person, z. B. die Gesellschaft m. b. H., als Angestellte — als bloßes Organ — eines anderen geschäftlichen Unternehmens, z. B. einer Aktiengesellschaft, angesehen werden kann. RFH. 23. Nov. 26 I B 101/26 S. 20, 46 = IndMitt. 1927, 29 = DStBl. 1927, 47 = ZStFr. 1927, 42 = StuW. 1927, 415, 463, 464 = DJZ. 1927, 676.

6. Versteckte Gewinnausschüttungen. Solche können nach § 10 Abs. 2 a als Mindesteinkommen besteuert werden. RFH. 23. März

1927 I A 73/27 IndMitt. 1927, 248 = StuW. 1927 Nr. 390 = JW. 1927, 2549 *(mit Bespr. v. Rheinstrom).*

7. — Umsatzvergütungen als versteckte Gewinne. RFH. 14. Juni 1927 I A 147/27 S. 21, 275 = IndMitt. 1927, 275 = StuW. 1927 Nr. 682.

8. — Vergütungen für Geschäftsführer einer Gesellschaft m. b. H. als versteckte Gewinnverteilung. RFH. 23. März 1927 I A 73/27 DStBl. 1927, 424 = StuW. 1927 Nr. 390 = JW. 1927, 2549 *(mit Bespr. v. Rheinstrom).*

9. — Tantiemen als abzugsfähige Werbungskosten oder als verdeckte Gewinnausschüttung. RFH. 16. Nov. 26 I A 335/26 S. 21, 1 = IndMitt. 1927, 29 = DStBl. 1927, 96 = StuW. 1927, 297.

10. — a) Gewinnausschüttung in einem Steuerabschnitte durch vorweggenommene Abtretung der künftigen Erträge bestimmter Einkommensquellen kann unter Umständen wirtschaftlich gerechtfertigt sein. Nur müssen dann die steuerlichen Folgerungen im Jahre des Abschlusses solcher Verträge gezogen werden.
b) Als vorweg genommene Gewinnausschüttungen gelten und dem ausgewiesenen Bilanzgewinne der Erwerbsgesellschaften hinzuzurechnen sind Ausschüttungen, die im Laufe des Geschäftsjahres erfolgt sind, auf die damals ein Rechtsanspruch der Gesellschafter noch nicht bestand und die den Gewinn dieses Geschäftsjahrs gemindert haben. RFH. 19. Okt. 27 I A 3/27 DStZ. 1927, 1094 = IndMitt. 1927, 399 = StuW. 1927 Nr. 677.

11. Schonzeit. Von einer Anwendung des § 10 Abs. 2a ist in den ersten drei auf die Geldentwertungszeit folgenden Geschäftsjahren regelmäßig abzusehen. RFH. 23. März 27 I A 73/27 StuW. 1927 Nr. 390 = JW. 1927, 2549 *(mit Bespr. v. Rheinstrom).*

12. — In den drei auf die Geldentwertungszeit folgenden Geschäftsjahren ist regelmäßig von einer Anwendung des § 10 Abs. 2a abzusehen. Das trifft insbesondere zu in all den Fällen, in denen nach dem Erlasse des RMdF. III e 1900 vom 3. April 26 unter VIII, 2 Abs. 2 Satz 5 die Heranziehung unterbleiben soll. RFH. 29. April 27 I A 402/26 S. 21, 128 = IndMitt. 1927, 212 = StuW. 1927 Nr. 453.

13. — In den ersten drei, der Geldentwertung folgenden Jahren unterbleibt die Anwendung des § 10 Abs. 2a auch dann, wenn die nach der II. StNVO. oder dem StÜberlG. entrichteten Vorauszahlungen im Verhältnis zum Gewinn nur geringfügig waren. RFH. 5. Juli 27 I A 217/27 StuW. 1927 Nr. 454.

14. — Es entspricht im allgemeinen der Billigkeit, die Ausschüttung von steuerfreien Vermögenszugängen, z. B. einer nach § 19 der V. über Goldbilanzen vom 28. Dezbr. 1923 steuerfrei gebildeten Reserve, in den auf die Entstehung folgenden drei Geschäftsjahren ebenso von der Gewinnausschüttungsteuer freizulassen wie die Ausschüttung von versteuerten Einkünften. RFH. 13. Juli 27 I A 239/27 RStBl. 1927, 178 = DStZ. 1927, 808 = StuW. 1927 Nr. 455.

15. — a) Die Rechtsmittelbehörden haben von Amts wegen unter Beachtung des § 6 AO. zu prüfen, ob von der Ermessenvorschrift in § 10 Abs. 2 Buchst. a Gebrauch zu machen ist.

b) Der Umstand allein, daß die Gewinnausschüttung das ausgewiesene Einkommen des Steuerabschnitts um 8 v. H. überschritten hat, genügt nicht, die Anwendung der Vorschrift zu begründen. RFH. 4. März 27 I A 60/27 S. 20, 280 = StuW. 1927 Nr. 90 *(dazu Becker das. S. 581)* = DStBl. 1927, 439 = StuW. 1927 Nr. 328 = DStBl. 1927, 541 = JW. 1927, 1721.

16. Vertragliche Zusicherung. Eine nach dem Umsatz zu berechnende Vergütung für die Geschäftsführer ist auch dann als vertraglich zugesichert anzusehen, wenn der Prozentsatz nach billigem Ermessen festzusetzen ist. RFH. 11. Jan. 27 I A 388/26 DStZ. 1927, 249.

17. — Eine vertragliche Zusicherung im Sinne des § 10 Abs. 2 b ist jede bindende Vereinbarung, mag diese im Gesellschaftsvertrag oder in einem Anstellungsvertrag oder in einem besonderen Vertrage getroffen sein. Die Vereinbarung kann auch stillschweigend in der Weise getroffen sein, daß die durch Beschluß der Gesellschafterversammlung festgesetzten Vergütungen ohne ausdrücklichen Vertrag tatsächlich gezahlt und von den Empfängern angenommen werden. RFH. 23. März 27 I A 73/27 StuW. 1927 Nr. 390 = JW. 1927, 2549 *(mit Bespr. v. Rheinstrom).*

18. — a) Eine vertragliche Zusicherung im Sinne des § 10 Abs. 2 b ist jede bindende Vereinbarung, auch wenn sie nicht im Gesellschaftsvertrage oder im Anstellungsvertrage, sondern in einem besonderen Vertrage und nur für ein bestimmtes Geschäftsjahr getroffen ist. In einem solchen Falle kann aber eine versteckte Gewinnverteilung vorliegen.

b) Die Hinzurechnung von Tantiemen usw. ist nach den Grundsätzen von Recht und Billigkeit (§ 6 AO.) namentlich dann gerechtfertigt, wenn die gewährten Gesamtvergütungen im Verhältnis zum Werte der Dienstleistungen und zur Größe des Unternehmens als übermäßig hoch angesehen werden müssen. Auch der Umstand, daß die Empfänger in nahen verwandtschaftlichen Beziehungen zu den Gesellschaftern stehen, kann für die Hinzurechnung mit in Betracht kommen. RFH. 11. Jan. 27 I A 409/26 S. 20, 169 = IndMitt. 1927, 67 = ZStFr. 1926, 39 = DStBl. 1927, 175 = JW. 1927, 1114 *(mit Bespr. v. Rosendorff).*

§ 11.

Baier, Ermittlung des körperschaftssteuerpflichtigen Gewinns bei öffentlichen und dem öffentlichen Verkehre dienenden Sparkassen, sowie den Sparkassen der Genossenschaften und Genossenschaftszentralen gemäß § 11 Abs. 2 Körperschaftssteuergesetz. DStBl. 1927, 216.

1. Soweit Kapitalerträge innerhalb einer sonstigen selbständigen Berufstätigkeit anfallen, gelten sie regelmäßig als Einkünfte aus dieser Tätigkeit und nicht als Einkünfte aus Kapitalvermögen. Hierdurch wird jedoch die Vornahme des Steuerabzugs vom Kapitalertrage gemäß § 83 nicht berührt. RFH. 5. Juli 27 I A 212/27 S. 21, 281 = DStZ. 1927, 906 = StuW. 1927 Nr. 577, 680 = JW. 1927, 3023 *(mit Bespr. v. Rheinstrom).*

2. Das Schachtelprivileg führt nicht dahin, daß die Muttergesellschaft Verluste, welche die Tochtergesellschaft im Steuerabschnitt er-

litten hat, von ihrem, der Muttergesellschaft, zu versteuernden Gewinn abziehen dürfte. RFH. 13. Mai 27 I A 58/27 IndMitt. 1927, 213 = DStBl. 1927, 637 = StuW. 1927 Nr. 679.

3. Das Schachtelprivileg gilt nicht, wenn die Tochtergesellschaft im Inland weder beschränkt noch unbeschränkt steuerpflichtig ist, auch zwischen dem Deutschen Reiche und dem Staate, dem sie angehört, kein Doppelsteuervertrag besteht, der die Heranziehung des Einkommens der Tochtergesellschaft zur deutschen Körperschaftsteuer verbietet. RFH. 4. Nov. 27 I A 131/27 S. 22, 144 = IndMitt. 1927, 399 = StuW. 1927 Nr. 678.

§ 13.

1. Die vom RFH. für das alte Körperschaft- und Einkommensteuergesetz aufgestellten Grundsätze, daß eine gewerbetreibende Erwerbsgesellschaft regelmäßig nur Betriebsvermögen haben kann und infolgedessen die von ihr bei der Veräußerung von Grundeigentum erzielten Gewinne, auch wenn dieses nicht dem Betriebe diente, der Körperschaftsteuer unterliegen (S. 15, 200), und daß die Sondervorschriften des EinkStG. über die Besteuerung von Veräußerungsgewinnen dann keine Anwendung finden (S. 11, 249), haben auch für das neue Recht ihre Gültigkeit behalten. RFH. 22. April 27 I A 96/27 S. 21, 123 = IndMitt. 1927, 203 = DStZ. 1927, 1484 = DStBl. 1927, 592 = StuW. 1927 Nr. 681 = JW. 1927, 2445 *(mit Bespr. v. Straub).*

§ 14.

Bauer, Die Steuerfreiheit gemeinnütziger oder mildtätiger Zuwendungen bei der Körperschaftssteuer. DStZ. 1927, 526. — Krombach, Sind Zuweisungen auf Pensionsfondskonto abzugsfähig? DStB. 1927, 518. — Mallachow, Zur Steuerfreiheit industrieller Pensions- und Wohlfahrtskassen. IndMitt. 1927, 267.

1. Aufwendungen einer Erwerbsgesellschaft zu gemeinnützigen oder wohltätigen Zwecken können, auch soweit die Voraussetzungen des § 14 Nr. 1 nicht vorliegen, als Werbungskosten abzugsfähig sein, sofern sie nämlich dem geschäftlichen Interesse auch nur mittelbar zu dienen bestimmt sind. Diese Voraussetzung ist gegeben, wenn die Aufwendungen nach Art und Höhe bei Geschäften gleicher Art als üblich anzusehen sind, und wenn sich ihnen die Gesellschaft mit Rücksicht auf ihre Stellung im Erwerbsleben bei vernünftiger Abwägung ihrer Aufgaben und Interessen nicht entziehen kann. Soweit dagegen derartige Ausgaben außer Verhältnis zur Bedeutung des Unternehmens und zu den entsprechenden Ausgaben der Berufsgenossen stehen, sind sie nicht abzugsfähig. RFH. 23. März 27 I A 17/27 RStBl. 1927, 124 = IndMitt. 1927 Nr. 211, 330.

2. Abzugsfähige Sonderleistungen können vorliegen, auch wenn der einzelne bestimmte Verwendungszweck in der Satzung, Stiftung oder sonstigen Verfassung nicht genannt ist. Andererseits genügt es nicht, wenn die Satzungen und dgl. eine Verwendung von Mitteln zu lediglich gemeinnützigen oder mildtätigen Zwecken vorsehen. Es muß vielmehr die Verwendung für den engeren Kreis der ausschließlich gemeinnützigen oder mildtätigen Zwecke bindend fest-

gelegt sein. RFH. 13. Mai 27 I A 119/27 S. 21, 154 = IndMitt. 1927, 210 = DStBl. 1927, 639 = StuW. 1927 Nr. 689.

3. Bei subjektiv steuerpflichtigen Stiftungen sind die Beträge, die satzungsmäßig zu ausschließlich gemeinnützigen oder mildtätigen Zwecken verwendet werden, nicht nach § 14 Nr. 1 steuerfrei, sondern nach § 17 Nr. 2 steuerpflichtig. RFH. 19. Juli 27 I A 218/27 S. 21, 301 = StA. 1927, 320 = StuW. 1927 Nr. 676.

4. Die Leistungen einer Pensionskasse müssen grundsätzlich in laufenden, im Regelfalle lebenslänglichen Zahlungen bestehen. RFH. 25. Okt. 27 I A 410/27 S. 22, 119 = IndMitt. 1927, 398 = StuW. 1927 Nr. 690.

§ 15.

Abraham, Die Abzugsfähigkeit der Gründungskosten gewerbetreibender Erwerbsgesellschaften bei der Veranlagung zur preußischen Gewerbeertragsteuer und Reichskörperschaftsteuer, sowie der Begriff der Gemeinnützigkeit nach der neuesten Rechtsprechung des Reichsfinanzhofs. IndMitt. 1927, 229. — Becker, Bemerkungen aus der Praxis zu § 15 Nr. 3 des Körperschaftsteuergesetzes. ZStFr. 1927, 249. — Eckstein, Unterbilanz und Körperschaftsteuer. IndMitt. 1927, 259. — Fürnrohr, Unterbilanz und Steuer. StuW. 1927, 651. — Derselbe, Unterbilanz und Steuern. (Berlin: Spaeth u. Linde 1927). — Kennerknecht, Das Gutachten des Reichsfinanzhofs über die Unterbilanz im Sinne des § 15 Nr. 3 KörpStG. DStZ. 1927, 391. — Dr. Kratz, Die steuerfreie Abdeckung von Unterbilanzen nach § 15 Nr. 3 des Körperschaftsteuergesetzes 1925. StA. 1927, 11. — Lion, Das Gutachten des Reichsfinanzhofs über die Unterbilanz in seiner Bedeutung für das Recht der Steuerbilanz. ZStFr. 1927, 98. — Mirre, Unterbilanz und Kapitalentwertungskonto. ZStFr. 1927, 100.

1. a) Für die Entscheidung der Frage, ob und in welcher Höhe eine Unterbilanz im Sinne des § 15 Nr. 3 vorliegt, ist nicht die unberichtigte Handelsbilanz, sondern die auf Grund der steuerlichen Vorschriften berichtigte Handelsbilanz (Steuerbilanz) maßgebend.

b) Auch ein im Jahre 1924 zu Ende gegangenes Wirtschaftsjahr kann als ein früherer Steuerabschnitt im Sinne des § 15 Nr. 3 angesehen werden. Für § 15 Nr. 3 kommt nicht jede Unterbilanz, die in der steuerlichen Eröffnungsbilanz ausgewiesen wird, in Betracht, sondern nur diejenige, die durch Verluste seit der steuerlich richtig aufgemachten Goldmarkeröffnungsbilanz eingetreten ist. Von der steuerlich richtig berechneten Unterbilanz in der Steuereröffnungsbilanz sind daher insbesondere abzuziehen die Beträge, die als steuerliches Kapitalentwertungskonto in der Goldmarkeröffnungsbilanz anzusehen waren.

c) Eine Unterbilanz im Sinne des § 15 Nr. 3 liegt nicht vor, wenn nach der Steuerbilanz das Reinvermögen

α) infolge Bilanzberichtigung nach den §§ 106, 107, 108 Abs. 2 EinkStG.,

β) infolge Bilanzberichtigung nach § 108 Abs. 1 EinkStG. hinter dem Grund- oder Stammkapitale zurückbleibt.

d) Solange das Grund- oder Stammkapital durch das steuerlich richtig bewertete Vermögen nicht voll gedeckt ist, können durch Gewinnausschüttungen entstehende oder vergrößerte steuerliche Unterbilanzen nicht steuerfrei getilgt werden. Denn die auf diese Weise rechnerisch entstehenden steuerlichen Unterbilanzen beruhen nicht, wie § 15 Nr. 3 fordert, auf einem Verluste, der das Grundkapital angegriffen hätte.

e) Eine Unterbilanz im Sinne des § 15 Nr. 3 liegt nicht vor, soweit in der Steuerbilanz dem hier ausgewiesenen Verluste

α) eine bei der Umstellung auf Goldmark gebildete offene Reserve,

β) eine infolge Bilanzberichtigung nach § 108 Abs. 1 EinkStG. aufgelöste stille Reserve,

γ) eine infolge Bilanzberichtigung nach § 108 Abs. 1 EinkStG. als Gegenposten zu einer aufgewerteten Forderung eingestellte Reserve,

δ) eine aus einem Aktienausgabeagio gebildete Reserve,

ε) eine aus steuerfreien Gewinnausschüttungen einer Tochtergesellschaft an ihre Muttergesellschaft gebildete Reserve gegenübersteht. RFH. 15. Febr. 27 I D 5/26 S. 20, 325 = JndMitt. 1927, 167 = DStBl. 1927, 291 = StuW. 1927, 169.

2. Auch ein mit der Goldmarkeröffnungsbilanz begonnenes, im Jahre 1924 zu Ende gegangenes Wirtschaftsjahr kann als ein früherer Steuerabschnitt im Sinne des § 15 Nr. 3 angesehen werden, so daß auch auf eine Unterbilanz, die in der steuerlichen Eröffnungsbilanz in die Erscheinung tritt, der § 15 Nr. 3 Anwendung finden kann. Für die Prüfung der Frage, ob bei der Steuereröffnungsbilanz ein nach § 15 Nr. 3 steuerlich beachtlicher Verlust vorliegt, muß dann das in der Goldmarkeröffnungsbilanz ausgewiesene Vermögen unter Anwendung der Vorschriften der §§ 104—110 EinkStG. umgerechnet werden, ebenso wie das in der steuerlichen Eröffnungsbilanz für den Beginn des ersten Körperschaftsteuerabschnitts geschehen ist. RFH. 29. März 27 I A 245/26 S. 21, 48 = StuW. 1927 Nr. 391 = DStBl. 1927, 633.

3. Als früherer Steuerabschnitt im Sinne des § 15 Nr. 3 gilt auch ein im Jahre 1924 zu Ende gegangenes Geschäftsjahr. RFH. 10. Mai 27 I A 71/27 S. 21, 44 = StuW. 1927 Nr. 691.

§ 17.

Mirre, Das Privatkonto bei Aktiengesellschaften. ZStFr. 1927, 6.

§ 21.

1. Die „letzte Veranlagung zur Vermögensteuer" i. S. des § 21 Nr. 2 ist die Vermögensteuerveranlagung auf den Stichtag, der dem Schlusse des für die Körperschaftsteuer maßgebenden Steuerabschnitts unmittelbar vorhergeht oder mit ihm zusammenfällt. RFH. 8. Febr. 27 I A 14/27 RStBl. 1927, 86 = DStZ. 1927, 345 = DStBl. 1927, 241 = StuW. 1927 Nr. 264 = StA. 1927, 223.

2. In den Fällen des § 21 Nr. 2 darf die Stammkapitalziffer nicht um den Betrag eines Kapitalentwertungskontos (§ 6 GoldbilVO.) herabgesetzt werden. RFH. 10. Mai 27 I A 72/27 S. 21, 159 = JndMitt. 1927, 211 = DStBl. 1927, 639 = StuW. 1927 Nr. 693.

§ 24.

1. Der I. Senat schließt sich für die Rechtsprechung zur Körperschaftsteuer der im Gutachten S. 20, 164 — vgl. zu § 102 EinkStG. Anm. 1 — entwickelten Ansicht an, daß im Falle einer Überzahlung der im Steuerbescheide festgesetzten Steuerschuld durch Vorauszahlungen und durch Steuerabzugsbeträge vom Kapitalertrage nur die Vorauszahlungen erstattet werden können. RFH. 29. März 27 I A 79/27 RStBl. 1927, 119 = StuW. 1927 Nr. 334.

2. Die Erstattungsvorschrift des § 94 findet auf die Körperschaftsteuer keine Anwendung. RFH. 5. April 27 I A 62/27 S. 21, 60 = JndMitt. 1927 Nr. 252, 318, 333.

§ 25.

Rosendorff, Die Erstattung des Steuerabzugs vom Kapitalertrag bei Holdinggesellschaften. DStZ. 1927, 421.

1. Auch die Bestimmungen der §§ 24, 25 über die Entrichtung des Steuerabzugs vom Kapitalertrage sind auf den Beginn des Steuerabschnitts zurückzubeziehen. Daher sind überzahlte Steuerabzüge von sogenannten Schachtelgewinnen, die der Obergesellschaft im Steuerabschnitte vor Inkrafttreten des Körperschaftsteuergesetzes 1925 unter der Herrschaft der II. StRVO. zugeflossen waren, zu erstatten. RFH. 29. März 27 I A 371/26 S. 21, 56 = JndMitt. 1927, 211 = DStBl. 1927, 541 = StuW. 1927 Nr. 456.

§ 30.

1. § 30 Abs. 2, der sich mit dem Kapitalentwertungskonto befaßt, ist ungenau gefaßt. Er kann nur sinngemäß Anwendung finden, indem man an Stelle des in ihm genannten Kapitalentwertungskontos nach § 5 Abs. 2 GoldbilVO. ein nach entsprechenden Grundsätzen eingestelltes steuerliches Kapitalentwertungskonto zugrunde legt. RFH. 15. Febr. 27 I D 5/26 S. 20, 325 = StuW. 1927 Nr. 165, 169. Vgl. zu § 15 Anm. 1.

§ 32.

1. Wegen der Vorschrift im § 32 Abs. 1 Satz 1 vgl. zu § 2 Anm. 1.

19.

Kraftfahrzeugsteuergesetz

vom 8. April 1922 (RGBl. S. 396) in der Fassung der Bek. vom 19. Mai 1926 (RGBl. I S. 239).

Kluckhohn, Die Person des Steuerschuldners nach dem neuen Kraftfahrzeugsteuergesetz. DVR. 1927, 1. — Trautvetter, Zum Problem der Betriebsstoffsteuer. ZfZ. 1927, 12.

§ 1.

1. Sogenannte Autoturmwagen, d. i. motorisch angetriebene Gerüstwagen, die dazu dienen, daß von ihnen aus die elektrischen Oberleitungen der Straßenbahnen in Ordnung gebracht werden, unterliegen der Kraftfahrzeugsteuer nicht. RFH. 29. Dez. 26 II A 613/26 S. 20, 123 = BR. 1927, 92 = PrVBl. 1927, 300 = DVR. 1927, 42 = StA. 1927, 118 = DStBl. 1927, 241 = StuW. 1927 Nr. 265. Aufrechterhalten RFH. 3. Mai 27 II A 181/27 S. 21, 127.

§ 2.

Nr. 2.

1. Auch ein Karussell oder eine Schiffschaukel können als Geräte im Sinne des § 2 Nr. 2 angesehen werden. RFH. 19. Aug. 27 II A 338/27 RStBl. 1927, 205 = StA. 1927, 351 = StuW. 1927 Nr. 668.

Nr. 3.

2. Lastkraftwagen, die zur Beförderung von Kurvenschmiermitteln und -geräten und der dazu erforderlichen Mannschaften dienen, haben keinen Anspruch auf Steuerfreiheit; denn das Schmieren der Kurven der Straßenbahngeleise bezweckt lediglich die Dämpfung des mit dem Befahren der Kurven verbundenen Geräusches, hat aber mit der Straßenreinigung als solcher nichts zu tun. RFH. 10. Juni 27 II A 142/27 RStBl. 1927, 163 = DVR. 1927, 122 = StA. 1927, 315 = DStBl. 1927, 641 = StuW. 1927 Nr. 491.

3. a) Gelegentliche Verwendung des Fahrzeugs zu steuerpflichtigen Zwecken. Ist ein bisher zu steuerbegünstigten Zwecken verwendetes Kraftfahrzeug zeitweise einem die Steuerpflicht begründeten Gebrauche zugeführt worden, so ist die Steuer auf den gesetzlich zulässigen kürzesten StZeitraum zu entrichten, sofern nicht die Absicht, das Fahrzeug je nach Bedürfnis zu dem einen oder anderen Zwecke zu verwenden, schon vorher bestand oder über diesen Zeitraum hinaus sich erstreckte.
b) Die StFreiheit wird nicht dadurch ausgeschlossen, daß ein bisher ausschließlich zu dem begünstigten Zwecke verwendetes Lastkraftfahrzeug gelegentlich und ohne Entgelt zur Personenbeförderung benutzt wird. RFH. 5. Okt. 26 II A 370/26 DVR. 1927, 7 = JW. 1927, 1795 *(mit Bespr. v. Peters)*.

4. Gefangenentransportwagen der Justizverwaltung sind steuerfrei. RFH. 1. Juli 27 II A 295/27 S. 21, 232 = DVR. 1927, 122 = StuW. 1927 Nr. 492 = DStZ. 1927, 1346.

§ 4.

1. Bei Kraftfahrzeugen, die zur Beförderung der Musterkoffer von Geschäftsreisenden bestimmt sind und zugleich außer dem Führersitz einen Platz für den Geschäftsreisenden enthalten, muß bei der Entscheidung, ob es sich um Personen- oder Lastkraftfahrzeuge handelt, von der Bauart des Wagens ausgegangen werden. Ergibt die Bauart der Wagen (Art des Untergestells, Einrichtung der Sitze u. ä.), daß sie für die Beförderung von Geschäftsreisenden eingerichtet sind, so genügt ihre gelegentliche Benutzung zu diesem Zwecke, um sie als

Personenkraftwagen zu versteuern, weil in diesem Falle die steuerlich höherwertige Benutzung entscheidet. RFH. 23. Nov. 26 II A 537/26 RStBl. 1927, 29 = DStBl. 1927, 97 = DVR. 1927, 43 = StuW. 1927 Nr. 120.

2. Versteuerung der Kombinationswagen (Wagen, die der Beförderung von Personen und Gütern dienen). RFH. 3. Nov. 26 II A 567/26 DVR. 1927, 25.

§ 8.

1. Die Voraussetzungen für die steuerfreie Umschreibung der Steuerkarte auf ein anderes Kraftfahrzeug werden nicht dadurch ausgeschlossen, daß das Kraftfahrzeug, auf das die Karte umgeschrieben werden soll, bereits im Besitze der Kraftfahrzeughalters war und in Besteuerung sich befand. RFH. 1. Febr. 27 II A 568/26 RStBl. 1927, 88 = DStZ. 1927, 345 = StuW. 1927 Nr. 266.

§ 9.

1. Überführungsfahrt an den Wohnort des Käufers mit geliehenem Probefahrtkennzeichen. RFH. 26. Okt. 26 II A 485/26 DVR. 1927, 43.

§ 11.

Wietfeld, Die Abmeldung von Kraftfahrzeugen nach der V. über Kraftfahrzeugverkehr und ihr Einfluß auf die Kraftfahrzeugsteuerpflicht. DVR. 1927, 52.

1. Ein Kraftfahrzeug, für das ein Kennzeichen zugeteilt ist, unterliegt, solange es bei der Zulassungsbehörde nicht abgemeldet ist, seit dem 15. Juni 1926 auch dann der Steuerpflicht, wenn es schon vorher außer Betrieb gesetzt und dieserhalb die vorher abgelaufene Steuerkarte nicht erneuert worden war. RFH. 7. Dez. 26 II A 574/26 S. 20, 65 = DStBl. 1927, 97 = DVR. 1927, 25 = StuW. 1927 Nr. 121.
2. Die Steuerpflicht bleibt bis zur Abmeldung bei der Zulassungsbehörde bestehen. RFH. 25. März 27 II A 647/26 DVR. 1927, 122 = RStBl. 1927, 205.
3. Eine rechtswirksame Abmeldung eines Kraftfahrzeuges im Sinne des § 11 Abs. 2 Satz 1 liegt nur dann vor, wenn das Fahrzeug bei der Zulassungsbehörde in der im § 6 Abs. 5 der über Kraftfahrzeugverkehr (RGBl. I S. 425) vorgeschriebenen Weise abgemeldet wird. RFH. 20. Sept. 27 II A 359/27 RStBl. 1927, 218 = DVR. 1927, 172.

20.

Gesetz zur Änderung des Kraftfahrzeugsteuergesetzes

vom 15. Mai 1926 (RGBl. I S. 223).

Großmann, Zur Autosteuer. Pauschalsteuer oder Verbrauchssteuer. DStZ. 1927, 773. — Kottenberg, Zur Neuregelung der Kraftfahrzeugsteuer. PrVBl. 1927, 569. — Schmalz, Wichtige

Neuerungen im Autosteuerrecht. IndMitt. 1927, 118. — Schmalz, Wirtschaft und Kraftfahrzeugsteuerreform. DStBl. 1927, 666. — Wolfbauer, Die Neuregelung der Kraftfahrzeugsteuer. IndMitt. 1927, 239.

Art. 2 § 3.

1. Eine richtige Auslegung dieser Vorschrift führt dahin, im Abs. 1 zu b die Generalregel zu sehen, nach der alle Steuerfestsetzungen, die nach dem 14. Juni 1926 von der Steuerstelle vorgenommen werden, dem neuen Gesetz unterfallen, und im Abs. 1 zu a keine Einschränkung dieser Regel für die Fälle zu finden, in denen es sich um die Erneuerung einer vor dem 15. Juni 1926 abgelaufenen Steuerkarte handelt, sondern lediglich eine Ausdehnung der Wirksamkeit des Gesetzes über die Generalregel zu b hinaus auf die Fälle, in denen die Steuerfestsetzung schon vor dem 15. Juni 1926 vorgenommen ist, die Gültigkeitsdauer der neuen Karte aber erst nach dem 14. Juni 1926 beginnt. Ist also die alte Steuerkarte mit dem 10. Juni 1926 abgelaufen, die Erneuerung aber erst am 15. Juni 1926 beantragt, so kann die Steuer nur nach den erhöhten Sätzen des Gesetzes v. 15. Mai 1926 festgesetzt werden. RFH. 23. Nov. 26 II A 538/26 RStBl. 1927, 56 = DStBl. 1927, 96 = DVR. 1927, 24 = StuW. 1927 Nr. 122.
2. Keine Steuererstattung aus Rechtsgründen im Falle der vorzeitigen Außerbetriebsetzung des Fahrzeugs und dessen Abmeldung vor dem 15. Dez. 26. RFH. 25. Jan. 27 II A 20/27 DVR. 1927, 58; 26. Febr. 27 II A 589/26 DStBl. 1927, 364 = DVR. 1927, 136.
3. Die Umschreibung einer Steuerkarte auf ein anderes Kraftfahrzeug nach dem 14. Juni 1926 löst eine Steuerpflicht nach den erhöhten Steuersätzen des neuen Gesetzes nur insoweit aus, als das Kraftfahrzeug, auf das die Karte umgeschrieben werden soll, sachliche Unterschiedsmerkmale gegenüber dem bisherigen Kraftfahrzeug aufweist, die es nach dem neuen Gesetze zu einem steuerlich höherwertigen machen. RFH. 1. Febr. 27 II A 568/26 S. 20, 222 = RStBl. 1927, 88 = DStZ. 1927, 345 = DStBl. 1927, 241 = StuW. 1927 Nr. 267.
4. Arzt-Kraftwagen, die nach § 2 Nr. 5 des KrFStG. alter Fassung von der Kraftfahrzeugsteuer befreit waren, sind erst v. 15. Juni 1926 ab, und zwar nach den neuen Steuersätzen der Novelle v. 15. Mai 1926 steuerpflichtig. RFH. 1. Febr. 27 II A 603/26 RStBl. 1927, 88 = DVR. 1927, 57.

21.

Leuchtmittelsteuergesetz

vom 9. Juli 1923 (RGBl. I S. 567).

Edlefsen, Leuchtmittelsteuergesetz. (Hamburg: Hermes 1927).

22.

Reichsbewertungsgesetz

vom 10. August 1925 (RGBl. I S. 214).

E r l e r, Das Reichsbewertungsgesetz v. 10. August 1927. 2. Aufl. (Berlin: Spaeth u. Linde 1927). — F a b i s c h - K r e k e l e r, Reichsbewertungsgesetz. (Berlin: Vahlen 1927). — K n ö r l, Das Gesetz über die Ablösung öffentlicher Anleihen und die Vermögensteuer. StA. 1927, 370. — M e y e r, Die Änderungen des Reichsbewertungsgesetzes nach dem Entwurf des Steuervereinheitlichungsgesetzes. DStZ. 1927, 1048. — S t a m m, Einheitswerte und Handelsbilanz. DStZ. 1927, 311.

§ 2.

E r l e r, Der Vermögensbegriff nach dem Reichsbewertungsgesetz. DStZ. 1927, 42.

§ 3.

R i s s e, Die Bedeutung der Einheitsbewertung für die Einkommensteuerveranlagung. IndMitt. 1927, 57.

§ 4.

R u p r e c h t, Die für die sächsische Grundsteuer vom Einheitswert abzuziehenden Beträge. IndMitt. 1927, 121. — U h l i c h, Die Abzugsverordnung für Sachsen 1926. DStBl. 1927, 85.

§ 9.

1. Die Frage, wer als Inhaber eines Vermögens oder einer wirtschaftlichen Einheit anzusehen ist, muß im Verfahren des RBewG. ausgetragen werden. RFH. 22. Nov. 27 I A 375/27 S. 22, 181 = StuW. 1927 Nr. 695.

§ 12.

1. Zur Bedeutung der Durchschnittssätze für die Zerlegung des Grundstückswertes, um die Anteile für Gebäude und Inventar zu finden. RFH. 12. Jan. 27 VI 637/26 StuW. 1927, 463, 470.

§ 20.

B r a i t i n g e r, Steuerrecht u. Privatrecht. Steuerschuldner u. Steuerträger (§ 26 Abs. 2 Ziff. 3 Satz 2 des Reichsbewertungsgesetzes). Die Frage des privatrechtlichen Ausgleichs zwischen den Beteiligten. IndMitt. 1927, 282.

§ 26.

B e c k e r, Grundfragen aus den neuen Steuergesetzen. Zur steuerrechtlichen Behandlung des Firmenwerts und der immateriellen Güter. StuW. 1927, 79/80. — F r i e d l a e n d e r, Das Darlehen eines Gesellschafters einer offenen Handelsgesellschaft bzw. Kommanditgesellschaft an die Firma nach § 26 Abs. 1 Ziff. 3 RBewG.

DStBl. 1927, 517. — Hoeres, Wann ist die Wohnung eines gewerblichen Unternehmers bei der Vermögensteuer als Betriebsvermögen anzusehen? IndMitt. 1927, 354. — Ketzel, Wann gehören Wohn- oder Baulandsgrundstücke, die dem Betriebe nicht dienen, zum Betriebsvermögen und welche steuerliche Wirkung hat dies? DStZ. 1927, 887. — Kloeber, Hinzurechnung von Grundstücken und Grundstücksteilen zum gewerblichen Betriebvermögen. DStZ. 1927, 785. — Koch, Grenzen des bilanzfähigen Betriebsvermögens nach dem RBewG. StuW. 1927, 46. — Runge, Steuerliche Behandlung von Verlagsrechten. IndMitt. 1927, 7.

1. Die Partenreedereien sind den offenen Handelsgesellschaften und Kommanditgesellschaften im Sinne des § 26 Abs. 2 Nr. 3 und § 46 RBewG. sowie des § 2 Nr. 2c VStG. gleichzustellen. RFH. 16. Nov. 26 I D 2/26 S. 20, 35 = DJZ. 1927, 232 = IndMitt. 1927, 30 = DStBl. 1927, 179 = StuW 1927 Nr. 337.
2. Der S. 9, 204 für das Reichsnotopfer ausgesprochene Grundsatz, daß der gesamte Reingewinn des letzen Geschäftsjahrs, auch soweit er später verteilt wird, zu dem am Bilanzstichtage vorhandenen Betriebsvermögen einer Erwerbsgesellschaft gehört, gilt auch für das Reichsbewertungsgesetz. RFH. 13. Sept. 27 I A 299/27 S. 22, 75 = IndMitt. 1927, 369 = StuW. 1927 Nr. 699.
3. Wird in Ausübung eines freien Berufes, der nicht der reinen Kunst oder der reinen Wissenschaft gewidmet ist, eine Forderung erworben, so bleibt diese so lange ein Teil des Betriebsvermögens, bis sie vom Besitzer aus dem Betriebsvermögen ausgeschieden wird. RFH. 11. Okt. 27 I A 327/27 S. 22, 105 = StuW. 1927 Nr. 697.

§ 28.

Becker, Zur Vermögensteuerveranlagung der eingetragenen Genossenschaften. ZStFr. 1927, 88. — Schmalz, Schulden und Forderungen bei der Vermögenfeststellung. IndMitt. 1927, 6.

§ 31.

Risse, Der Herstellungspreis im Sinne der Steuergesetzgebung. IndMitt. 1927, 268. — Runge, Der Geschäftswert im Steuerrecht. IndMitt. 1927, 226. — Ruprecht, Soll der Steuerpflichtige vom Stillegungsabschlag Gebrauch machen? IndMitt. 1927, 185. — Sieverding, Hoher oder niedriger Einheitswert für Gegenstände des Anlagekapitals. DStZ. 1927, 307.

1. Bei § 14 DurchfBest. (Stillegung) handelt es sich nicht um eine auf die Vorschriften des RBewG. gestützte Bewertungsvorschrift, sondern § 14 findet seinen Rechtsgrund im § 108 AO. Er stellte eine Billigkeitsmaßnahme dar, die eine Erleichterung für die Vermögensteuerpflichtigen bei den beiden Vermögensteuerveranlagungen für 1925 und 1926 bedeuten sollte. RFH. 4. Nov. 27 I A 162/27. S. 22, 155.

§ 35.

1. Maßgeblichkeit des Wehrbeitragswerts für die Feststellung des Einheitswerts einer Villa. RFH. 27. Sept. 27 I A 333/27 DStZ. 1927, 1003 = StuW. 1927 Nr. 705.

2. DurchfBest. §§ 19, 20 bis 29. Einheitswertfestsetzung. RFH. 19. Juli 27 I A 112/27 StA. 1927, 380 = StuW. 1927 Nr. 704.

3. Die Bezirksanordnungen, die von den Landesfinanzämtern auf Grund der § 24 Abs. 2, § 26 Abs. 2, § 27 Abs. 2 erlassen werden, gewähren den Steuerpflichtigen keine im Rechtsmittelverfahren verfolgbaren Ansprüche auf erhöhte Abschläge. RFH. 11. Okt. 27 I A 106/27 S. 22, 49 = StuW. 1927 Nr. 706.

§ 38.

Knörl, Das Gesetz über die Ablösung öffentlicher Anleihen und die Vermögensteuer. StA. 1927, 370.

§ 39.

1. Zum Begriff der zurückgelegten Vermögensbeträge und der Sicherung der Verwendung. RFH. 13. Sept. 27 I A 210/27 DStZ. 1927, 1002 = StA. 1927, 386 = StuW. 1927 Nr. 701.

§ 40.

Delbrück, Die Behandlung von nicht voll eingezahlten Aktien und von Verwertungsaktien bei der Vermögensteuer. DStZ. 1927, 883. — Risse, Zur Frage der Bewertung von mit Rechten Dritter belasteten Gesellschaftsanteilen. IndMitt. 1927, 386. — Wehmann, Die Bewertung von Vorratsaktien und sonstigen eigenen Aktien im Besitz der Gesellschaft bei der Vermögensteuer. ZStuFr. 1927, 276.

§ 44.

1. a) Die auf Grund von § 44 Abs. 1 erlassenen Richtlinien sind für die Steuergerichte verbindlich.

b) Die Vorschriften der §§ 48 ff. der DurchfBest. zum RBewG. und VermStG. v. 14. Mai 1926 (RGBl. I S. 227) über die Bewertung von Forderungen ohne Wertpapiereigenschaft, die der Aufwertung unterliegen, beziehen sich auch auf solche Forderungen, die durch §§ 14 ff. des Aufwertungsgesetzes v. 16. Juli 1925 (RGBl. I S. 117) aufgewertet sind.

c) Auch soweit sich diese Bewertungsvorschriften auf solche Forderungen beziehen, werden sie durch die Ermächtigungsvorschrift des § 44 Abs. 1 gedeckt. RFH. 12. Juli 27 I A 91/27 S. 22, 6 = IndMitt. 1927, 308 = StuW. 1927 Nr. 702.

§ 47.

Erler, Aktienbesitz und Schuldenabzug nach dem Reichsbewertungsgesetz. DStZ. 1927, 882. — Hoeres, Der Dreimonatsbezug bei der Vermögensteuerveranlagung. StA. 1927, 267. — Kalm, Vermögensteuer und Nießbrauch. Rechtliche Behandlung und wirtschaftliche Wirkung. DStBl. 1927, 408. — Kühne, Zur Abzugsfähigkeit von Schulden. DStZ. 1927, 591. — Olbertz, Aus der Praxis der Einheitsbewertung IV. Gewerbliche Betriebsschulden. IndMitt. 1927, 288.

Uhlich, Aufwertungsforderungen und -schulden bei der Veranlagung der Vermögen- und Erbschaftsteuer. ZStFr. 1927, 60.

1. Abzugsfähigkeit laufender Zinsen. RFH. 21. Sept. 27 VI A 213/27.

§ 48.

Uhlich, Aufwertungsforderungen und -schulden bei der Veranlagung der Vermögens- und Erbschaftsteuer. ZStFr. 1927, 60.

§ 50.

Elble, Steuerausschüsse, Bewertungsausschüsse, Finanzgerichte, Oberbewertungsausschüsse. DStBl. 1927, 470.

§ 54.

Kinzius, Die Einheitswertbescheide für Grundstücke und Gebäude. IndMitt. 1927, 146.

§ 56.

Mohler, Einige Zweifelsfragen im Rechtsmittelverfahren nach dem Reichsbewertungsgesetz. DStZ. 1927, 221.

§ 75.

Lynke, Kann das Finanzamt bei Vermögensvermehrungen eine Neuveranlagung vornehmen? DStBl. 1927, 32. — Schulte, Neufeststellung des steuerbaren Vermögens auf Grund des Reichsbewertungsgesetzes (§ 75) für die Vermögensteuer 1925/26. — Uhlich, Neufeststellung des Einheitswerts zum Ende des Hauptfestsetzungszeitraumes. IndMitt. 1927, 121.

§ 85.

Peschken, Die Bewertung zwangsbewirtschafteter Geschäftsgrundstücke nach dem Reichsbewertungsgesetz. DStZ. 1927, 217.

1. Die Vorschriften über zwangsbewirtschaftete Grundstücke in den DurchfBest. für die erste Feststellung der Einheitswerte und zum Vermögensteuergesetz für die Veranlagung 1925 und 1926 gelten grundsätzlich auch für die Betriebsgrundstücke. Die in § 85 vorgesehenen Bestimmungen weichen daher insoweit auch von § 31 ab. RFH. 24. Mai 27 I A 133/27 IndMitt. 1927, 249 = DStBl. 1927, 702 = StuW. 1927 Nr. 700.
2. Der Reichsminister der Finanzen durfte in den ihm überlassenen Bewertungsvorschriften für zwangsbewirtschaftete Grundstücke den Gesichtspunkt des Ertrags ausschalten. RFH. 25. Okt. 27 I A 199/27 DStZ. 1927, 1096 = StuW. 1927 Nr. 707.

§ 86.

Hotop, Die Maßstäbe für die Zerlegung der Einheitswerte. StA. 1927, 72. — Ruprecht, Die Zerlegung der Einheitswerte. IndMitt. 1927, 157.

23.

Rennwett- und Lotteriesteuergesetz

vom 8. April 1922 (RGBl. I S. 393).

Pasch, Die Entwicklung der Rennwettsteuer in Deutschland. (Borna-Leipzig: Noske 1927).

§ 17.

1. Ausspielung. Eine öffentliche Ankündigung, durch die sich ein Kaufmann verpflichtet, jedem hundertsten Abnehmer von Waren einen bestimmten Gegenstand ohne weitere Zuzahlung zu gewähren, ist als Veranstaltung einer öffentlichen Ausspielung anzusehen. RFH. 19. Aug. 27 II A 354/27 DVR. 1927, 186.
2. — Ein Warenvertrieb nach dem sogen. Hydra- oder Schneeballsystem enthält eine steuerpflichtige Ausspielung. RFH. 17. Dez. 26 II A 161/26 S. 20, 203 = RStBl. 1927, 89 = DStBl. 1927, 244 = StuW. 1927 Nr. 268.
3. — Eine steuerpflichtige Ausspielung wird veranstaltet, wenn eine Firma öffentlich bekannt gibt, daß sie unter den von ihr vertriebenen Margarinepackungen eine Anzahl Packungen mit Butter, die äußerlich in derselben Umhüllung als Margarine bezeichnet und nur für sie an einem Geheimzeichen erkennbar seien, in den Verkehr gebracht habe und daß jeder, der ihr eine diese Butterpackungen nach Feststellung des Inhalts überbringe, als „Anerkennung für seine feine Zunge", einen Geldbetrag von ihr erhalte. RFH. 21. Jan. 27 II A 414/26 S. 20, 185 = StuW. 1927 Nr. 270.
4. a) Veranstaltet eine Handelsvereinigung die Verlosung von Gegenständen und verkauft sie die zur Teilnahme berechtigenden Scheine an Händler, damit diese sie ihren Kunden bei Wareneinkäufen ohne besondere Zuzahlung ausfolgen, so liegt eine steuerpflichtige Ausspielung vor, bei der die Händler und nicht die Kunden als Abnehmer der Scheine anzusehen sind, so daß die Höhe der Steuer sich berechnet nach den von den Händlern an die Vereinigung für die Scheine gezahlten Preisen.
   b) Der Tatbestand der Ausspielung setzt nicht voraus, daß die ersten Käufer der Lose selbst Spielteilnehmer werden. RFH. 26. April 27 II A 101/27 StuW. 1927 Nr. 497.
5. In dem Ausschreiben eines Preisrätsels kann die Veranstaltung einer steuerpflichtigen Lotterie liegen. RFH. 3. Mai 27 II A 169/27 StuW. 1927 Nr. 457.
6. Zum Begriff des versteckten Einsatzes bei Ausspielungen. RFH. 8. Juli 27 II A 146/27 S. 21, 267 = IndMitt. 1927, 314 = DVR. 1927, 154 = StuW. 1927 Nr. 496.
7. Zum Begriff der Öffentlichkeit einer Vereinstombola. RFH. 29. Okt. 26 II A 481/26 DVR. 1927, 7.

§ 18.

Dörner, Besteuerung der Vereinslotterien. ZStFr. 1927, 35.

24.

Schaumweinsteuergesetz

vom 31. März 1926 (RGBl. I S. 185).

§ 12.

Lottner, Schaumweinsteuergesetz und -ordnungswidrigkeit. ZfZ. 1927, 401. — Jancke, Schaumweinsteuergefährdung und -ordnungswidrigkeit. ZfZ. 1927, 459.

§ 13.

1. Steuerschuldner. Schaumweinsteuerpflichtig ist, — abgesehen von dem Falle, wo mehrere Eigentümer gemeinsam mehr als 50 Flaschen Schaumwein aufbewahren (§ 1 Abs. 2 Satz 2 SchaumwNachstO.) — der unmittelbare Besitzer des Weines; auf das Eigentum an dem Weine kommt es nicht an. RFH. 28. Juni 27 IV A 65/27 ZfZ. 1927, 385.

2. — Die Nachsteuerordnung sieht grundsätzlich den unmittelbaren Besitz als entscheidend für die Nachsteuerpflicht an. Eine Ausnahme bildet nur der Fall des § 1 Abs. 2 Satz 2, wonach bei gemeinschaftlicher Aufbewahrung für mehrere Eigentümer auch die mittelbaren Besitzer nachsteuerpflichtig sind. RFH. 23. März 27 IV A 97/27 ZfZ. 1927, 203.

3. — Die Nachsteuerpflicht besteht auch dann, wenn der Schaumwein am 1. Juni 1926 zunächst im Besitz des in Anspruch Genommenen ist, dieser Besitz aber im Laufe des 1. Juli aufgegeben worden ist. RFH. 13. Juli 27 IV A 198/27 ZfZ. 1927, 386.

4. Verhältnis zur Weinsteuer. Schaumwein, der sich am 1. Juli 1926 in einer Menge von mehr als fünfzig Flaschen im Besitze von Eigentümern befand, die weder Ausschank noch Handel mit Getränken betreiben, unterliegt auch dann der Nachsteuer, wenn er bereits nach dem Weinsteuergesetz versteuert worden war. RFH. 24. Nov. 26 IV A 452/26 S. 20, 27 = ZfZ. 1927, 66 = DStBl. 1927, 180 = JW. 1927, 1606, 1793 *(mit Bespr. v. Andreae).*

5. — Kein Anspruch auf Anrechnung der Weinsteuer bei der Schaumweinnachsteuer. RFH. 7. Dez. 26 IV A 430/26 DStBl. 1927, 181.

6. Nachsteuerpflicht von mehr als 50 Flaschen. RFH. 7. Dez. 26 IV A 513/26 RStBl. 1927, 368.

7. Apotheken. RFH. 26. Jan. 27 IV A 519/26 ZfZ. 1927, 144.

8. Privatbedarf von Händlern. RFH. 26. Jan. 27 IV A 542/26 ZfZ. 1927, 144.

9. Nachsteuer beim Händler. RFH. 7. Dez. 26 IV A 528/26 RStBl. 1927, 368.

25.

Spielkartensteuergesetz

vom 1. August 1923 (RGBl. I S. 369).

Edlefsen, Spielkartensteuergesetz. (Hamburg: Hermes 1927).

26.

Verordnung des Reichspräsidenten über Steueraufwertung und Vereinfachungen im Besteuerungsverfahren

vom 11./18. Oktober 1923 (RGBl. I S. 939).

§ 1.

1. Die Steueraufwertungsverordnung ist im besetzen Gebiete zu gleicher Zeit wie im unbesetzten Gebiet in Kraft getreten. RFH. 7. Dez. 26 IV A 85/26 StuW. 1927 Nr. 173 = JW. 1927, 2330 *(mit Bespr. v. Heyland).*

§ 10.

1. a) Keine Steuerzuwiderhandlung im Sinne des § 1 Nr. 1, wenn § 358 AO. (Irrtum) die Bestrafung nach § 377 AO. ausschließen würde.
b) Nachforderung auf Grund neuer Tatsachen setzt voraus, daß vorher auf Grund sachlicher Prüfung eine Veranlagung oder Freistellung stattgefunden hat. RFH. 25. April 27 V e A 686/26 (n. v.)
2. Steueraufwertung im Falle der Steuerzuwiderhandlung oder der Nachforderung auf Grund neuer Tatsachen. RFH. 29. April 27 V A 124/27 DJZ. 1927, 1557.
3. Nachträgliches Bekanntwerden des Erbfalls rechtfertigt nicht die Aufwertung und Nachforderung der Erbschaftsteuer. RFH. 30. Sept. 24 II A 355/24; 25. Mai 27 V e A 173/26 LZ. 1927, 1146.

27.

Gesetz über die Steuermilderungen zur Erleichterung der Wirtschaftslage

vom 31. März 1926 (RGBl. I S. 185).

Beuck, Steuerlich erleichterte Zusammenschlüsse nur noch bis zum 30. September 1927. DStZ. 1927, 511. — Kluckhohn, Steuerliche Erleichterungen wirtschaftlich gebotener Betriebszusammen-

schlüsse (Art. III StMildG.) in der Praxis. StA. 1927, 340. — Krämer, Fusion und Wertzuwachssteuer. StuW. 1927, 983. — Luz, Pauschbesteuerung des Steuermilderungsgesetzes und Rechtskraft. IndMitt. 1927, 193. — Ott, Das Steuermilderungsgesetz vom 31. März 1926 und die Grunderwerbsteuer. StuW. 1927, 355.

Art. III § 8.

1. Die Vorschrift des § 8 kann nicht auf Gesellschaftsdarlehen angewendet werden. RFH. 15. März 27 II A 106/27 StuW. 1927 Nr. 411.

Art. VIII § 12.

1. Art. VIII § 12 sieht für den Fall des Vorliegens der in ihm aufgeführten besonderen Umstände lediglich eine Schärfung der im § 377 AO. für Ordnungswidrigkeiten enthaltenen Strafdrohung vor, setzt also die Anwendbarkeit des § 377 AO. voraus. RSt. 27. Sept. 27 1 D 545/27. R. 56/27 (n. v.).

28.

Zweite Steuernotverordnung

vom 19. Dezember 1923 (RGBl. I S. 1205).

Art. I.

§ 4.

1. Der Abzug der Landwirte für Pacht berechnet sich nach der vereinbarten Pacht, nicht nach dem Werte der zur Zahlung aufgewerteten Leistungen. RFH. 24. Febr. 27 I B 191/26 StuW. 1927 Nr. 339.

§ 5.

1. Organgesellschaft. Eine Kommanditgesellschaft kann nicht schon um deswillen als eine Organgesellschaft angesehen werden, weil der einzige persönlich haftende Gesellschafter auch allein die Geschäfte führt. RFH. 4. März 27 I B 3/27 S. 20, 302 = IndMitt. 1927, 131 = DStBl. 1927, 364.
2. — G. m. b. H. als Angestellte landwirtschaftlicher Betriebe; verdeckte Gewinnausschüttung als Merkmal steuerlicher Leistungsfähigkeit. RFH. 23. Nov. 26 I B 136/26 StuW. 1927, 466.
3. — Voraussetzungen und Wirkung eines Angestelltenverhältnisses bei einer Erwerbsgesellschaft gegenüber einer Andern. RFH. 23. Nov. 26 I A 101/26 DStZ. 1927, 55.
4. Die Lieferung von Maschinen zur Verwendung im Gewerbebetriebe des Abnehmers ist nicht als Großhandel, sondern als Einzelhandel anzusehen. RFH. 21. Dez. 26 I A 398/26 StuW. 1927 Nr. 124.

5. Verkauf an Truppenteile, Offizierskasinos und Strafanstalten gehört zum Großhandel. RFH. 1. Febr. 27 I B 140/26 DStBl. 1927, 346 = StuW. 1927 Nr. 338.

6. — Verkauft ein Gewerbetreibender zu seinem Betriebsvermögen gehörende Wertpapiere, mit denen keine Gesellschaftsrechte verbunden sind, die vielmehr, wie z. B. Stadtanleihen, bloß Geldforderungen verkörpern, so stellt der Erlös keine Betriebseinnahme im Sinne des Art. I § 5 dar, da er durch „Umsätze von Geldforderungen" im Sinne des § 5 Abs. 2 Satz 2 erzielt worden ist. RFH. 13. Sept. 27 I B 46/27 RStBl. 1927, 222, 225 = StuW. 1927 Nr. 710.

7. Banken und Bankiers, die ihre Vorauszahlungen auf Einkommen- und Körperschaftsteuer 1924 nach G III der I. DurchfBest. nach dem geschätzten Vermögen geleistet haben, sind zur Nachentrichtung von Vorauszahlungen verpflichtet, wenn das endgültig bei der Vermögensteuer veranlagte Vermögen das der Vorauszahlung zugrunde gelegte Vermögen überschreitet; die Vorschrift in B der II. DurchfBest. findet in solchen Fällen keine Anwendung. RFH. 10. Mai 27 I B 161/26 S. 21, 138 = StuW. 1927 Nr. 711.

8. Das Unternehmen der Funkstunde A.-G. ist für die Berechnung der Körperschaftsteuervorauszahlungen weder den Privatschulen noch den Theaterunternehmungen gleichzustellen, es gehört auch nicht zum be- und verarbeitenden Gewerbe. RFH. 7. Febr. 27 I B 54/26 StuW. 1927 Nr. 340 = JW. 1926, 160 = DStZ. 1927, 346.

9. Die Korrektivbestimmungen der I. DB. im 2. Abschnitt G X unter 2 b können auf körperschaftsteuerpflichtige Erwerbsgesellschaften Anwendung finden, welche auf Grund der Ausübung des Wahlrechts nach G I 1 der I. DB. die Vorauszahlungen nach dem Vermögen leisten. Die Vorschrift in den IV. DB. unter II steht dem nicht entgegen RFH. 23. März 27 I B 118/26 RStBl. 1927, 125 = StuW. 1927 Nr. 393.

§ 7.

1. Einkünfte im Sinne des § 7 sind die gesamten Roheinnahmen. Auch die innerhalb eines Gewerbebetriebs erfolgende Veräußerung von Anlagekapital begründet Einkünfte in diesem Sinne. RFH. 7. Jan. 27 I B 73/26 StuW. 1927, 297 = DStBl. 1927, 181.

2. a) Der Begriff der Werbungskosten im § 7 ist nicht grundsätzlich auf Barzahlungen zu beschränken, sondern kann auch Beträge umfassen, die der Steuerpflichtige im Laufe des Vorauszahlungsabschnitts schuldig geworden ist, soweit die Eingehung der Schuld zur Erwerbung, Sicherung und Erhaltung der Einkünfte erforderlich geworden war. Maßgebend ist, ob ein wirtschaftlicher Zusammenhang zwischen den Einkünften gerade des betreffenden Vorauszahlungsabschnitts mit den betreffenden Werbungskosten gegeben ist. Das ist insbesondere bei den Gehältern der Angestellten für den Vorauszahlungsabschnitt anzuerkennen.
b) Unangemessen hohe Verlobungsgeschenke an geschäftsführende Gesellschafter einer G. m. b. H. sind nicht als Werbungskosten anzuerkennen. RFH. 7. Jan. 27 I B 95/26 JndMitt. 1927, 66 = DStBl. 1927, 181 = StuW. 1927, 298.

3. Übergang vom Werbungskostenpauschsatze zur tatsächlichen Aufwendung. RFH. 28. Okt. 26 I B 108/26 StA. 1927, 119.
4. Behandlung eines von zwei Körperschaften auf gemeinsame Rechnung betriebenen Speditionsgeschäfts. RFH. 7. Jan. 27 I B 42/26 DStZ. 1927, 345.
5. Die Bemessung der Vorauszahlungen einer Erwerbsgesellschaft, die einen der unter G IX der I. DurchfBest. fallenden Erwerbszweige betreibt, kann auch dann nach § 7 des Art. I erfolgen, wenn für die sonstigen Einkünfte der Erwerbsgesellschaft gleichfalls die Berechnung der Vorauszahlungen nach Art. I § 7 zu erfolgen hat. RFH. 23. März 27 I B 123/26.

§ 11.

1. Vorauszahlung auf die Einkommensteuer 1924 nach dem Verbrauche. RFH. 20. Okt. 26 I B 167/26 DStBl. 1927, 48.

§ 16.

1. Einbehalten der Lohnsteuer bei der Lohnzahlung (Bewirkung der Gegenleistung. Gutschrift für den Arbeitnehmer). RFH. 6. Okt. 26 VI A 140/26 DStBl. 1927, 48 = DStZ. 1927, 52.

§ 18.

1. Die Vorschrift findet keine Anwendung auf Akkordlöhne, wenn die Auszahlung des Lohnes nach Zeitabschnitten erfolgt. RFH. 6. Okt. 26 VI A 427/26 DStBl. 1927, 97 = JW. 1927, 1539.

§ 21.

1. Bei Nichtvorliegen der Steuerkarte darf der Arbeitgeber weder den steuerfreien Lohnbetrag noch die Familienermäßigungen berücksichtigen; er hat vielmehr 10 v. H. des ungekürzten Lohnes einzubehalten und abzuführen. RFH. 3. Nov. 26 VI A 1271/25 RStBl. 27, 40 = ZStFr. 1927, 21 = DStZ. 1927, 53 = DStBl. 1927, 98.

§ 37.

1. § 37 Abs. 2 des Art. I soll eine Abänderung der nach dem Gesetz und den Durchführungsbestimmungen sich ergebenden Vorauszahlungsbelastung nur zugunsten der Steuerpflichtigen ermöglichen. RFH. 5. Jan. 26 I B 33/25 RStBl. 1927, 110.
2. Wird vom Landesfinanzamts-Präsidenten in der Beschwerdeentscheidung die vom Finanzamt nach Art. I § 1 Abs. 2 festgesetzte Abschlußzahlung auf den Betrag herabgesetzt, der sich bei Anwendung des § 1 Abs. 1 a. a. O. ergibt, so ist dagegen eine weitere Beschwerde nach Art. I § 37 nicht gegeben. RFH. 12. Okt. 27 VI B 9/27 (n. v.).
3. Eine G. m. b. H. kann Organ einer offenen Handelsgesellschaft sein, auch wenn sie im eigenen Namen handelt. RFH. 7. Dez. 26 I B 125/26 DStZ. 1927, 250.

Art. II.

— Vgl. auch zum VermStG. 1922 u. 1925. —

§ 3.

Abs. 1 Nr. 1 u. 2.

1. a) Bei der Bewertung von Gegenständen des Anlagekapitals gemäß Art. II § 3 Abs. 1 Ziff. 2 steht dem Steuerpflichtigen ohne Rücksicht auf die tatsächliche Beschaffungsart das Wahlrecht zwischen dem fingierten Anschaffungspreise und dem fingierten Herstellungspreise zu.
b) Bei der Ermittlung des fingierten Anschaffungspreises eines bebauten Grundstücks ist für die bei der Feststellung des Herstellungswerts gebotene Zerlegung in Bodenfläche einerseits und aufstehende Gebäude anderseits kein Raum. Maßgebend ist der Preis, den ein Käufer für das Gebäude bezahlt hätte, wenn es am 31. Dez. 1913 auf der zugehörigen Bodenfläche neu fertiggestellt gewesen wäre.
c) Der Wert, der sich nach Absetzung eines angemessenen Betrags für Abnutzung auf den schätzungsweise zu ermittelnden Anteil des Gebäudewerts ergibt, darf keinesfalls geringer sein als der Preis, den der Grund und Boden am 31. Dez. 1913 in unbebautem Zustand gekostet hätte, zuzüglich des Abbruchwerts des aufstehenden Gebäudes, soweit dieser nicht durch die voraussichtlich entstehenden Abbruchskosten verbraucht werden würde.
d) Werkwohnhäuser einer gewerbetreibenden Erwerbsgesellschaft sind zur Vermögensteuer 1924 grundsätzlich nach den für die Bewertung des Betriebsvermögens maßgebenden Vorschriften zu bewerten. RFH. 16. Nov. 26 I A 331/26 S. 20, 79 = IndMitt. 1927, 69 = StuW. 1927, 303, Nr. 130 = DStBl. 1927, 181.
2. Auch ein am Vermögensteuerstichtage noch unvollendeter Fabrikneubau dient dem gewerblichen Betrieb und ist zur Vermögensteuer 1924 als dauernd dem Betriebe gewidmeter Gegenstand nach den für die Bewertung des Anlagekapitals maßgebenden Vorschriften zu bewerten. RFH. 30. Nov. 26 I A 357/26 S. 20, 133 = IndMitt. 1927, 69 = StuW. 1927, 304 = DStBl. 1927, 181.
3. Besitzt eine gewerbetreibende Erwerbsgesellschaft ein Wohnhaus, das nur zum Teil für Werkwohnungen Verwendung findet und im übrigen an fremde Personen vermietet wird, so ist es dennoch als Ganzes nach den Vorschriften für die Bewertung des Betriebsvermögens zu bewerten, es sei denn, daß der Werkwohnteil nur geringfügig ist und gegenüber der außerbetrieblichen Nutzung des Gebäudes zu Mietwohnzwecken in den Hintergrund tritt. Im letzteren Falle ist das Grundstück als Ganzes nach den Vorschriften für die Bewertung des Grundvermögens in Ansatz zu bringen. Der § 28 der DurchfBest. kann hier keine Anwendung finden. RFH. 8. Febr. 27 I A 222/26 StuW. 1927 Nr. 278 = DStBl. 1927, 430.
4. Durch die Wirtschaftserlaubnis wird der Wert des Wirtschaftsgrundstücks erhöht. Es kann aber in dem für den Erwerb des Wirtschaftsunternehmens gezahlten Gesamtkaufpreis eine Vergütung nicht nur a) für diese Werterhöhung des Grundstücks durch die Wirtschaftserlaubnis, sondern auch b) für das Eingehen auf die sog. Konkurrenzklausel und c) für einen besonderen Firmenwert oder

Geschäftswert (besonders guten Ruf, besonders gute Kundschaft) enthalten sein. Nötigenfalls ist es Sache eines fachmännischen Gutachtens, die bleibende, regelmäßige und durchschnittliche Werterhöhung des Grundstücks durch die Wirtschaftserlaubnis von der auf die persönlichen Eigenschaften des jeweiligen Inhabers zurückzuführenden Preiserhebung zu b (Vergütung für die Konkurrenzklausel) und c (Vergütung für besonders guten Ruf und Kundschaft) zu trennen. Wie die Vertragsparteien in dem Kaufvertrage den Gesamtkaufpreis auf Grundstück, Inventar, den Firmenwert, die Konkurrenzklausel verteilen, ist nicht maßgebend. RFH. 22. April 27 I A 303/26 S. 20, 185 = StuW. 1927 Nr. 190.

5. Werden die Erzeugnisse landwirtschaftlicher Grundstücke ganz oder in der Hauptsache im eigenen Gewerbebetriebe des Grundstückseigentümers nicht nur vorübergehend verwendet, so spricht die Vermutung dafür, daß eine planmäßige Verbindung beider Betriebe zu einer wirtschaftlichen Einheit vorliegt. Ob in solchem Falle der landwirtschaftliche einen Bestandteil des Gewerbebetriebs oder der gewerbliche Betrieb einen Bestandteil (Nebenbetrieb) des landwirtschaftlichen Betriebs bildet, hängt davon ab, welchen wirtschaftlichen Hauptzwecken die verbundenen Betriebe zu dienen bestimmt sind. RFH. 10. Mai 27 I A 318/26 S. 21, 176 = IndMitt. 1927, 215 = StZbL. 1927, 148 = StuW. 1927 Nr. 736.

Abs. 1 Nr. 3.

6. Unter dem Herstellungspreis im Sinne der Vorschriften für die Vermögensteuer 1924 ist nicht nur der Betrag der Rohstoffe und Löhne zu verstehen; dazu gehört vielmehr auch noch ein entsprechender Teil der beim Hersteller entstehenden Gesamtunkosten (allgemeine Verwaltungskosten), soweit diese bis zur Herstellung des Gegenstandes notwendig sind. RFH. 12. April 27 I A 321/26 S. 21, 105 = IndMitt. 1927, 177 = DJZ. 1927, 1346 = StuW. 1927 Nr. 348.

Abs. 1 Nr. 4.

7. Zum Begriff der jungen Aktien. RFH. 12. Nov. 26 I B 9/27 StuW. 1927 Nr. 712.

Abs. 1 Nr. 5.

8. Die bloße Möglichkeit, sich durch Ausgabe neuer Aktien Geldmittel zu verschaffen, ist für eine Aktiengesellschaft noch nicht selbst Vermögen im Sinne des Steuerrechts. Auch durch den bloßen Beschluß der Generalversammlung, das Grundkapital zu erhöhen, entsteht noch kein neues Vermögen der Gesellschaft. Solches ist erst vorhanden, wenn und soweit ein unbedingter Anspruch auf Leistung des Gegenwerts für die jungen Aktien — sei es gegen die Aktionäre, sei es gegen einen Dritten, z. B. die Emissionsbank — für die A.-G. entstanden ist. RFH. 5. Juli 27 I A 341/26 S. 21, 325 = IndMitt. 1927, 309 = StuW. 1927 Nr. 505, 698.

§ 5.

1. Barvermögen und Betriebsvermögen ist bei der Vermögenssteuer zusammenzurechnen. RG. 3. Febr. 27 3 S 372/26 StA. 1927, 123.

Durchführungsbestimmungen zu Art. II.

(VermStDurchfBest. 1924), vom 8. März 1924 (RStBl. 1924 S. 71).

DurchfBest. § 3.

1. Der Anteil eines Miterben an einem einer Erbengemeinschaft gehörenden Grundstück, das der Miterbe von der Erbengemeinschaft gepachtet hat und für seinen Gewerbebetrieb benutzt, gehört nicht zum gewerblichen Betriebsvermögen des Miterben. RFH. 10. Mai 27 I A 318/27 StuW. 1927 Nr. 502.

DurchfBest. § 7.

1. Zur Bewertung eines Besitztums, das aus Äckern, Waldungen, Weinbergen und einem Schlosse besteht. RFH. 7. Juli 27 VI A 304/27 StZdL. 1927, 235 = StuW. 1927 Nr. 696.

DurchfBest. § 9.

1. Sonderabschlag bei Waldbewertung. RFH. 23. Febr. 27 VI A 555—558/26 StA. 1927, 289.

DurchfBest. § 10.

1. Berücksichtigung von Deichlasten. RFH. 30. Juni 27 VI A 112/27 = StuW. 1927 Nr. 336 = StZdL. 1927, 234.

DurchfBest. § 15.

1. Berichtigung des Wehrbeitrags forstwirtschaftlicher Grundstücke. RFH. 1. Dez. 26 IV A 665/26 StZdL. 1927, 51 = StuW. 1927, 464 und 472.

2. Bei aussetzenden Waldbetrieben ist von einer Ermittlung des Ertragswerts abzusehen und auf den gemeinen Wert zurückzugreifen. RFH. 1. Dez. 26 VI A 605/25 DStZ. 1927, 442.

DurchfBest. § 16.

1. Unterscheidung zwischen gärtnerischem und gewerblichem Betriebe. RFH. 8. Febr. 27 I A 333/26 = DStZ. 1927, 442 = StuW. 1927 Nr. 280.

DurchfBest. § 17.

1. Eine Berichtigung des Wehrbeitragswertes bei bebauten Grundstücken hat für die Regel nicht deshalb stattzufinden, weil der Ertragswert bei der Wehrbeitragsveranlagung unrichtig festgesetzt worden ist. RFH. 31. Mai 27 I A 101/27 StuW. 1927 Nr. 741.

DurchfBest. § 18.

1. Ein Grundstück, das, für sich betrachtet, die vom Gesetze für den Begriff des Baulandes aufgestellten Merkmale erfüllt, ist auch als Bauland zu bewerten, wenn es mit einem anderen Grundstück, für dessen Bewertung andere Vorschriften maßgebend sind, eine wirtschaftliche Einheit bildet. RFH. 15. März 27 I A 47/27 StuW. 1927 Nr. 420.

DurchfBest. § 25.

1. An einen Interessenverband zu Bürozwecken vermietete Räume sind bei der Bewertung des bebauten Grundstücks den zu gewerblichen Zwecken vermieteten Räumen gleichzustellen. RFH. 4. März 27 I A 206/26 RStBl. 1927, 144 = StuW. 1927 Nr. 353 = JW. 1927, 3024 *(mit Bespr. v. Berolzheimer).*

2. Bewertung eines als Brauerei eingerichteten, aber zu ganz anderen Zwecken genutzten Grundstücks. RFH. 29. März 27 I A 76/27 StuW. 1927 Nr. 351 = StA. 1927, 323.

DurchfBest. § 26.

1. Wehrbeitragsberichtigung. Bauland. RFH. 28. Okt. 26 I A 159/26 DStBl. 1927, 246.

DurchfBest. § 28.

1. Ein ursprünglich zur wirtschaftlichen Einheit des landwirtschaftlichen Betriebes gehöriges Wohnhaus kann durch Erweiterungsbauten in seinem Charakter verändert werden und als städtisches Grundstück zu bewerten sein. RFH. 7. Jan. 27 I A 76/26 StuW. 1927 Nr. 352.

DurchfBest. § 31.

1. Bewertung von Bergwerksgerechtigkeiten. Nichtberücksichtigung der ungünstigen Lage des Kohlenbergbaus. RFH. 28. Okt. 26 I A 275/26 DStZ. 1927, 57.
2. Der fingierte Anschaffungs- oder Herstellungspreis im § 31 Abs. 2. RFH. 20. Okt. 26 I A 291/26 JW. 1927, 1776 *(mit Bespr. v. Wrzeszinski).*
3. Anrechnung des Inventars beim Pächter. RFH. 20. Okt. 26 VI A 519/26 DStBl. 1927, 99 = StuW. 1927, 255 u. 304 = StA. 1927, 196.
4. Ein Gebäude kann auch nur zum Teil zum Betriebsvermögen gehören. RFH. 30. Nov. 26 I A 374/26 DStZ. 1927, 57.
5. Wohnhaus des Fabrikbesitzers auf dem Fabrikgrundstück bildet regelmäßig kein Betriebsvermögen. RFH. 21. Dez. 26 I A 248/26 StuW. 1927, 303.
6. Bewertung der Rechte aus einem Pachtvertrage, bei dem der Pächter Gebäude zu errichten, zu erhalten und nach Ablauf der Pachtzeit dem Verpächter zu überlassen hat. RFH. 1. Febr. 27 I A 263/26 StuW. 1927 Nr. 460.
7. Feststellung der Größe der verschiedenen genützten Räume nach dem Rauminhalt. RFH. 29. März 27 I A 29/27 StuW. 1927 Nr. 394.
8. Auf Nichtanwendung des Erlasses über den Stillegungsabschlag kann die Rechtsbeschwerde nicht gestützt werden. RFH. 12. April 27 I A 21/27 StuW. 1927 Nr. 503.
9. Wirtschaftskonzession als werterhöhende Eigenschaft. RFH. 22. April 27 I A 308/26 JndMitt. 1927, 277.
10. Für die Bewertung eines württembergischen Wassernutzungsrechts darf nicht von dem in der Vorkriegszeit üblichen Durchschnittssatz für die Pferdekraft ausgegangen werden. RFH. 3. Mai 27 I A 12/27 StuW. 1927 Nr. 743.
11. Bei der Einzelbewertung eines zum Betriebsvermögen gehörenden Grundstücks darf nicht abgesehen werden von der Tatsache, da er sich zu einer Verwendung für einen Betrieb besonders eignet und daß dieser Umstand werterhöhend wirkt. RFH. 14. Okt. 27 I A 87/27 StuW. 1927 Nr. 742.
12. Werden Anlagegegenstände (Maschinen) so ausgebessert, daß sie wirtschaftlich neue Gegenstände darstellen, so gilt als Anschaffungs- oder Herstellungspreis im Sinne von § 31 Abs. 2 der Preis, um den eine solche Maschine am 31. Dez. 1913 vermutlich zu beschaffen ist,

als Zeitpunkt der tatsächlichen Anschaffung oder Herstellung der Zeitpunkt der betreffenden Erneuerungsreparatur. RFH. 4. Nov. 27 I A 93/27 IndMitt. 1927, 403.

DurchfBest. § 34.

1. a) Vorratsaktien und Schutzstammaktien, die zur Verfügung der sie ausgebenden Gesellschaft gehalten werden, liegen nicht vor, wenn der Besitzer der Aktien nicht bezüglich der Ausübung des Stimmrechts an die Weisungen der die Aktien ausgebenden Gesellschaft gebunden ist. Deshalb begründet der Austausch von Aktienpaketen unter zwei Aktiengesellschaften, die zu einer Interessengemeinschaft verbunden sind, nicht ohne weiteres den Charakter der ausgetauschten Aktien als zur Verfügung gehaltener Schutzstammaktien oder Vorratsaktien.

b) 1. Unter die Bezeichnung junge Aktien im Sinne des VStDurchfBest. fallen aus Anlaß einer Kapitalerhöhung ausgegebene neue Aktien (HGB §§ 278, 281, 282) jedenfalls dann, wenn die ausgebende Gesellschaft bereits früher Aktien der gleichen Gattung ausgegeben hatte, wenn diese alten Aktien an der Börse zugelassen sind und für die jungen Aktien die alsbaldige Zulassung beantragt ist.

2. Derartige Aktien sind so lange als junge Aktien im Sinne der VStDurchfBest. zu behandeln, als sie im Verkehr einen geringeren Preis erzielen als die alten Aktien. Das ist anzunehmen, solange sie mit den alten Aktien nicht gleichberechtigt, insbesondere nicht dividendenbezugsberechtigt sind und solange sie nicht an der Börse zugelassen sind.

3. Für junge Aktien im Sinne der DurchfBest. zum VStG. ist bei den Vorauszahlungen auf die Körperschaftsteuer der Erwerbsgesellschaften die Bewertung mit 90 v. H. des Wertes der Stammaktien für das zeitliche Geltungsgebiet der 1. DurchfBest. zur 2. StNVO. unter denselben Voraussetzungen zuzulassen wie nach den VSt.-DurchfBest.

c) 1. Die Bewertung der nach dem 10. Juni 1919 ausgegebenen Vorzugsaktien nach Satz 1 (10 v. H. des Stammaktienwerts mal Zahl der Stimmrechte) hat stets zu erfolgen, wenn die Steuerbehörde nicht den Beweis eines höheren Verkaufswerts erbringt. Die Feststellung des tatsächlichen Verkaufswerts ist bei dieser Bewertung nicht erforderlich.

2. Mehrstimmrechtsaktien im Sinne dieser Vorschrift liegen auch in den Fällen vor, in denen Vorzugsaktien das mehrfache Stimmrecht gegenüber den Stammaktien nur bezüglich einzelner Punkte besitzen, insbesondere bei denjenigen Aktien, die nach § 15 Abs. 5 KVStG. von der laufenden Steuer aus § 15 KVStG. befreit waren.

d) Alle Vorauszahlungen, die innerhalb des den einzelnen Buchstaben des Abs. 1 unterstellten Zeitraums fällig werden, sind zu berechnen nach dem unter diesem Buchstaben vorgeschriebenen Maßstabe. Eine Rückwirkung der späteren Vermögenserrechnungsarten auf die vor ihrem zeitlichen Geltungsbereich fällig gewordene Vorauszahlungen findet weder zuungunsten noch zugunsten der Steuerpflichtigen statt, insbesondere auch dann nicht, wenn eine Vorauszahlung angefochten war und während des Rechtsmittelverfahrens für die inzwischen weiter fällig gewordenen Vorauszahlungen spätere

Vermögensermittlungsmaßstäbe Geltung erlangt haben. RFH. 2. Febr. 27 RStBl. 1927, 111.

DurchfBest. § 35.

1. Rechtsgültigkeit des § 35 VermStDB. 1924. Erfordernisse eines Gutachtens der Handelsvertretung über den Wert des Betriebsvermögens. RFH. 7. Dez. 26 I A 229/26 StuW. 1927 Nr. 129.

DurchfBest. § 40.

1. Zur Frage der Berücksichtigung besonderer Verpflichtungen, die bei einem langjährigen Mietvertrag vom Mieter übernommen sind. RFH. 15. Febr. 27 I A 28/27 DStZ. 1927, 442.

29.

Dritte Steuernotverordnung

vom 14. Februar 1924 (RGBl. I S. 74).

§ 8.

1. Die Verpflichtung des Pächters, Inventar nach § 587 BGB. zurückzugeben, unterfällt nicht dem § 8, ist also nach dem Werte der zurückzugebenden Stücke zu bewerten. RFH. 20. Okt. 26 VI A 519/26 StuW. 1927, 304 = StZbL. 1927, 52.

§ 11.

Friesecke, Der Ankauf von Schuldverschreibungen durch den Schuldner als Tilgung i. S. des § 17 f. der Durchführungsbestimmungen zur Obligationensteuer ZStFr. 1927, 89.

1. Die Schuldverschreibungs-(Obligationen-)steuerschuld ist mit dem Inkrafttreten der III. StNVO. entstanden. Die Steuerschuld entsteht nicht erst bezüglich der einzelnen fälligen Tilgungsbeträge in den Steuerabschnitten der Fälligkeit. RFH. 25. Okt. 27 I A 16/27 RStBl. 1927, 231, 233 = DStZ. 1927, 1094 = StA. 1927, 387 = StuW. 1927 Nr. 462 u. 686.

§ 19.

1. Ob Schuldverschreibungen die zu ihrer Befreiung von der Steuer führenden Voraussetzungen erfüllen, ist nach dem Zeitpunkt des Inkrafttretens der III. StNVO. zu entscheiden. Handelt es sich aber um die Frage ihrer Tilgung (§ 21 Abs. 2), so muß so entschieden werden, wie wenn etwa seit dem 1. Jan. 1918 getilgte Schuldverschreibungen am Tage des Inkrafttretens der III. StNVO. noch bestanden hätten. Dementsprechend muß auch für die Wertvergleichung dieser Tag zugrunde gelegt werden. RFH. 14. Okt. 27 II A 401/27 IndMitt. 1927, 370.
2. Schuldverschreibungen einer Aktiengesellschaft, für welche ein lediglich zur Benutzung als Kontore oder Läden vermietetes Haus dinglich haftet, sind von der Steuer nicht befreit. RFH. 28. Okt. 27 II A 119/27 RStBl. 1927, 235 = DStZ. 1927, 1095.

§ 21.

1. Ob Schuldverschreibungen endgültig getilgt sind oder nachträglich noch aufgewertet werden müssen, hat der Steuerrichter zu entscheiden; er ist nicht an die Entscheidung der ordentlichen Gerichte gebunden. RFH. 12. Nov. 27 II A 387/27 (n. v.).

§ 22.

Risse, Der „Begebungstag" bei der Obligationsteuerberechnung. IndMitt. 1927, 192.

§ 26.

Schlosser und Herrmann, Die Hauszinssteuer und Grundvermögensteuer. (Berlin: Elsner 1927). — Surén und Heusinger, Die Hauszinssteuer in Preußen. 2. u. 3. Aufl. (Berlin: Stilke 1927). — Braun, Kritisches zur Hauszinssteuer. DStBl. 1927, 483. — Derselbe, Die Hauszinssteuer der Einfamilienhäuser und der Eigenwohnungen. DStBl. 1927, 527. — Meyer, Zur Frage der Sicherungshypothek bei der Hauszinssteuer. DStZ. 1927, 315. — Stephan, Zweifels- und Härtefälle aus der Praxis der preußischen Hauszinssteuer. IndMitt. 1927, 326.

§ 38.

1. Abzug von Papiermarkschulden bei Übernahme durch den Grundstückserwerber. RFH. 23. Febr. 27 VI A 555—558/26 StA. 1927, 289
2. § 38 und die daran anschließende Rechtsprechung gilt auch für die Schulden einem ausländischen Gläubiger gegenüber, deren Aufwertung mit Rücksicht auf bestehende Staatsverträge bestimmt zu erwarten war. RFH. 18. Okt. 27 I A 411/26 S. 22, 138 = IndMitt. 1927, 402 = StuW. 1927 Nr. 713.
3. Abzugsfähigkeit Mecklenburgischer Fideikommißrenten. RFH. 26. Okt. 27 VI A 572/27.
4. Bei einem als „Stille Gesellschaft" bezeichneten Rechtsverhältnisse hängt es vom Gesamtinhalt der zwischen den Beteiligten getroffenen Vereinbarungen ab, ob die Schuld des Geschäftsinhabers an den stillen Gesellschafter unter die Vorschrift des § 38 fällt, ob sie also für die Vermögensteuer 1924 nur dann in Abzug gebracht werden darf, wenn die Schuld vor dem 31. Dez. 1923 durch Vereinbarung oder rechtskräftige Entscheidung dem Grunde und der Höhe nach aufgewertet ist. RFH. 25. Jan. 27 I A 385/26 S. 20, 194 = IndMitt. 1927, 101 = DStBl. 1927, 242 = StuW. 1927, Nr. 350 = JW. 1927, 1721 *(mit Bespr. v. Wrzeszinski)*.
5. Bewertung der Inventarrückgabepflicht und Wertausgleichspflicht bei Pachtverträgen nach § 587 BGB. Maßgeblicher Zeitpunkt. RG. 20. Okt. 26 VI A 51/26 StA. 1927, 190.
6. Erbanfall. Bei Erbanfällen in der Zeit nach dem 30. Juni 23 bis 31. Dez. 24 bildet das von der Aufwertungsgesetzgebung nicht aufgehobene Sonderrecht des § 38 die ausschließliche Grundlage für die Bewertung von Forderungen und Schulden. Der vertraglichen Aufwertung sind durch § 38 keine Schranken gezogen. RFH. 11. März 27 V e A 64/27 S. 20, 323 = DStBl. 1927, 364 = DVR. 1927, 110 = StuW. 1927 Nr. 608.

7. — Papiermarkhypothek als Nachlaßschuld. RFH. 17. März 27 VI e A 7/27 StA. 1927, 319.
8. — Auf Vermächtnisse, die nach dem 30. Juni 1923 und vor dem 1. Jan. 1925 angefallen sind, ist § 38 nicht anwendbar; sie sind vielmehr bei der Veranlagung zur Erbschaftsteuer gemäß § 143 Abs. 1 AO. mit dem aufgewerteten Betrag in Abzug zu bringen. RFH. 5. März 27 V e A 220/25 JW. 1927, 1227 *(mit Bespr. v. Philipsborn).*
9. — § 38 bezieht sich auch auf Geldvermächtnisse. RFH. 28. Juni 27 I A 37/27 StuW. 1927 Nr. 737.
10. — Keine Aufwertung von Hypotheken auf dem Nachlaßgrundstück nach dem Aufwertungsgesetz bei einem vorher eingetretenen Erbfall. RFH. 4. Jan. 27 V e A 555/26 LZ. 1927, 398 = StA. 1927, 187.
11. Vereinbarungen, durch welche der Schuldbetrag auf Friedensgoldmark festgelegt wird, genügen. RFH. 17. Juni 27 VI A 81/27 StuW. 1927, 298.
12. Behandlung einer Wahlschuld; Behandlung eines Auszugs, der vorläufig nicht gewährt wird. RFH. 17. Juni 27 VI A 81/27 StZbL. 1927, 151.
13. Eine Erbpachtzinsverbindlichkeit, die bei ihrer Begründung auf eine Sachleistung gerichtet ist, wird dadurch, daß für einen gewissen Zeitraum, in den der Stichtag für die Vermögensteuer 1924 fällt, vereinbarungsgemäß dem Verpflichteten eine Geldleistung statt der Sachleistung gestattet ist, nicht zu einer reinen auf Reichsmark lautende Schuld, auf welche § 38 anwendbar ist. RFH. 17. Juni 27 VI A 289/27 StZbL. 1927, 151 = DStBl. 1927, 641.
14. § 38 gilt nicht für gesetzlich oder vertraglich begründete Schadenersatzverpflichtungen. RFH. 29. März 27 I A 313/26 StuW. 1927 Nr. 459.

§ 48.

1. Das Berufungsgericht kann sich nicht auf Grund des § 48 über die gesetzlich vorgeschriebene Beteiligung einer Behörde bei Anwendung einer Steuerbefreiungsvorschrift hinwegsetzen, nachdem es festgestellt hat, daß diese Behörde nicht gehört worden ist. RFH. 11. Nov. 27 II A 451/27 S. 22, 152 = StuW. 1927 Nr. 714.
2. Der § 48 gilt auch für das Gebiet des Steuerüberleitungsgesetzes. RFH. 12. Okt. 26 I A 334/26 S. 20, 31 = RStBl. 1927, 84 = DStBl. 1927, 51 = JW. 1927, 1776.
3. In dem gegen die Feststellung von Einheitswerten vorgesehenen Rechtsmittelverfahren findet § 48, der bei Berufungen mit einem Beschwerdegegenstande bis zu 50 RMk. eine Entscheidung nach freiem Ermessen vorsieht, keine Anwendung. RFH. 27. Sept. 27 I A 366/27 S. 22, 81 StA. 1927, 387 = StuW. 1927 Nr. 540.

§ 51.

1. Wann ist ein Rechtsmittel mutwillig eingelegt? RFH. IV A 337/27 12. Okt. 27 ZfZ. 1927, 487.

30.

Gesetz zur Überleitung der Einkommensteuer und Körperschaftssteuer in das ordentliche Veranlagungsverfahren (Steuerüberleitungsgesetz)

vom 29. Mai 1925 (RGBl. I S. 75)

§ 4.

1. Der im Kalenderjahre 1925 bezogene, für das Kalenderjahr 1924 berechnete Gewinn eines stillen Gesellschafters unterliegt der Einkommensteuer 1925, ohne daß eine Anrechnung der Vorauszahlungen für 1924 in Frage kommt. RFH. 6. April 27; 12. Okt. 27 VI A 134/27 IndMitt. 1927, 398.

§ 5.

1. Nach dem StÜG. selbst sind für die Vorauszahlungen 1924, abgesehen von den Fällen der §§ 5, 6, 9 des Gesetzes, nach wie vor auch die in den DurchfBest. zur II. StNVO. enthaltenen Korrektivbestimmungen anzuwenden, mögen sie sich zugunsten oder zuungunsten des Steuerpflichtigen auswirken. Sollten die §§ 23, 35 DurchfBest. etwas Abweichendes besagen wollen, so würden sie insoweit der rechtlichen Grundlage entbehren. RFH. 4. Nov. 26 I B 39/26, I B 117/26 S. 20, 9 = DStBl. 1927, 51 u. 179 = StuW. 1927, 299 = RStBl. 1927, 84.
2. § 5 ist auch anwendbar, wenn Vorauszahlungen nach Art. I §§ 7—9 der II. StNVO. entrichtet waren, in Wirklichkeit aber ein Fall des § 5 vorlag. RFH. 14. Dez. 26 VI A 505/26 S. 20, 72 = StuW. 1927, 267.

§ 6.

1. Entgegen § 36 Abs. 2 DurchfBest. kann der Steuerpflichtige auf Grund von § 6 die Aufhebung eines zu seinen Ungunsten angewandten Korrektivs und Herabsetzung der Vorauszahlungen auf das den allgemeinen Sätzen entsprechende Maß auch dann verlangen, wenn die Korrektivfestsetzung nach den DurchfBest. zur II. StNVO. berechtigt war. RFH. 15. März 27 I A 67/27 RStBl. 1927, 114 = DStZ. 1927, 440 = StuW. 1927 Nr. 341.

§ 7.

1. Eine Nachforderung von Vorauszahlungen darf nicht in die Form der Festsetzung eines Ablösungsbetrages, gegen welche die Rechtsmittel des § 7 gegeben wären, gekleidet werden. RFH. 1. Febr. 27 I A 9/27 DStZ. 1927, 249.
2. Für nachträglich festgesetzte Vorauszahlungen, die den Ablösungszeitraum betreffen, gelten die Rechtsmittelvorschriften der 2. StNVO. RFH. 19. Febr. 26 I B 80/25 RStBl. 1927, 111.
3. Gegen einen Bescheid des Finanzamts über die Festsetzung der Umsatz- und Einkommensteuervorauszahlung für das ganze Kalen-

derjahr 1924 kann wegen der Umsatzsteuer das Berufungs-, wegen der Einkommensteuer das Beschwerdeverfahren in Frage kommen. RFH. 20. Mai 27 V A 208/27.

§ 9.

1. Gegen den Ablösungsbescheid aus § 9 ist nur das Beschwerdeverfahren gegeben. RFH. 12. Nov. 26 I A 98/26 DStBl. 1927, 51 = StuW. 1927, 299.

§ 10.

1. Zur Frage der Beeinträchtigung der Leistungsfähigkeit durch den Unterhalt mittelloser Angehöriger. RFH. 11. März 27 V e A 111/27 RStBl. 1927, 123.

§ 11.

1. Vorauszahlungen auf die Einkommensteuer 1926 bei Zustellung des Steuerbescheids nach dem Vorauszahlungstermin, aber noch innerhalb der Schonfrist. RFH. 18. Mai 27 VI B 3/27 DStZ. 1927, 635 = StuW. 1927 Nr. 319 = DStBl. 1927, 1697.

§ 31.

1. Für die Haftung der Ehefrau ist eigenes steuerpflichtiges Einkommen nicht erforderlich und das eheliche Güterrecht bedeutungslos. RFH. 12. April 27 I B 20/27 StuW. 1927 Nr. 415.

§ 32.

1. Das Finanzamt hat auch im Falle des § 33 die Möglichkeit, die Umsatzsteuer höher, als vom Steuerpflichtigen angegeben, festzusetzen. Die Nachprüfung findet in diesem Falle im Berufungs- und nicht im Beschwerdeverfahren statt. RFH. 17. Juni 27 V A 309/27 S. 21, 266.

31.

Tabaksteuergesetz

vom 10. August 1925 (RGBl. I S. 244).

Schlicht, Was muß ich als Gewerbetreibender von der Tabaksteuer wissen? (Minden: Bruns 1927).

§ 5.

1. Tabak, der feiner als $1^3/_4$ mm geschnitten ist, hat im Regelfall als Feinschnitt zu gelten, auch wenn er vor dem Zerschneiden gepreßt worden war und wenn die Tabakfasern nach dem Zerschneiden einen Zusammenhang miteinander haben. RFH. 23. Nov. 27 IV A 305/27 ZfZ. 1928, 17.
2. Packungen von feingeschnittenem Rauchtabak, der die Bezeichnung als „Steuerbegünstigter Feinschnitt" nicht tragen, sind als Feinschnitt

zu versteuern, auch wenn zu dessen Herstellung nachweislich Tabakblätter inländischer Herkunft von 50 v. H. der verwerteten Rohstoffe verwendet worden sind. RFH. 28. Sept. 27 IV A 313/27 ZfZ. 1927, 425.

3. Zum Begriff „schwarzer Krauser" im Sinne von § 5 Abs. 5. RFH. 24. Nov. 26 IV A 259/26 ZfZ. 1927, 65.

§ 6.

Arlt, Zur Rechtsprechung des Reichsfinanzhofs über die Bemessung des Kleinverkaufspreises bei der Tabaksteuer. ZfZ. 1927, 372. — Neter, Zum tabaksteuerlichen Begriff des Kleinverkaufspreises für Zigaretten. ZfZ. 1927, 123. — Pöthig, Bemessung des Steuersatzes im Sinne § 6 TabStG. ZfZ. 1927, 42.

1. Einheitliche Versteuerung. Der Senat hält an seiner Rechtsprechung fest, daß die Versteuerung derselben Zigarrensorte durch den Hersteller oder Lagerinhaber bei Abgabe an denselben Kleinhandelsbetrieb einheitlich zu erfolgen hat. RFH. 18. Mai 27 IV A 185/27 S. 21, 172 = ZfZ. 1927, 343.

2. — Für den Grundsatz, daß der Hersteller dieselbe Zigarrensorte demselben Kleinhändler einheitlich versteuert zu liefern hat, ist die Frage, ob dieselbe Zigarrensorte vorliegt, nicht danach zu entscheiden, ob der Hersteller einen einheitlichen Preis vom Kleinhändler fordert, sondern danach, ob im Verkehre nach den Anschauungen der beteiligten Kreise des Tabakgewerbes und der Verbraucher die in verschiedenen Packungen gelieferten Zigarren verschiedener Farben als dieselbe Waren betrachtet werden, und ob nach dieser Verkehrsauffassung sich auch kein Unterschied in dem vom Verbraucher geforderten und von ihm gezahlten Kleinverkaufspreise zu ergeben pflegt. RFH. 6. April 27 IV A 129/27 ZfZ. 1927, 265.

3. — Die einheitliche Versteuerung durch den Hersteller bei Abgabe derselben Zigarrensorte an den Kleinhändler ist auch dann zu fordern, wenn der nur als solcher angemeldete Kleinhändler auch Zwischenhandel betreibt. RFH. 28. Juni 27 IV A 222/27 ZfZ. 1927, 384.

4. — Hat der Beschwerdeführer nicht den Willen gehabt, an alle Verbraucher die Zigaretten zu einem einheitlichen Verkaufspreis abzugeben, so kann es rechtlich nicht beanstandet werden, wenn die Vorinstanz die Verkäufe zu einem niedrigeren Preise als 5 RPf. als Ausnahmepreise im Sinne des § 6 Abs. 2 Satz 1 behandelt und der Versteuerung einen Kleinverkaufspreis zugrunde gelegt hat. RFH. 9. März 27 IV A 67/27 ZfZ. 1927, 182.

5. Über den Begriff Zigarrensorte. RFH. 28. Sept. 27 IV A 296/27 ZfZ. 1927, 425.

6. Ein Hersteller von Feuerwerkszigarillos, der keine Erfahrung von den tatsächlichen Kleinverkaufspreisen derartiger Zigarillos hat, darf die ihm vom Zwischenhändler zum Zwecke der Banderolierung mitgeteilten Preise der Besteuerung nicht ohne weiteres zugrunde legen, sondern muß sich die Kenntnisse verschaffen, die zur richtigen Bestimmung des Kleinverkaufspreises notwendig sind. RFH. 23. Nov. 27 IV A 394/27 S. 22, 172 = ZfZ. 1927, 484.

§ 8.

1. Derjenige, der sich als gewerbsmäßiger Hersteller angemeldet hat, kann von der Steuerbehörde als solcher behandelt werden. RFH. 13. Juli 27 IV A 242/27 ZfZ. 1927, 385.
2. Die Vereinigung aller Geschäftsanteile einer Gesellschaft m. b. H. in der Hand eines Gesellschafters, der zugleich Geschäftsführer ist, schließt die Anwendung des § 8 Abs. 2 (Steuerbefreiung von an Angestellte oder Arbeiter abgegebenen Tabakerzeugnissen) nicht aus. RFH. 9. Nov. 27 IV A 372/27 ZfZ. 1927, 484.

§ 9.

1. Der Begleitscheinnehmer haftet als solcher nicht für die Tabaksteuer, die auf den aus dem Ausland eingeführten, mit Zollbegleitschein I abgefertigten Tabakerzeugnissen ruht. Er kann, soweit er nicht Einbringer im Sinne des § 9 ist, als Steuerschuldner auch dann nicht in Anspruch genommen werden, wenn er im Zollbegleitschein I die Haftung für die Tabaksteuer übernommen hat. RFH. 1. Juni 27 IV A 566/26 S. 21, 200 = ZfZ. 1927, 344.
2. Zur Auslegung von § 9 Abs. 3 und § 10. RFH. 23. Febr. 27 IV A 11/27 ZfZ. 1927, 158.
3. Für die Entstehung der Steuerschuld entscheidet die Tatsache der Nichtanschreibung. RFH. 9. März 27 IV A 79/27 ZfZ. 1927, 182.

§ 10.

1. Übergang von tabaksteuerpflichtigen Erzeugnissen in den freien Inlandsverkehr. RFH. 26. Jan. 27 IV A 19/27 DStBl. 1927, 372.
2. Wird die Versendungsanmeldung erst nach der Versendung bei der Behörde abgegeben, so haben die Erzeugnisse den Herstellungsraum ohne steuerliche Überwachung verlassen und sind in den freien Inlandsverkehr getreten. Damit ist die persönliche Steuerschuld des Herstellers nach § 9 Abs. 1, § 10 des Ges. entstanden. RFH. 7. Dez. 26 IV A 260/26 ZfZ. 1927, 65 = DStBl. 1927, 182.
3. Durch die Haftung des hinterziehenden Lagerinhabers wird die Festsetzung der Steuerschuld des versendenden Herstellers nicht gehindert, vielmehr haften sie nebeneinander. RFH. 23. März 27 IV A 75/27 ZfZ. 1927, 202.
4. Kann die Steuerbehörde bei mit Versendungsanmeldung versandten Waren nicht feststellen, daß die Aufnahme in das Steuerlager des Empfängers nicht erfolgt und die Eintragung in das Lagerbuch unterblieben ist, so kann die Tabaksteuer wegen dieser Waren nicht gegen den Hersteller, der die Waren versandt hat, festgesetzt werden. RFH. 23. Febr. 27 IV A 61/27 S. 20, 250 = DStBl. 1927, 369.

§ 11.

Fabricius, Zum Konkursprivileg der Tabaksteuer. DJZ. 1927, 1268.

1. a) Die amtliche Festsetzung der Tabaksteuer ist veranlaßt, wenn die Tabakerzeugnisse in den freien Inlandsverkehr getreten sind, ohne daß sie mit den erforderlichen Steuerzeichen versehen sind.

b) Die amtliche Anlegung von Tabaksteuerzeichen an eingezogenen Tabaksteuerzeugnissen, die sich bereits im freien Verkehre befanden, hat nicht die Bedeutung, daß dadurch rückwirkend die Versteuerung als durch den Hersteller beim Übergang in den freien Verkehr bewirkt zu gelten hätte. RFH. 9. Febr. 27 IV A 546/26 ZfZ. 1927, 144 u. 159 = DStBl. 1927, 369 = JW. 1927, 1662.

2. Entnahme von Tabaksteuerzeichen, auf welche der Kleinverkaufspreis nicht eingetragen war. Verwendung von Steuerzeichen mit zu niedrigen Kleinverkaufspreisen. RFH. 7. Dez. 26 IV A 475/26 DStBl. 1927, 182.

3. Steuerzeichen, die sich ein Hersteller von anderer Seite als von der zuständigen Hebestelle verschafft und verwendet, sind als nicht verwendet anzusehen. RFH. 9. März 27 IV A 98/27 S. 21, 83 = StuW. 1927 Nr. 463.

4. Zu §§ 17 Abs. 2 und 23 Abs. 2 der AusfBest. (Anbringung der Steuerzeichen.) RFH. 1. Juni 27 IV A 174/27 ZfZ. 1927, 344 = DStBl. 1927, 703.

5. Unter den „mehreren Öffnungsstellen" im Sinne des § 23 Abs. 2 Satz 3 sind nur die ordentlichen Öffnungsstellen zu verstehen. RFH. 15. Juni 27 IV A 193/27 ZfZ. 1927, 344 = DStBl. 1927, 703.

6. Ist gegen Ablehnung eines Antrags auf Barersatz von Tabaksteuerzeichen das Anfechtungsverfahren gegeben? RFH. 26. Okt. 27 IV A 302/27 ZfZ. 1927, 485.

§ 15.

1. a) Bei der Einfuhr tabaksteuerpflichtiger Erzeugnisse kommt dem Umstand, daß die Erzeugnisse zu Geschenkzwecken eingeführt werden, insoweit keine Bedeutung zu, als deswegen nicht der inländische Kleinverkaufspreis niedriger anzusetzen ist.
b) Der zur Erläuterung des § 15 Abs. 3 Satz 2 u. 3 TabStAusfBest. ergangene Erlaß des Reichsministers der Finanzen vom 7. März 1924 II st 1351 über die Schätzung des Kleinverkaufspreises eingeführter tabaksteuerpflichtiger Erzeugnisse steht im Einklange mit den Grundsätzen des TabStG. und dessen AusfBest.
c) Über die Einrechnung des Zolles bei Ermittlung des Kleinverkaufspreises der aus dem Saargebiet eingeführten tabaksteuerpflichtigen Erzeugnisse. RFH. 9. März 27 IV A 439/26 S. 20, 292 = ZfZ. 1927, 182 = DStBl. 1927, 370.

§ 34.

1. Der Hersteller kann auf Grund der §§ 34, 42 Abs. 2 als Steuerschuldner nur für solche Waren in Anspruch genommen werden, die sich noch unter Steueraufsicht befanden, nicht aber hinsichtlich solcher Waren, die der Steueraufsicht schon entzogen waren. RFH. 22. Apr. 27 IV A 136/27 S. 21, 110 = ZfZ. 1927, 265 = DStBl. 1927, 426.

§ 42.

1. Der Sollbestand darf nur auf Grund der Eintragungen des Steuerpflichtigen ermittelt werden. RFH. 26. Okt. 27 IV A 357/27. ZfZ. 357/27 ZfZ. 1927, 485.

2. Ermittelung des Sollbestandes bei der Bestandaufnahme, wenn die angeschriebenen Zahlen der eingegangenen Zigaretten nachträglich geändert sind. RFH. 15. Juni 27 IV A 204/27 DStBl. 1927, 703.

3. Eine Fehlmenge im Sinne des § 42 Abs. 2 kann nur für die Zeit der Bestandsaufnahme, nicht auch für eine vor ihr liegende Zeit festgestellt werden. RFH. 26. Jan. 27 IV 556/26 ZfZ. 1927, 145.

4. Gemäß § 42 Abs. 2 ist der höchste Steuersatz anzuwenden, ohne daß es darauf ankommt, welche Menge von Tabakerzeugnissen seit der letzten Bestandsaufnahme zu diesem Steuersatz versteuert worden ist. RFH. 10. Nov. 26 IV A 257/26 ZfZ. 1927, 43.

§ 43.

1. Grundsätzlich ist die Anbringung von Steuerzeichen an den zur Einfuhr nach Deutschland bestimmten tabaksteuerpflichtigen Erzeugnissen im Ausland unzulässig. Die für Großhändler im § 43 Satz 2 gemachte Ausnahme setzt voraus, daß die behördliche Genehmigung erteilt und die besonderen Sicherungsmaßnahmen beobachtet werden. RFH. 9. März 27 IV A 439/26 S. 20, 292 = DStBl. 1927, 370.

§ 44.

1. Ist ein Tabaksteuerlager einer Kommanditgesellschaft bewilligt worden, so hört ihre tabaksteuerliche Rechtsfähigkeit nicht dadurch auf, daß sie ihr Geschäft mit Firma, Aktiven und Passiven auf einen anderen überträgt. Tabaksteuerlich ist das Fortbestehen der Kommanditgesellschaft bis zur Abwicklung des Steuerrechtsverhältnisses anzunehmen. RFH. 23. Nov. 27 IV A 330/27 ZfZ. 1928, 18 = StuW. 1927 Nr. 515.

§ 45.

1. Die Zuschlagsteuerschuld des Kleinhändlers entsteht auch, wenn ein zu seiner rechtsgeschäftlichen Vertretung in seinem Kleinhandelsbetrieb befugter Angestellter von sich aus die Preise erhöht und dies nach außen erkennbar werden läßt. RFH. 27. Okt. 26 IV A 402/26 ZfZ. 1927, 44 = DStBl. 1927, 52.

§ 47.

1. Die Anzeigepflicht des Kleinhändlers gilt auch für den Fall, daß er nicht vorschriftsmäßig versteuerte tabaksteuerpflichtige Erzeugnisse erhält und diese zum eigenen Bedarfe bestimmt. RFH. 23. Nov. 27 IV A 390/27 ZfZ. 1927, 485.

2. Der Sinn dieser Vorschrift ist nicht, daß vor Ablauf der fünftägigen Frist die strafrechtliche Verantwortlichkeit wegen Tabaksteuerhinterziehung ausgeschlossen sei oder eine rechtzeitige Anzeige Straffreiheit begründe. RG. 21. Febr. 27 2 D 983/26 DStBl. 1927, 370.

§ 56.

1. Zur Auslegung von § 56 des Ges. RFH. 26. Jan. 27 IV A 577/26 ZfZ. 1927, 145.

2. Zwischen Betrug und Tabaksteuerhinterziehung nach §§ 56, 64 besteht Gesetzeseinheit. RG. 25. Jan. 27 1 D 870/26 DStBl. 1927, 371.
3. Bei dem Erschleichen von Steuervorteilen im Sinne des § 56 Satz 1 muß es sich um andere Vorteile handeln als um die, welche sich aus der Vorenthaltung von dem Reiche auf Grund des TabStG. gebührenden Einnahmen ergeben. RFH. 28. Juni 27 IV A 216/27 ZfZ. 1927, 345.

§ 58.

1. Einbruchsgebiet als Inland. RG. 18. Okt. 26 3 D 618/26 DStBl. 1927, 53, 97.
2. Rechtsvermutung der Tabaksteuerhinterziehung bei Versand von Erzeugnissen an eine offene Handelsgesellschaft. RFH. 24. Nov. 26 IV A 503/26 DStBl. 1927, 372.
3. Der Tatbestand des § 58 Nr. 5 ist schon dann gegeben, wenn jemand tabaksteuerpflichtige Waren, die nicht mit den zutreffenden Steuerzeichen versehen sind, aus den Herstellungs- oder Tabaksteuerlagerräumen ohne steueramtliche Überwachung entfernt, nicht erst dann, wenn er nach der Entfernung die tatsächliche Verfügungsgewalt auf einen Dritten überträgt. RFH. 28. Juni 27 IV A 216/27 ZfZ. 1927, 345.

§ 59.

1. Der Tatbestand des § 59 Nr. 9 liegt nicht vor, wenn der Verkäufer mit zutreffenden Steuerzeichen versehene Packungen im Gewahrsam hat, bei denen das Steuerzeichen trotz Öffnens der Kiste nicht zerrissen oder zerschnitten ist. RFH. 4. Mai 27 IV A 158/27 ZfZ. 1927, 265 = DStBl. 1927, 426.
2. Zum Begriffe des Verkäufers. RFH. 10. Nov. 26 IV A 483/26 DStBl. 1927, 53 = ZfZ. 1927, 66.
3. Schon durch die rein äußere Tatsache des Gewahrsams wird die Voraussetzung des § 59 Nr. 9 erfüllt. RG. 21. Febr. 27 2 D 983/26 DStBl. 1927, 370.

§ 66.

1. Der Vermutungstatbestand des § 59 Nr. 10 für das Vorliegen einer Steuerhinterziehung und der Tatbestand der Fälschung von Steuerzeichen im Sinne des § 66 decken sich nicht; der erstere steht zu letzterem nicht im Verhältnis eines Sondertatbestandes. Wohl aber ist tateinheitliches Zusammentreffen der beiden Vergehen dann möglich, wenn die Fälschung der Steuerzeichen nicht nur ein Mittel der Steuerhinterziehung, sondern zugleich die durch § 59 Nr. 10 zum gesetzlichen Tatbestande der Steuerhinterziehung ausgestaltete Handlung ist. RG. 26. Nov. 26 1 D 483/26 R 70/26 DStBl. 1927, 370.

§ 67 a.

1. Tabaksteuerzeichen dürfen nur für den eigenen Bedarf und nur für den eigenen Namen erworben werden. Wer sich Tabaksteuerzeichen auf den Namen eines anderen verschafft, verschafft sich diese unbefugt im Sinne des § 67 a, einerlei, ob der andere ihm die Ermächtigung zum Gebrauche seines Namens gegeben hat oder nicht. RG. 25. Nov. 26 2 D 568/26 StA. 1927, 121 = DStBl. 1927, 372.

§ 77.

Goetzeler, Zuwiderhandlungen gegen Zölle und Verbrauchssteuern. ZfZ. 1927, 311.

§ 93.

Neter, Erstattung von Materialsteuer. ZfZ. 1927, 223.

1. Die Vernichtung von Zigaretten unter amtlicher Aufsicht begründet keinen Erstattungsanspruch für die Materialsteuer aus Rechtsgründen. RFH. 9. Febr. 27 IV A 573/26 S. 20, 218 = ZfZ. 1927, 145 = DStBl. 1927, 373 = JW. 1927, 1605.
2. Weder im § 93 noch im § 103 ist die Materialsteuerpflicht von der Beschaffenheit des Rohtabaks abhängig gemacht. RFH. 9. März 27 IV A 85/27 ZfZ. 1927, 182.

§ 100.

1. Unter Aufbewahrung hat man das Liegen des Tabaks mit Zustimmung des Herstellers an einem Orte zu verstehen, von dem aus vom Hersteller der Tabak dem Weiterverkauf oder der Verarbeitung oder auch einer anderweiten Lagerung zugeführt werden soll. RFH. 22. April 27 IV A 136/27 S. 21, 110 = ZfZ. 1927, 265 = DStBl. 1927, 427.

32.

Umsatzsteuergesetz

in der Fassung der Bek. vom 8. Mai 1926 (RGBl. I S. 218).

§ 1.

Brasch, Hilfsgeschäft und Umsatzsteuer. (Berlin: Spaeth u. Linde 1927). — von Rosenberg, Die Umsatzsteuerpflicht bei Verkäufen landwirtschaftlicher Grundstücke. StZdL. 1927, 108. — Heitkamp, Die Umsatz- und Einkommensteuer im Falle der Liquidation. DStBl. 1927, 575. — Kloß, Umsatzsteuerpflichtiger Eigenverbrauch von Gemeinwesen. Gemeinde-Syndikus. 1927, 97. — Derselbe, Neues und Neuestes aus dem Umsatzsteuerrecht. DStZ. 1927, 198. — Schmauser, Die Umsatzsteuer bei Unternehmungszusammenschlüssen. ZStuFr. 1927, 265. — Senf, Umsatzsteuer bei Grundstücksveräußerungen. StA. 1927, 201. — Vehlow, Metaverbindung, Börsenumsatz- und Umsatzsteuer. DStZ. 1927, 586.

Nr. 1.

1. Leistungen. Umsatzsteuerpflicht einer Kartoffelverarbeitungsgenossenschaft. RFH. 21. Dez. 26 V A 713/26 StZdL. 1927, 34; 21. Jan. 27 V A 786/26 StZdL. 1927, 51.
2. — a) Nicht jede Schadensersatzleistung entbehrt der Eigenschaft einer entgeltlichen Leistung im Sinne des § 1 Nr. 1. Die Gewährung eines Schadensersatzes stellt vielmehr nur dann kein Entgelt im umsatzsteuerrechtlichen Sinne dar, wenn es zur Aus-

führung einer Leistung nicht kommt, beispielsweise also dann, wenn die Gegenleistung für die Verhinderung einer gewinnbringenden Leistung gewährt wird.

b) Die Beträge, die ein Landwirt auf Grund Vertrags mit der zuständigen Behörde aus der Staatskasse für die Tötung von Vieh erhält, das nach der Tötung als frei von Lungenseuche befunden wird, sind umsatzsteuerpflichtig. RFH. 18. Febr. 27 V A 889/26 RStBl. 1927, 115 = StZbL. 1927, 115.

3. — Filmverleihung. RFH. 4. März 27 V A 928/26 StA. 1927, 254.

4. — Die Vermittlungstätigkeit einer Zuckerwirtschaftsstelle (einer Gesellschaft) gegenüber ihren Mitgliedern kann umsatzsteuerpflichtige Leistungen auslösen. RFH. 29. April 27 V A 102/27 StA. 1927, 322 = StuW. 1927 Nr. 719.

5. — Umsatzsteuerpflicht eines für Bestattungsgeschäfte tätigen Leichenvorträgers nur für die Gebühren, die er für seine Arbeit als Leichenträger und die besonderen Vergütungen, die er als Kolonnenführer erhalten hat, nicht aber auch für die Entgelte, die er den anderen Trägern ausgezahlt hat. RFH. 12. Juli 27 V A 328/27 StuW. 1927 Nr. 416.

6. Geschäftsveräußerung. Umsatzsteuerpflichtiger Verkauf eines ganzen Geschäfts. RFH. 18. Nov. 27 V A 409/27 StuW. 1927 Nr. 715.

7. — Der Verkauf eines Teilbetriebs eines Unternehmens ist umsatzsteuerpflichtig. Steuerpflichtig ist der gesamte Erlös ohne Rücksicht auf seine Verwendung. Auch die durch Hypothekenbestellung gesicherte Kaufpreisforderung gilt als vereinnahmt. RFH. 1. Juli 27 V A 406/27 StA. 1927, 354 = StuW. 1927 Nr. 716.

8. Hilfsgeschäft. Verkauf von Inventar durch den Pächter nach Beendigung der Pacht ist umsatzsteuerpflichtig. RFH. 18. Febr. 27 V A 946/26 StZbL. 1927, 156.

9. — Die Mietabfindung, die ein Unternehmer bei der Verlegung seines Betriebs in neue Geschäftsräume für die Überlassung der alten Mieträume an einen Dritten vereinnahmt, ist umsatzsteuerpflichtig. RFH. 26. Sept. 27 V A 418/27 S. 22, 66 = IndMitt. 1927, 336 = StA. 1927, 357 = StuW. 1927 Nr. 717.

10. Grundstücksveräußerung. Veräußerung eines Grundstücks durch eine Grundstücksgesellschaft. RFH. 8. Okt. 26 V A 416/26 DStBl. 1927, 182.

11. — Die Ansicht, daß die Liquidation eines größeren Grundbesitzes im Sinne der Veränderung der Vermögenslage keinesfalls der Umsatzsteuerpflicht unterliege, findet im Gesetz keine Stütze. RFH. 29. Okt. 26 V A 657/26 DStBl. 1927, 183.

12. Gewerbmäßigkeit. Ist die Zahl der von einem Richter innerhalb eines bestimmten Zeitraums übernommenen Schiedsgerichtssachen so groß, daß sich äußerlich das Bild einer fortdauernden Tätigkeit auf diesem Gebiet ergibt, so muß die Umsatzsteuerpflicht bejaht werden, auch wenn kein einheitlicher Entschluß vorliegt. RFH. 18. Febr. 27, V A 948/26 S. 20, 63 = LZ. 1927, 1027 = DJZ. 1927, 609 = DStZ. 1927 S. 346 = JW. 1927, 2478 *(mit Bespr. v. Wassertrüdinger).*

13. — Wer in einer Gastwirtschaft nach Vereinbarung mit dem Wirte die Aufbewahrung der Garderobe besorgt und hierfür von den Gästen ein in deren Belieben gestelltes Trinkgeld erhält, ist als Angestellter des Wirtes anzusehen, auch wenn er unter der Bezeichnung als Pachtzahlung einen Teil der anfallenden Trinkgelder an den Wirt abliefern muß. RFH. 26. Nov. 26 V A 848/26 RStBl. 1927, 41 = DStZ. 1927, 55 = DStBl. 1927, 53 = StuW. 1927, 131 = JW. 1927, 1605.

14. — In der Entscheidung vom 26. Nov. 1926 V A 848/26 (vorstehend unter Nr. 13) ist nicht der Grundsatz aufgestellt, daß das im Gasthausgewerbe beschäftigte Personal unter allen Umständen als vom Wirt angestellt zu gelten hat. Ausnahmen sind möglich, z. B. bei Hotelportiers, die die Portierloge eines Hotels gepachtet haben, nicht unter die sonst übliche Trinkgeldabfindung fallen und auf unmittelbare Entlohnung durch den Gast angewiesen sind. RFH. 28. Okt. 27 V A 572/27 (n. v.)

15. Selbständigkeit. Eine gewerblich unselbständige Person ist umsatzsteuerfrei, mag sie nach außen im eigenen Namen oder im Namen des Geschäftsherrn auftreten. RFH. 16. Sept. 27 V A 323/27 StA. 1927, 356.

15a. — Zusammenschlüsse. Zusammenschluß gleichartiger Fabrikationsunternehmungen zum Zwecke gemeinsamen Verkaufs ihrer Erzeugnisse durch eine Verkaufsstelle. RFH. 5. Nov. 26 V A 603/26 DStZ. 1927, 56.

15b. — — Bei Unternehmungszusammenschlüssen sind die einer unselbständigen Gesellschaft m. b. H. von der ihr übergeordneten bürgerlich-rechtlichen Gesellschaft der zusammengeschlossenen Unternehmer erstatteten Selbstkosten umsatzsteuerfrei ohne Rücksicht darauf, ob die Zahlung derselben Beträge von den Einzelunternehmungen an die bürgerlich-rechtliche Gesellschaft als Gesellschaftsbeiträge steuerfrei oder ob sie auf Leistungsaustausch beruhend der Steuer unterworfen sind. RFH. 12. Nov. 26 V A 500/26 S. 20, 4 = DStBl. 1927, 53 = RStBl. 1927, 79 = StA. 1927, 87 = JW. 1927, 1717 *(mit Bespr. v. Becher).*

16. — — Zum umsatzsteuerlichen Aufbau von Unternehmerzusammenschlüssen. Steuerfreiheit von echten Mitgliedsbeiträgen. RFH. 28. Jan. 27 V A 852/26 S. 20, 286 = IndMitt. 1927, 127 = StuW. 1927 Nr. 272.

17. — — Jede umsatzsteuerpflichtige Leistung setzt einen Unternehmer voraus, also ein rechtliches oder wirtschaftliches Gebilde, das gegen Entgelt eine nachhaltige Tätigkeit ausübt. Für die Frage, von wem eine solche Tätigkeit ausgeht, ist maßgebend die Anschauung des Verkehrs. Der Verkehr sieht als Ausüber einer gewerblichen Tätigkeit den an, der mit seinem Namen oder in anderer Weise nach außen hervortritt, nicht aber ein Gebilde, das zwar im enggeschlossenen Kreise eine herrschende Stellung einnimmt, das aber keine bürgerliche Rechtspersönlichkeit, keinen Namen, keine Behausung, kein Vermögen, keine Buchführung, keinen Betrieb und nicht einmal ein zusammenhängendes Eigenleben hat (Interessengemeinschaft von Rohzuckerfabriken). RFH. 8. April 27 V A 101/27 StZbL. 1927, 155 = StuW. 1927 Nr. 342.

18. — — Die auf Grund des UmſStG. 1918 ausgeſprochene Rechtsanſicht, daß bei der Beurteilung der gewerblichen Selbſtändigkeit einer Geſellſchaft ihre bürgerlich-rechtliche Selbſtändigkeit zu berückſichtigen ſei, wird für das neue Umſatzſteuerrecht nicht aufrechterhalten. RFH. 26. Sept. 27 V A 417/27 S. 22, 69 = JndMitt. 1927, 336 = StuW. 1927 Nr. 458 = JW. 1927, 2946.

19. Geſellſchaften. Bei einer ſogenannten Metaverbindung, die Dritten gegenüber nicht in die Erſcheinung tritt, findet zwiſchen dem Einkäufer-Metiſten und dem Verkäufer-Metiſten ein ſteuerpflichtiger Umſatz ſtatt. RFH. 4. März 27 V A 77/27 S. 20, 300 = DStZ. 1927, 346 = JndMitt. 1927, 128 = DStBl. 1927, 374 = ZStFr. 1927, 142 = StuW. 1927 Nr. 273 = DJZ. 1928, 1195 = LZ. 1927, 1028 = JW. 1927, 3027 *(mit Bespr. v. Becher)*.

20. — Eine offene Handelsgeſellſchaft iſt ein von den beteiligten Gewerbetreibenden verſchiedenes Rechtsſubjekt. RFH. 17. März 27 V A 40/27 StuW. 1927 Nr. 271 = DStBl. 1927, 427.

21. — Wenn bei Auflöſung einer offenen Handelsgeſellſchaft der eine Geſellſchafter das Geſchäft ohne Liquidation übernimmt, der andere für ſeine Geſellſchaftsrechte mit Waren der Geſellſchaft abgefunden wird, die in vertretbaren Gattungsſachen beſtehen und zunächſt nicht in Natur geteilt werden, ſo kommt für deren Verkauf und Lieferung unter der alten Firma Umſatz einer beſtehen gebliebenen Geſellſchaft des bürgerlichen Rechtes und Haftung des abgefundenen Geſellſchafters für die Umſatzſteuer in Frage. RFH. 13. Mai 27 V A 918/26 RStBl. 1927, 192 = DStZ. 1927, 906 = StuW. 1927 Nr. 500.

22. — Die Beiträge der Mitglieder einer Stierhaltungsgenoſſenſchaft zu den Unkoſten der Haltung von Zuchtbullen, die nach der Zahl der Kühe abgeſtuft ſind, unterliegen der Umſatzſteuer. RFH. 24. Juni 27 V A 235/27 RStBl. 1927, 193 = StZbL. 1927, 234 = StuW. 1927 Nr. 499.

23. — Zur Umſatzſteuerpflicht von Leiſtungen von Geſellſchaftern an die Geſellſchaft. RFH. 28. Okt. 27 V A 63/27 StuW. 1927 Nr. 718.

24. Vgl. auch Anm. 15, 16.

25. Öffentliche Gewalt. Umſatzſteuerpflicht einer Gemeinde wegen der Entgelte für Zurverfügungſtellung eines Zuchtbullens und einer Gemeindeweide. Vgl. zu § 3 Anm. 1.

26. — In dem Vertrag, durch den der Preußiſche Staat an einen Brückengelderheber das Recht zur Erhebung von Brückengeld „verpachtet", verpflichtet ſich der Brückengelderheber zu einer Dienſtleiſtung, die umſatzſteuerpflichtig iſt. Die Steuer iſt feſtzuſetzen nach dem Überſchuß der von dem Brückengelderheber erzielten Einnahmen an Brückengeld über die von ihm dem Staat geſchuldete Pachtſumme; der Brückengelderheber iſt nicht berechtigt, hiervon ſeine Ausgaben abzuziehen. RFH. 25. Mai 27 V A 180/27 RStBl. 1927, 192 = DJZ. 1927, 179.

27. Tätigkeit im Inland. Die gewerbliche mietweiſe Überlaſſung von Keſſelwagen einer im Inland befindlichen Firma an einen Ausländer, der die Wagen lediglich im Ausland benutzt, iſt keine im Inland ausgeführte Leiſtung im Sinne des § 1. RFH.

11. Jan. 27 V A 769/26 S. 20, 159 = JndMitt. 1927, 70 = DStBl. 1927, 245 = JW. 1927 2335. *(mit Bespr. v. Kaufmann)*.

28. — Liefert ein inländisches Unternehmen von seinem inländischen Lager aus gegen Entgelt Waren im Namen eines im Ausland befindlichen Unternehmens an dessen inländische Abnehmer auf Grund Agenturvertrags, so ist diese Lieferung einer Lieferung gleichzustellen, die das ausländische Unternehmen im Inland gegen Entgelt ausführt. RFH. 11. Jan. 27 V A 818/26 S. 20, 158 = JndMitt. 1927, 70 = StuW. 1927, 300 = StA. 1927, 186 = DJZ. 1927, 1041 = JW. 1927, 2336 *(mit Bespr. v. Lang)*.

29. — Der Veranstalter von Gesellschaftsreisen ist, sofern nichts anderes vereinbart ist, für die inländischen und ausländischen Leistungen an die Reiseteilnehmer nur mit seiner Vermittlungsgebühr umsatzsteuerpflichtig, wenn die Leistungen — insbesondere Beförderungen, Beherbergung, Verpflegung, Führungen — durch selbständige Unternehmer ausgeführt werden. RFH. 12. Juli 27 V A 900/26 S. 21, 306 = RStBl. 1927, 214 = StuW. 1927 Nr. 498 = JW. 1927, 2825.

30. — a) Vertreibt ein inländischer Unternehmer durch selbständige ausländische Reisebüros im Ausland Fahrkarten, so ist er umsatzsteuerpflichtig wegen der vollen Vergütung, die er von dem Beförderungsunternehmer für den Vertrieb erhält.

b) Übt ein Unternehmer seine eigene gewerbliche Tätigkeit ausschließlich im Inland aus, so wird seine Umsatzsteuerpflicht weder zu seinen Gunsten noch zu seinen Ungunsten dadurch beeinflußt, daß ein anderer selbständiger Unternehmer als sein Erfüllungsgehilfe im Ausland tätig wird. RFH. 31. Okt. 27 V A 140/27 S. 22, 123.

Nr. 2.

31. a) Der Besteuerung des Eigenverbrauchs unterliegt jeder Unternehmer im Sinne des § 1 Nr. 1, gleichviel, ob er eine natürliche Person ist oder eine juristische Person des öffentlichen oder bürgerlichen Rechtes oder ob er überhaupt eine Persönlichkeit im Sinne dieser Rechtsgebiete besitzt.

b) Die Besteuerung des Eigenverbrauchs wird nicht dadurch ausgeschlossen, daß der Steuerpflichtige seinen Eigenbedarf zu Großhandels-, Erzeuger- oder Herstellerpreisen decken könnte, auch wenn er kein gewerbliches Unternehmen betriebe.

c) Die Besteuerung des Eigenverbrauchs setzt nicht voraus, daß der Unternehmer die seinem Betriebe entnommenen Gegenstände ursprünglich zum Zwecke der Veräußerung erzeugt, hergestellt oder erworben hatte.

d) Entnahmen einer gewerbetreibenden Gemeinde aus den Beständen ihrer Betriebe zu außergewöhnlichen Zwecken, insbesondere für ihr Eigenleben als Hoheitssubjekt des öffentlichen Rechtes, sind als Eigenverbrauch steuerpflichtig, gleichviel, ob die Gemeinde den Betrieb durch ihre Beamten und Angestellten ausübt oder durch eine unselbständige Erwerbsgesellschaft.

e) Für die Besteuerung des Eigenverbrauchs ist das Wertverhältnis zwischen den Leistungen an Dritte und den Entnahmen unerheblich. RFH. 11. Jan. 27 V A 746/26 S. 20, 147 = DStZ. 1927, 250 =

LZ. 1927, 465 = JW. 1927, 2238 = StuW. 1927 Nr. 274 = DJZ. 1928, 887 = PrVBl. 1927, 436 *(mit Bespr. v. Hensel).*

32. Umsatzsteuerpflichtiger Eigenverbrauch von Gemeinden bei Entnahme von Brennholz aus einem Arbeitshause. RFH. 4. März 27 VA 934/26 PrVBl. 49, 71 = StuW. 1927 Nr. 727 = JW. 1927, 2866.

Nr. 3.

33. — Der gewerbsmäßige Versteigerer hat die Versteigerungsgebühr, die der Ersteher mit dem Versteigerungspreise zahlt, zweimal, einmal als Entgelt für die Lieferung des Auftraggebers und weiter als Vergütung für seine eigene Leistung, zu versteuern. RFH. 14. Dez. 26 VA 885/26 S. 20, 177 = RStBl. 1927, 89 = StuW. 1927 Nr. 171, 275 = DJZ. 1927, 815 = JW. 1927, 1717 *(mit Bespr. v. Wassertrüdinger).*

§ 2.

Nr. 1.

Koch, Umsatzsteuerpflicht des ausländischen Unternehmers in Deutschland. IndMitt. 1927, 108. — Senf, Das Verhältnis zwischen § 2 Nr. 1 UmsStG. (Ein- und Ausfuhrbefreiungen) und § 7 UmsStG. (Zwischenhandelsprivileg). StA. 1927, 364.

Nr. 1a.

1. Über den Begriff des ersten Umsatzes aus dem Ausland eingeführter Gegenstände. RFH. 8. Juli 27 VA 233/27 S. 22, 9 = StuW. 1927 Nr. 722.

2. a) Bearbeitung. Der Begriff „Fischkonserven" im Sinne der Freiliste 1b umfaßt nicht die geräucherten Fische.
b) Das Bearbeitungsprivileg des § 11 B III AusfBest. nützt nur dem Bearbeiter, nicht dessen Nachmann. RFH. 8. Nov. 26 VA 552/26 S. 20, 3.

3. — Bearbeitung oder Verarbeitung des eingeführten Gegenstandes zum Zwecke der Sortierung, Reinigung und Erhaltung ist auch dann unschädlich, wenn durch den Vorgang die Marktgängigkeit des Gegenstandes geändert wird. Ob Sortierung, Reinigung oder Erhaltung vorliegt, ist nicht nach technischen Gesichtspunkten, sondern nach der Verkehrsauffassung zu beurteilen. Unter Reinigung ist nicht nur ein Vorgang zu verstehen, der lediglich die Entfernung solcher Gegenstände bezweckt, die durch äußere Umstände zu dem Gegenstande hinzugekommen sind; es kann vielmehr unter Umständen auch als Reinigung aufgefaßt werden, wenn durch den Vorgang gewisse Bestandteile entfernt werden, die von Natur in dem Gegenstand enthalten sind. RFH. 28. Jan. 27 VA 548/26 S. 20, 320 = DStZ. 1927, 346 = IndMitt. 1927, 126 = StuW. 1927 Nr. 172.

4. — Wird Schwefelkies aus dem Ausland eingeführt, ihm von dem Einführenden im Röstverfahren der Schwefel entzogen und die daraus gewonnene Schwefelsäure im Inlande verkauft, so findet die Befreiungsvorschrift im § 2 Nr. 1b keine Anwendung, weil die Wesensart des Gegenstandes im Sinne des § 11 B III Abs. 1 Satz 1 AusfBest. nicht gewahrt ist. RFH. 8. April 27 VA 747/26 (n. v.).

5. — Übernimmt der Einführer von Rohkaffee für seinen Abnehmer das Rösten der Ware, so liegt steuerfreier erster Umsatz aus dem Ausland eingeführter Ware im Inland auch dann nicht vor, wenn der Abnehmer auf Grund einer Zerlegung des Geschäfts das Rösten erst bestellt, nachdem ihm der Einführer die Verfügung über den Rohkaffee verschafft hat. RFH. 12. Aug. 27 V A 348/27 S. 22, 22 = StuW. 1927 Nr. 417 = JndMitt. 1927, 336.

6. Buchführung. Buchführung als Unterlage der Befreiung. RFH. 25. Febr. 27 V A 803/26 JndMitt. 1927, 126 = DStZ. 1927, 346 = DStBl. 1927, 428.

7. — Der buchmäßige Nachweis über die Herkunft der Ware muß, falls Umsatzsteuerfreiheit hinsichtlich des ersten Umsatzes nach der Einfuhr verlangt wird, im Inland geführt werden. Die Bücher müssen im Inland geführt und zur Nachprüfung bereit gehalten werden. RFH. 17. Juni 27 V A 84/27 S. 21, 285 = StA. 1927, 352 = StuW. 1927 Nr. 721.

8. — Zur Sicherstellung der Herkunft von Gegenständen aus dem Ausland. RFH. 4. Nov. 27 V A 462/27 RStBl. 1927, 265.

Nr. 1c.

9. Betreibt ein gewerblicher Verband Ausfuhrhandel auf die Weise, daß der Verband die Preise und die Lieferungsbedingungen festsetzt, die Verkaufsverträge im eigenen Namen abschließt, die Rechnungsbeträge einzieht und das Risiko der Lieferungen trägt, während die dem Verband angeschlossenen Werke auf dessen Weisung die von ihnen hergestellten Waren unmittelbar in das Ausland versenden, so ist als ausführender Unternehmer im Sinne des § 2 Nr. 1c Abs. 2 nicht das liefernde Werk, sondern der Verband anzusehen, auch wenn der Verband dem Abnehmer das Lieferwerk benennt und vereinbart ist, daß dieses die Mängelhaftung dem Abnehmer gegenüber übernehme. RFH. 6. Dez. 26 V A 214/26 S. 20, 83 = JndMitt. 1927, 33.

10. Die Anwendbarkeit des Grundsatzes der sog. Spediteur-Verordnung — jetzt § 15 DurchfBest. — kann auch dann in Frage kommen, wenn der inländische Lieferer der Ware auf Anweisung des ausländischen Erwerbers dessen inländischem Spediteur zur Verfügung eines inländischen Vertreters des Ausländers zu dem Zwecke zusendet, daß dieser Bestimmung über die Beförderung ins Ausland und die Beförderungsweise trifft. RFH. 20. Mai 27 V A 294/27 S. 21, 198 = BR. 1927, 416 = LZ. 1927, 1149 = JndMitt. 1927, 251 = StuW. 1927 Nr. 725.

Nr. 3.

11. Wenn Goldschlägermeister das Rohgold von beliebigen Firmen beziehen und das fertige Blattgold an beliebige Abnehmer liefern, so liegt nicht eine umsatzsteuerpflichtige Werkleistung vor, sondern eine nach § 2 Nr. 3 unter den Voraussetzungen des § 19 DurchfBest. zum UStG. 1919 umsatzsteuerfreie Lieferung von Edelmetall. Der Sachverhalt ist anders als in dem Falle des Urteils RFH. 15, 280, wo der Lieferer des Rohgoldes und der Abnehmer des Blattgoldes die gleichen Personen waren. RFH. 18. Febr. 27 V A 933/26 RStBl. 1927, 115.

Nr. 4.

12. Umsatzsteuerpflicht bei Verpachtung von Betriebsgegenständen einer Fabrik. RFH. 11. März 27 V A 83/27 StA. 1927, 288.

13. Gegenstand der Besteuerung nach § 2 Nr. 4 ist das Grundstück nicht schlechthin, sondern nur, soweit es sich um eingerichtete Räume auf dem betreffenden Grundstück handelt. Es genügt daher zur Auslösung der Steuerpflicht, daß ein Teil der Räume eines Grundstücks eingerichtet worden ist, ein anderer Teil nicht. Die Steuerpflicht wird auch dadurch nicht berührt, daß z. B. ein für die Zwecke eines Lichtspieltheaters eingerichteter Saal gleichzeitig auch als sonstiger Theater- oder Konzertsaal benutzt werden kann. Weiter ist nicht vorausgesetzt, daß der Mieter oder Pächter den eingerichteten Raum ohne weiteres, d. h. ohne daß er selbst besondere Einrichtungs-Gegenstände zu beschaffen hat, zu dem vertragsmäßig bestimmten Zwecke verwenden kann. Es genügt, wenn wesentliche Einrichtungsgegenstände in den Räumen vorhanden sind, welche sie für die Benutzung zu einem bestimmten Zwecke geeignet erscheinen lassen. RFH. 25. Febr. 27 V A 48/27 RStBl. 1927, 102 = DStBl. 1927, 704.

14. Kraftwagenhallen, in denen besonders Teilräume (sogenannte Boxen) zur Unterbringung von Kraftwagen hergerichtet sind, gelten als eingerichtete Räume im Sinne des § 2 Abs. 1. RFH. 8. Juli 27 V A 105/27 S. 21, 289 = BR. 1927, 603 = StuW. 1927 Nr. 725 = JW. 1927, 2825.

15. Stände eines Ausstellungsbaues als eingerichtete Räume im Sinne des § 2 Nr. 4. RFH. 16. Sept. 27 V A 368/27 StA. 1927, 387 = StuW. 1927 Nr. 724.

16. Bei der Verpachtung eines Unternehmens ist aus dem umsatzsteuerpflichtigen Entgelt für die Verpachtung der eingerichteten Räume der Pachtzins für andere Gegenstände, insbesondere für offene Grundstücksteile und für uneingerichtete Räume, auszuscheiden, wenn er nicht im Verhältnis zur ganzen Pachtsumme geringwertig erscheint. RFH. 21. Dez. 26 V A 732/26 S. 20, 137 = IndMitt. 1927, 69 = StuW. 1927, 467 = RStBl. 1927, 102 = DStBl. 1927, 704.

Nr. 5.

17. Wenn die zu einer Gesellschaft zusammengeschlossenen Privatschiffer zur Ausführung der von dieser den Versendern gegenüber übernommenen Güterbeförderung ihren Schiffsraum in Flußschiffen mit der erforderlichen Besatzung der Gesellschaft zur Verfügung stellen, sind sie als gewerblich selbständige Erfüllungsgehilfen für die dafür vereinnahmten Entgelte umsatzsteuerpflichtig. RFH. 11. März 27 V A 197/26 DStZ. 1927, 440 = BR. 1927, 309.

18. Die Umsatzsteuerbefreiung des Art. II § 1 der V. v. 16. Jan. 1925 — jetzt DurchfBest. § 20 Nr. 3 — muß auch einer Privatgesellschaft zugestanden werden, die zwar nicht durch ihren Gesellschaftsvertrag an die Beschränkung des Art. 99 RVerf. gebunden ist, tatsächlich aber bei ihrer Tarifgestaltung die Sätze gleichartiger kommunaler und staatlicher Anstalten, die der verfassungsmäßigen Beschränkung unterliegen, nicht überschreitet. RFH. 17. März 27 V A 41/27 S. 21, 89 = DStBl. 1927, 546 = StuW. 1927 Nr. 733.

19. Die Umsatzsteuerbefreiung der V. über Vergünstigungen bei der KörpSt. und UmsSt. v. 16. Jan. 1925 Art. II § 1 — jetzt Durchf.-Best. § 20 Nr. 3 — erstreckt sich auch auf die Entgelte für die Benutzung von Quailagern. RFH. 8. Okt. 26 V A 640/26 StA. 1927, 25 = DStBl. 1927, 54 = JW. 1927, 1396 *(mit Bespr. v. Bühler).*

Nr. 6.

20. Die Befreiung aus § 2 Nr. 6 erstreckt sich nicht auf den Anteil am Gewinne, den eine gewerblich selbständige Hilfsperson des Buchmachers, die auch an dessen Verlust beteiligt ist, für die Entgegennahme von Wetten im Namen des Geschäftsherrn vereinnahmt. RFH. 3. Dez. 26 V A 666/26 S. 20, 107 = StuW. 1927, 302 = LZ. 1927, 399 = JW. 1927, 1791.

Nr. 9.

Becker, Die Nachprüfung der Umsatzsteuer bei den Apotheken. StA. 1927, 40.

21. Die Lieferungen von zur Abgabe an Krankenkassenmitglieder bestimmten, zur Krankenpflege dienenden Arznei- und Heilmitteln, die ein Verband von Krankenkassen an Apotheker ausführt, sind keine umsatzsteuerfreien Leistungen im Sinne des § 2 Nr. 9. Die Umsatzsteuerpflicht solcher Lieferungen wird auch nicht dadurch ausgeschlossen, daß die beziehenden Apotheker sich verpflichtet haben, die Arznei- und Heilmittel nur an Kassenmitglieder abzugeben. RFH. 9. Sept. 27 V A 212/27 S. 22, 53 = StuW. 1927 Nr. 726.

§ 3.

Nr. 3.

Jacobi, Der Begriff der Gemeinnützigkeit in der Rechtsprechung des Reichsfinanzhofs. StA. 1927, 233.

1. Unter die Befreiungsvorschrift des § 3 Nr. 3 fallen nicht die Entgelte, die eine Gemeinde von den Viehhaltern und Schweinehaltern ihres Bezirks für Bereitstellung und Benutzung eines Gemeinde-Zuchtbullens und eines Gemeinde-Zuchtebers sowie dafür erhebt, daß Gemeindeangehörigen, die Schafe halten, eine Gemeindeweide und ein Gemeindeschäfer zur Verfügung gestellt wird. RFH. 11. Febr. 27 V A 893/26 RStBl. 1927, 236 = StuW. 1927 Nr. 276 = JW. 1927, 2866 = DStBl. 1927, 428 = PrVBl. 49, 71.
2. Ein Ausstellungsunternehmen, dessen Zweck die Belebung und Förderung von Gewerbe und Industrie ist, das für sich keine eigennützigen Ziele verfolgt, ist als ausschließlich gemeinnützig im Sinne des § 3 Nr. 3 anzusehen. Eintrittsgelder und Einnahmen für Programme können daher umsatzsteuerfrei sein. Dagegen unterliegen Mieteinnahmen sowie Erlöse aus dem Verkaufe der Hallen der Umsatzsteuer. RFH. 17. Juni 27 V A 196/27 (n. v.).
3. Privatkliniken keine ausschließlich gemeinnützige Unternehmungen. RFH. 11. Nov. 27 V A 89/27 (n. v.).

Nr. 5.

Friesecke, Gilt die 6000 RM-Grenze in § 3, Z. 5 u. 6 des Umsatzsteuergesetzes, auch wenn die steuerpflichtige Tätigkeit nicht während eines ganzen Jahres ausgeübt ist? ZStFr. 1927, 188. — Michaelis, Nochmals: „Gilt die 6000 RM-Grenze in § 3 Z. 5 u. 6 des Umsatzsteuergesetzes auch, wenn die steuerpflichtige Tätigkeit nicht während der Dauer eines ganzen Jahres geübt ist? ZStFr. 1927, 255.

4. Die Befreiungsvorschrift in § 3 Abs. 1 Nr. 5 ist auch auf eine Musiklehrerin anwendbar, die auf Grund einer künstlerischen Vorbildung im Rahmen ihrer Kunst Unterricht erteilt. RFH. 13. Mai 27 V A 248/27 S. 21, 196 = DStBl. 1927, 704 = StuW. 1927 Nr. 729.
5. Unter welchen Voraussetzungen kann ein Sprachlehrer als Privatgelehrter angesehen werden? RFH. 1. Juli 27 V A 278/27 S. 21, 270 = StA. 1927, 354 = StuW. 1927 Nr. 728.

Nr. 6.

Friesecke, Der Begriff Handlungsagent im Steuerrecht. (Ein Beitrag zu der Verschiedenheit zivil- und steuerrechtlicher Betrachtungsweise). IndMitt. 1927, 235.

§ 4.

Lewin, Entstehung und Fälligkeit des Vergütungsanspruchs aus § 4 des Umsatzsteuergesetzes. DStZ. 1927, 34.

1. Das im § 4 vorgesehene Vergütungsverfahren kann nicht durch Befreiung des Lieferwerkes von der Steuerpflicht ausgeschaltet werden, weil das Verkaufsbüro des Verbandes für sich keinen Gewinn erzielen darf, und die ihm als Vergütung gewährten Beträge den Lieferwerken wieder zufließen. RFH. 6. Dez. 26 V A 214/26 S. 20, 83.

§ 5.

Friesecke, Die Stellung des Kommissionärs und Agenten im Steuerrecht. DJZ. 1927, 1035.

1. Handeln im eigenen Namen. Aufkäufer. RFH. 1. Okt. 26 V A 347/26 StA. 1927, 90.
2. — Kommissionsagent. RFH. 11. März 27 V A 928/26 = DStBl. 1927, 427.
3. — Beim Aufkauf von Rohstoffen beim Erzeuger durch einen Agenten entsteht dadurch ein Umsatz der Stoffe zwischen dem Auftraggeber und dem Agenten, daß dieser dem Agenturvertrage zuwider nach außen wie ein Einkaufskommissionär im eigenen Namen auftritt. RFH. 17. Juni 27 V A 265/27 DStZ. 1927, 809 = StA. 1927, 322.
4. Die im Münchener Schlacht- und Viehhof behördlich zugelassenen sog. Viehkommissionäre sind keine Kommissionäre im Rechtssinn (§ 383 HGB.), sondern üben nach den örtlichen Gepflogenheiten nur eine vermittelnde Tätigkeit aus. RFH. 4. Febr. 27 V A 861/26 S. 20, 232 = StA. 1927, 288 = JW. 1927, 1537 *(mit Bespr. v. Becher).*
5. Sicherheitsübereignung. RFH. 19. Nov. 26 V A 845/26 StA. 1927, 151.

§ 6.

1. Wenn eine Zuckerfabrik den Rübenpflanzern nicht die gesamten Rübenschnitzel, sondern nur einen Teil davon zurückgibt und

den Rest zur Weiterveräußerung an Dritte behält, so sind für den an die Pflanzer zurückgegebenen Teil der Schnitzel die Grundsätze des Urteils v. 8. Mai 1925 S. 16, 195 maßgebend. Bei dem von der Fabrik einbehaltenen Teil der Schnitzel erwirbt die Fabrik außer dem Zuckergehalt der Rüben auch die darin enthaltenen Futterstoffe gegen Entgelt; dieses Entgelt ist bei den Pflanzern umsatzsteuerpflichtig, während die Fabrik für die Entgelte steuerpflichtig ist, die sie bei Weiterveräußerung der Schnitzel an Dritte vereinnahmt. RFH. 18. Febr. 27 V A 812/26 RStBl. 1927, 115 = StZbL. 1927, 93 = StuW. 1927 Nr. 343.

§ 7.

Beck, Die Umsatzsteuerpflicht der Kommissionäre und der Agenten. DStZ. 1927, 431. — Ebmeier, Die Behandlung der Elektrizität im Umsatzsteuergesetze. DStBl. 1927, 410. — Schmauser, Zur Auslegung des § 7 des Umsatzsteuergesetzes. DStBl. 1927, 676. — Witt, Die Umsatzsteuerpflicht der Kommissionäre und der Agenten. DStZ. 1927, 297.

Abs. 1.

1. Nämlichkeit. Ein Zwischenhändler, der Rohwebwaren kauft und durch einen Dritten bleichen läßt, kann sich auf die Steuervergünstigung aus § 7 auch dann nicht berufen, wenn die Waren unmittelbar von der Bleiche seinen Kunden zugesandt werden, da Rohwebwaren und gebleichte Webwaren nicht Gegenstände derselben Art im Sinne des § 7 sind. RFH. 28. Jan. 27 V A 736/26 S. 21, 34 = JndMitt. 1927, 178.

2. — Läßt der Unternehmer einer Anlage deren einzelne nach seinem Gesamtplan angefertigten Teile dem Abnehmer unmittelbar durch die verschiedenen Hersteller zusenden, so wird die Steuerpflicht der Lieferung der Anlage nicht dadurch ausgeschlossen, daß der Unternehmer die Verfügung über das Ganze dem Abnehmer erst verschafft, nachdem dieser bereits an den Einzelteilen unmittelbaren Besitz und Eigentum erlangt hat. Dies gilt auch dann, wenn die Montierungsarbeiten für die Gesamtanlage erst nach diesem Zeitpunkt bestellt werden. RFH. 19. Nov. 26 V A 558/26 S. 20, 103 = JndMitt. 1927, 32 = StuW. 1927 Nr. 127 = StuW. 1927 Nr. 175 *(dazu Becker dass. S. 579)*

3. Besitz. Mitbesitz als unmittelbarer Besitz. RFH. 29. April 27 V A 210/27 StA. 1927, 322.

4. Unschädliche Maßnahme des Zwischenhändlers. Durch Bezeichnung der Ware seitens des Zwischenhändlers gegenüber dem Erwerber in den Räumen des ersten Verkäufers wird unmittelbarer Besitz nicht erworben und nicht übertragen. RFH. 29. April 26 V A 892/26 StA. 1927, 315 = JW. 1927, 3028.

5. — Läßt ein Getreidehändler das von ihm gekaufte Getreide durch die liefernden Landwirte unmittelbar an die Kahnanlegestelle zur weiteren Versendung bringen, so erwirbt er nicht unmittelbaren Besitz, wenn die Abnahme sich auf die Besichtigung der Ware und Feststellung der Vertragsmäßigkeit der Lieferung beschränkt. Die Zuladung von Getreide aus den eigenen Speichern des Händlers

ist für die Steuerpflicht ohne Bedeutung, ebenso die Entnahme von Durchschnittsproben. RFH. 24. Juni 27 V A 308/27 StZdL. 1927, 183 = JW. 1927, 2826.

6. — Nunmehr allgemein. Bei der Abwicklung von Umsatzgeschäften werden die Lieferungen eines Unternehmers nicht schon dadurch umsatzsteuerpflichtig, daß er ausschließlich zum Zweck der Beförderung den unmittelbaren Besitz an den Gegenständen erwirbt und überträgt. RFH. 17. Dez. 27 Gr. S. 1/27 S. 22 = DStZ. 1928 S. 36 = DJZ. 1928.

7. — Besitzvermittler. Unschädliche Maßnahmen. Ein Händler erwirbt nicht den unmittelbaren Besitz an Fässern, die er aus dem Ausland einführt, wenn die Fässer an den Grenzstationen in seinem Auftrage durch Spediteure in Empfang genommen, verzollt, umsigniert und an seine Abnehmer weiterbefördert werden und der Händler nur gelegentlich der zollamtlichen Behandlung die Fässer besichtigt und auf ihre Beschaffenheit prüft. RFH. 22. Juli 27 V A 327/27 (n. v.).

8. — Das Wort „lediglich" im § 7 Abs. 1 Satz 2 darf nicht zu eng ausgelegt werden. Mit jeder Beförderung sind notwendigerweise Maßnahmen und Verrichtungen verbunden, ohne die die Beförderung, d. h. Bewegung der Ware, schlechthin unmöglich ist. Beim Viehhandel gehört daher das Zusammenstellen und Merken der zu versendenden Tiere durch den Spediteur zum Beförderungsvertrag. Durch das Zusammenstellen der Tiere zu einem Transport wird der Rahmen der Beförderung so wenig überschritten, wie durch die Aufteilung eines Transports auf verschiedene Empfänger. Auch ist das Anbringen von Unterscheidungszeichen an den Tieren durch den Spediteur nicht anders zu beurteilen als die Beseitigung von Ursprungsbezeichnungen und Aufschriften an den Waren. RFH. 14. Dez. 26 V A 878/26 RStBl. 1927, 80 = StZdL. 1927, 35.

9. Nach der bisherigen Rechtsprechung nachteilige Maßnahmen. Übertragung des unmittelbaren Besitzes an Holz, das im Walde lagerte. RFH. 4. März 27 V A 56/27 = DStZ. 1927, 346 = DStBl. 1927, 546.

10. — Übertragung unmittelbaren Besitzes des Zwischenhändlers an der Ware, wenn er sie — sei es auch durch einen selbständigen Spediteur — auf sein Anschlußgleis überführen und von dort abrollen läßt. RFH. 29. April 27 V A 210/27 (n. v.).

11. Beförderung durch eine Organgesellschaft. RFH. 24. Juni 27 V A 114/27 DStZ. 1927, 809 = StA. 1927, 353.

12. — Umladung von Bahn auf Schiff, Prüfung auf Transportfähigkeit durch den Frachtführer stehen der Befreiungsvorschrift nicht entgegen. RFH. 12. Aug. 27 V A 472/27 RStBl. 1927, 215.

13. — Verwandelt ein Lieferer die Beförderungsabteilung seines Geschäfts in ein rechtlich selbständiges Unternehmen, so wird er durch die Änderung der bürgerlich-rechtlichen Form nicht nach § 7 steuerfrei, wenn die tatsächlichen Vorgänge bei der Beförderung der Waren zu seinen Abnehmern im wesentlichen unverändert bleiben. RFH. 9. Sept. 27 V A 304/27 JndMitt. 1927, 335 = StuW. 1927 Nr. 506 = JW. 1927, 3027.

14. Verwahrung. Besitzübertragung durch den Zwischenhändler, wenn dieser die Ware auf Grund eines Verwahrungsvertrags in Besitz nimmt. RFH. 3. Dez. 26 V A 864/26 DStZ. 1927, 56 = StZbL. 1927, 34.
15. — Unmittelbarer Besitz bei Einlagerung der Ware beim Spediteur. Befreiung nach § 7. RFH. 25. März 27 V A 110/27 StA. 1927, 288.
16. Die nach § 7 UmsStG. zu gewährende Steuerbefreiung erstreckt sich auch dann auf die Warenumschließung, wenn diese vom Zwischenhändler seinem Lieferer zur Verfügung gestellt worden ist. RFH. 6. Mai 27 V A 254/27 S. 21, 187 = IndMitt. 1927, 216 = StuW. 1927 Nr. 344 = DJZ. 1927, 1624 = JW. 1927, 2238 *m. Rechtspr. v. Wassertrüdinger.*
17. Unzulässig ist eine rechtsähnliche Auslegung des § 7 UmsStG. 1919 in der Weise, daß Entnahmen aus dem eigenen Betriebe von der Steuer befreit werden, weil die entnommenen Gegenstände, ohne die Betriebstätte des Steuerpflichtigen zu berühren, vom Lieferer unmittelbar in seine außergewerblichen Räume verbracht werden. RFH. 11. Jan. 27 V A 746/26 S. 20, 147 = JW. 1927, 2238 *(mit Bespr. v. Hensel).*

Abs. 2.

18. Auch bei der ungetrennten Lieferung umgeformten fremden und eigenen elektrischen Stromes durch einen Zwischenlieferer greift für fremden Strom Steuerfreiheit nach § 7 Abs. 2 Platz. RFH. 15. Okt. 26 V A 468/26 S. 20, 68 = DStBl. 1927, 183 = PrVBl. 1927, 295 = JW. 1927, 817 *(m. Bespr. v. Kauffmann).*

§ 8.

Jaehner, Die Beförderungskosten bei der Umsatzsteuer. Ind.-Mitt. 1927, 236. — Rinteln, Frachtkosten und Umsatzsteuer. StA. 1927, 10. — Schmauser, Durchlaufende Posten im umsatzsteuerrechtlichen Sinne. StA. 1927, 265.

1. Entgelt. Wird ein Grundstück lastenfrei verkauft, so kann der Aufwertungsbetrag einer Restkaufhypothek, zu deren Löschung sich der Verkäufer verpflichtet hat, vom Kaufpreise nicht gekürzt werden. RFH. 1. April 27 V A 816/26 RStBl. 1927, 163.
2. Die Bestellung einer Verkehrshypothek für einen Teil des Kaufpreises eines Grundstücks bildet auch dann einen Teil des umsatzsteuerpflichtigen Entgelts, wenn der Grundstückserwerber neben der Bestellung der Hypothek für das Restkaufgeld verpflichtet war, entweder sofort das Restkaufgeld zu bezahlen, oder berechtigt oder verpflichtet war, regelmäßig Abschlagszahlungen auf die Restforderungen zu machen. RFH. 9. Sept. 27 VA 399/27 RStBl. 1927, 214.
3. — Umsatzsteuerpflichtigkeit des Natural-, Back-, Mahl- u. Schrotlohns (Wert der Kleie). RFH. 8. Juli 27 V A 343/27 StA. 1927, 322.
4. Ein Hotelunternehmen, das seinen Gästen die Fernsprecheinrichtung der Hotels zur Benutzung gegen Entgelt zur Verfügung stellt, ist mit dem gesamten hierfür empfangenen Entgelt umsatzsteuerpflichtig. RFH. 26. Sept. 27 V A 307/27 S. 22, 65 = StA. 1927, 356 = StuW. 1927 Nr. 720.

5. Bei der Frage, ob Beträge als durchlaufende Posten vom umsatzsteuerpflichtigen Entgelt abgezogen werden dürfen, kommt es auf die einkommensteuerrechtliche Beurteilung nicht an. RFH. 16. Sept. 27 V A 457/27 StA. 1927, 356 = DStZ. 1927, 1096.
6. Beförderungskosten. Nach § 8 Abs. 6 kann nur Fracht vom Lager des Lieferers an den Abnehmer, nicht aber die Vorfracht, die durch die Beförderung der Ware bis zum Lager des Lieferers entstanden ist, abgezogen werden. RFH. 26. Nov. 26 V A 523/26 S. 21, 23 = IndMitt. 1927, 178 = DStBl. 1927, 546 = JW. 1927, 2241. *(m. Bespr. v. Baumer).*
7. — Absetzung der Beförderungskosten nur, wenn erkennbar in Rechnung gestellt. RFH. 18. Febr. 27 V A 92/26 DStBl. 1927, 347.
8. — Die Vergünstigung des § 8 Abs. 5 greift nicht Platz, wenn die Beförderung die einzige Leistung des Leistungsverpflichteten ist. RFH. 24. Juni 27 V A 31/27 S. 21, 252 = StuW. 1927 Nr. 731.
9. — Wenn der Lieferer nicht die bei der einzelnen Sendung aufgewendeten Portobeträge, sondern für Porto und Verpackung einen Pauschalbetrag in Höhe eines Vomhundertsatzes des Rechnungsbetrages dem Abnehmer in Rechnung stellt, so werden dadurch die Voraussetzungen für den Abzug der Beförderungskosten auf Grund des § 8 Abs. 5 nicht erfüllt. RFH. 17. Juni 27 V A 197/27 RStBl. 1927, S. 193, 379 = StuW. 1927 Nr. 392.
10. Wein- und Hopfenkommissionäre. Auf die Vergünstigung des § 27d — jetzt § 40 der DurchfBest. — hat ein Kommissionär nur Anspruch, wenn er alle Vorteile aus dem von ihm abgeschlossenen Geschäfte seinem Auftraggeber zukommen läßt und für seine Vermittlungstätigkeit lediglich Provision bezieht. RFH. 8. Juli 27 V A 684/26 S. 21, 272.
11. Sammelsendungen. (§ 39 DurchfBest.) Beschränkt sich eine Rohzuckerfabrik, die für ihre Pflanzer die ihrer Anbaufläche entsprechende Menge Rübensamen im eigenen Namen bezieht, nach dem Empfang der Sammelsendung auf die bloße Aussonderung des jedem Pflanzer zukommenden Anteils, so ist sie umsatzsteuerfrei, wenn ihr die Pflanzer nur die Selbstkosten für ihre Tätigkeit erstatten. RFH. 29. April 27 V A 231/27 S. 21, 136 = StZbL. 1927, 155 = StuW. 1927 Nr. 732.

§ 9.

1. Wenn eine Firma die Versteuerung nach Leistungen gewählt hat, so kann diese nicht auf die gewöhnlichen Warenlieferungen beschränkt werden; sie umfaßt vielmehr auch außergewöhnliche Verkäufe, wie Grundstücksverkäufe im Liquidationsverfahren usw. RFH. 1. April 27 V A 816/26 RStBl. 1927, 163.

§ 13.

Becker, Die Nachprüfung der Umsatzsteuer bei den Ärzten. StA. 1927, 168. — Staroste, Umsatzsteuer-Richtsätze für die nichtbuchführenden Landwirte. DStBl. 1927, 525.

1. Verletzung der Aufzeichnungspflicht. RG. 11. Nov. 26 2 D 566/26 VIII A 784 StA. 1927, 121.

§ 15.

Ubber, Der Steuerabschnitt betr. Umsatz- und Einkommensteuer bei Landwirten. ZStFr. 1927, 246.

§ 16.

1. Steuerfreiheit bei Zurückgewährung von Entgelten; Warenrabatte. RFH. 25. März 27 V A 50/27 DStBl. 1927, 547.

33.

Vereinszollgesetz
vom 1. Juli 1869 (BGBl. S. 317).

Baum, Deutschlands handelspolitische Beziehungen mit dem Auslande. (Tabellartige Übersicht). (Stand: 1. März 1927). ZfZ. 1927, 109. — Bliemeister, Verwendung von Sachverständigen im Bereich der Zoll- und Verbrauchsabgabengesetzgebung. ZfZ. 1927, 415. — Kraft, Der „Besitz" im Zoll- und Verbrauchssteuerrecht. ZfZ. 1927, 329. — Lösener, Grundriß des deutschen Zollrechts. (Hamburg: Hermes 1927). — Sakowski, Der abgabenfreie Liebesgabenverkehr der Jetztzeit und die Fleischbeschau. ZfZ. 1927, 179. — Sarnow, Die Bestimmungen über die Ein- und Ausfuhr in den deutschen Handelsverträgen. ZfZ. 1927, 119. — Derselbe, Meistbegünstigung im Warenverkehr und Zolltarifabreden. ZfZ. 1927, 10. — Siegert, Zur Frage des Wertzolles. ZfZ. 1927, 395.

§ 3.

1. Durch die Einrichtung eines interalliierten Zollregimes im besetzten Gebiet ist weder die deutsche Zollgrenze verlegt noch der Eintritt der Zollpflicht hinsichtlich der tarifmäßig zollpflichtigen Waren berührt worden. RFH. 26. Jan. 27 IV A 245/25 ZfZ. 1927, 157.

§ 12.

1. Die Untersuchungsvorschrift in Teil III Ziff. 140a ist keine Bestimmung, die inhaltlich im Rahmen dessen bleibt, was nach § 12 VerZollG. Gegenstand des Warenverzeichnisses ist; sie ist daher auch nicht wie dieses mit der Kraft zur authentischen Auslegung des Tarifs ausgestattet. RFH. 15. Juni 27 IV A 78/27 ZfZ. 1927, 286.

§ 13.

Schuchard, Der Zollschuldner nach § 13 VZG. ZfZ. 1927, 30.

1. Inhaber. Für den Begriff des Inhabers kommt es nicht darauf an, ob die tatsächliche Verfügungsgewalt unmittelbar oder durch Beauftragte und im Namen des Gewaltinhabers handelnde Personen,

die seine Werkzeuge sind, unmittelbar ausgeübt wird. RFH. 24. Nov. 26 IV A 320/26 ZfZ. 1927, 63 = DStBl. 1927, 55.

2. Maßgebend für die Entstehung der Zollschuld ist die Überführung der zollpflichtigen Ware in den freien Inlandverkehr. Wer in diesem Zeitpunkt die tatsächliche Verfügungsgewalt über die Ware besitzt, wird Zollschuldner. Auf die Kenntnis der Zollpflichtigkeit der Ware kommt es hierbei nicht an. RFH. 21. Dez. 26 IV A 202/26 ZfZ. 1927, 104.

3. Der erkennende Senat erachtet es bei den besonderen Verhältnissen im besetzten Gebiete für gerechtfertigt, daß im Falle der Weiterveräußerung als Inhaber im Sinne des § 13 der Käufer zu gelten hat, der die zollfrei belassene Ware aus dem Besitze der zollbegünstigten Besatzungsangehörigen in die Deutsche Wirtschaft überführt und sie im Augenblicke der Änderung des Verwendungszwecks besitzt. RFH. 21. Dez. 26 IV A 250/26 ZfZ. 1927, 104 = DStBl. 1927, 429 = JW. 1927, 2330 *(mit Bespr. v. Heyland)*.

4. a) Der IV. Senat hält an seinem Urteil Bd. 9 S. 288 ff. fest, wonach Inhaber (natürlicher Besitzer) der zollpflichtigen Ware der unmittelbare Besitzer, d. h. der ist, der die Möglichkeit der unmittelbaren physischen Beherrschung der Ware hat.
b) Der Besitzdiener (§ 855 BGB.) ist nicht Inhaber im Sinne des § 13.
c) Tritt der Warenführer bei Verzollung ausdrücklich oder nach den Umständen erkennbar als Bevollmächtigter der Zollbehörde gegenüber auf, so ist nicht er, sondern seine Vollmachtgeber Zollschuldner gemäß § 13. RFH. 23. März 27 IV A 518/26 ZfZ. 1927, 20.

5. Nur derjenige verfügt so über eine Ware, als stände sie im freien Verkehr, der den Willen hat, die Ware in den freien Verkehr des Inlandes zu überführen. RFH. 4. Mai 27 IV A 95/27 ZfZ. 1927, 283.

6. Spediteur als Steuerschuldner. RFH. 15. Juni 27 IV A 133/27 ZfZ. 1927, 341 = StA. 1927, 356.

7. — Der Spediteur ist nur dann als Bevollmächtigter seines Auftraggebers hinsichtlich der Zollpflicht zu behandeln, wenn er erkennbar als Bevollmächtigter des Versenders den Zollabfertigungsantrag für diesen stellen wollte. RFH. 14. Sept. 27 IV A 270/27 ZfZ. 1927, 423.

8. Wird bei der Verzollung eines Pferdes eine tierärztliche Bescheinigung vorgelegt, die auf eine andere Person lautet als den Inhaber des Pferdes bei der Verzollung, so folgt daraus noch nicht, daß dieser Inhaber den Verzollungsantrag für die andere Person stellt. RFH. 26. Okt. 27 IV A 328/27 ZfZ. 1927, 465.

§ 27.

Lakeng, Der § 27 VZG. im Eisenbahnzollverkehr. ZfZ. 1927, 382. — Sternberg, Kann sich der Grenzspediteur bei der Wareneingangsverzollung im Eisenbahnverkehr auf § 27 VZG. berufen? ZfZ. 1927, 180.

§ 29.

1. Wird ein Faß, in dem Wein unter Begleitscheinkontrolle eingegangen ist, infolge Beschädigung von dem noch im zollamtlichen Gewahrsam befindlichen Wein durch Umfüllung des Weines in ein anderes aus dem freien Verkehr des Inlandes stammendes Faß getrennt, so geht die Zollbelastung des Eingangsfasses insoweit auf das neue Faß über, als dessen Gewicht reicht. RFH. 7. Dez. 26 IV A 310/26 S. 20, 66 = ZfZ. 1927, 63 = DStBl. 1927, 183.

2. Gemäß § 4 Abs. 3 Ziff. 6 ist für Büchsen, Dosen und dergleichen, in denen zubereitete Nahrungs- und Genußmittel eingehen, die Frage, ob diese Umschließungen beim Klein- oder Einzelverkauf in der Regel mit in die Hand des Käufers übergehen, ohne Belang. Die bezeichneten Umschließungen gehören stets zum Reingewichte. RFH. 22. April 27 IV A 459/26 ZfZ. 1927, 226 = DStBl. 1927, 427.

§ 30.

Ludwig, Unter welchen Voraussetzungen kann bei der Schlußabfertigung eingeführter Waren gestattet werden, daß sie vor Feststellung ihrer tarifarischen Beschaffenheit die Zollstelle verlassen? ZfZ. 1927, 91.

§ 32.

1. § 6 der PrZollabfO. (PrZBl. 1909 S. 152) steht mit den Verfahrensgrundsätzen der Reichsabgabenordnung insoweit nicht im Einklang, als er bei Verschiedenheit des angemeldeten und des durch Aufnahme der Schiffseiche ermittelten Gewichts stets das größere der beiden Gewichte entscheiden läßt und der „Anerkennung" des ermittelten Gewichts durch den Zollpflichtigen bindende Bedeutung für die Verzollung beimißt. RFH. 26. Okt. 27 IV A 356/27 ZfZ. 1927, 464.

§ 41.

1. Die im Rheinverkehr auf Grund des Bundesratsbeschlusses vom 29. Febr. 1912 im erleichterten Verfahren mit Begleitschein I abgelassenen Schiffe sind zollrechtlich ebenso zu behandeln wie die unter Verschluß oder unter amtlicher Begleitung abgelassenen Schiffe. Als Rheinverkehr gilt für das in dem Bundesratsbeschlusse vom 29. Febr. 1912 zugelassene erleichterte Verfahren der Verkehr auf dem Rhein und seinen Nebenwasserstraßen. RFH. 23. Nov. 27 IV A 232/27 S. 22, 175 = ZfZ. 1928, 17.

§ 59.

1. Die Deutsche Reichsbahngesellschaft kann keine Vergütung dafür beanspruchen, daß sie nach Maßgabe des § 59 Räume an die Zollverwaltung überläßt und bauliche Einrichtungen für Zwecke der Zollabfertigung trifft. RFH. 21. Dez. 26 V D 4/26 S. 20, 121 = BRR. 1927, 137 = JW. 1927, 1776 = DStBl. 1927, 429.

§ 78.

1. Schiffsladung, Mundvorräte, Mannschaft, Reisende. RFH. 9. Febr. 27 IV A 39/27 DStBl. 1927, 431 = JW. 1927, 2327.

§ 80.

1. Einwand, daß der Proviant gemäß § 80 Abs. 3 des VZG. insoweit zollfrei und aus weiterer Kontrolle zu lassen sei, als er den mutmaßlichen Bedarf der Schiffsmannschaft während der Dauer des Aufenthalts im Lande nicht übersteigt. RFH. 23. März 27 IV A 27/27 ZfZ. 1927, 201.

§ 108.

Marx, Persönliche Zollpflicht bei Privatlager ohne amtlichen Mitverschluß. LeipZ. 1927, 149.

1. Dem Inhaber eines Privatlagers ist als solchem eine persönliche Haftung für den auf den eingelagerten Waren ruhenden Zoll nicht auferlegt. RFH. 15. Juni 27 IV A 412/26 ZfZ. 1927, 341.

§ 113.

1. Die Entscheidung über die Gewährung der Zollfreiheit als Rückware ist ausschließlich Sache der Verwaltungsbehörde und der sachlichen Nachprüfung im Anfechtungsverfahren entzogen. RFH. 22. April 27 IV A 470/26 ZfZ. 1927, 224.

§ 115.

Loos, Der Umfang von genehmigtem Veredelungsverkehr. Ind.-Mitt. 1927, 273. — Schuchard, Die wirtschaftlichen Voraussetzungen des aktiven zollfreien Veredelungsverkehrs. ZfZ. 1927, 249.

1. Einfuhrverbote zollpflichtiger Waren, die zur Veredelung eingeführt und abgefertigt, aber innerhalb der festgesetzten Frist nicht wieder ausgeführt wurden, sind nach dem im Zeitpunkt der Abfertigung zur Veredelung geltenden Zollsatz zu verzollen, auch wenn nach der Abfertigung zur Veredelung eine Tarifänderung eingetreten ist. RFH. 9. Nov. 27 IV A 181/27 ZfZ. 1927, 483.
2. Vgl. zu § 81 AO. Anm. 3.

§ 119.

1. Anwendungsgebiet der Kontrollvorschriften im Grenzverkehr. RG. 11. Okt. 26 3 D 391/26 IX 606/26 StA. 1927, 28.

§ 135.

1. Weder im VZG. noch im ZTG. wird für die Zollpflichtigkeit der eingehenden Waren unterschieden, ob sie inländischen oder ausländischen Ursprungs sind oder ob sie sich bereits früher einmal im freien Verkehr des Inlandes befunden haben. RFH. 6. April 27 IV A 424/26 ZfZ. 1927, 224.
2. Beihilfe zur Hinterziehung ist noch so lange möglich, als die geschmuggelte Ware nicht zum Ruhen gekommen ist. RFH. 13. Juli 27 IV A 234/27 ZfZ. 1927, 383.
3. Es ist möglich, daß in dem Falle, in dem eingeschwärzte Ware in einem Wirtschaftsraume untergebracht wird, der als Schmuggellager und zugleich zur Veräußerung der Schmugglerware dient, das Unternehmen der Zolldefraudation erst mit dem Absatz der Ware

und der Wegschaffung durch den Käufer aus dem Grenzbezirk beendigt ist. Der Käufer, der die noch auf Schmuggelwege befindliche Ware in Kenntnis davon erwirbt und weiterführt, kann sich der Teilnahme an dem mit Strafe bedrohten Unternehmen der Einfuhr, sei es als Gehilfe, sei es als Mittäter, schuldig machen. RFH. 23. März 27 IV A 393/26 ZfZ. 1927, 202 = DStBl. 1927, 547.

§ 136.

1. a) „Vorschriftsmäßig" ist ein Zollausweis (Transportschein, Versendungsschein), der von einer zuständigen Behörde in der vorgeschriebenen Form und mit einem vorgeschriebenen Inhalt ordnungsgemäß ausgestellt ist, auch dann, wenn die Behörde durch unrichtige Angaben oder Vorspiegelung zur Ausstellung veranlaßt ist.
b) Vorschriftsmäßig ist ein Zollausweis nur dann, wenn er auf den lautet, von dem er benutzt wird. Unvorschriftsmäßig ist er daher, wenn er von dem Gehilfen (Beauftragten) desjenigen, auf den er lautet, benützt wird.
c) Soweit ein Zollausweis von dem Gehilfen (Beauftragten) desjenigen, auf den er lautet, benützt wird, kann der Vermutungstatbestand der Hinterziehung aus § 136 Ziff. 5d entweder in der Person des Benutzenden als Täters oder — falls er bloßes Werkzeug ist — in der Person des Dienstherrn (Auftraggebers) als Täters vorliegen. Im ersteren Falle kann der Vermutungstatbestand des § 136 Ziff. 5d auch beim Dienstherrn (Auftraggeber) aus dem Gesichtspunkt der Anstiftung vorliegen. RFH. 25. Okt. 27 IV A 321/27 S. 22, 116 = ZfZ. 1927, 464.

§ 146.

1. Das Vergehen des Bandenschmuggels setzt das Mitwirken von mindestens drei Teilnehmern bei dem Unternehmen der Einschmuggelung der Ware voraus, so daß die Täter zusammen in Ausübung des Vergehens betroffen werden. Ein solcher Tätervorsatz ist aber nicht bei einem Beamten gegeben, der nur zum Schein mitmacht. RG. 28. Jan. 27 1 D 623/26 DStBl. 1927, 429.

§ 154.

1. Tateinheit zwischen verbotener Einfuhr und schwerem Diebstahl. RG. 11. Okt. 26 3 D 315/26 IX 558/26 StA. 1927, 27.
2. Als Wert der einzuziehenden Ware ist der inländische Verkehrswert anzusehen, bei Branntwein nicht der Monopolpreis. RG. 28. Jan. 27 JurRdsch. 27 Beil. S. 441.

§ 155.

Moser, Kann die Wertersatzstrafe des § 155 VZG. in Freiheitsstrafe umgewandelt werden? ZfZ. 1927, 253.

§ 158.

Goetzeler, Zuwiderhandlungen gegen Zölle und Verbrauchssteuern. ZfZ. 1927, 311.

34.

Vermögensteuergesetz

vom 8. April 1922 (RGBl. I S. 335)

— für die Vermögenssteuer 1924 vgl. auch II. StNV. v. 19. Dez. 1923 Art. II (oben S. 44) —

§ 1.

1. Es ist nicht rechtsirrtümlich, die durch das VermStG. auferlegte Steuer weder als eine Realsteuer, noch als eine schon nach bürgerlichem Recht auf dem Pachtgut ruhende Last anzusehen. RG. 1. Okt. 26 3 467/25 StA. 1927, 91.

§ 2.

1. Unbeschränkte Steuerpflicht und Aufenthalt im Ausland. RFH. 3. Mai 27 I A 89/27 StA. 1927, 318 = StuW. 1927 Nr. 744.
2. Für die Vermögensteuer 1924 haben als steuerbares Vermögen der Städtischen Sparkasse diejenigen Gegenstände zu gelten, die die Stadt der Sparkasse mit dem Rechte überwiesen hat, darüber im Sparkassenbetriebe wie ein Eigentümer zu verfügen. Dagegen sind regelmäßig nicht Sparkassenvermögen diejenigen Gegenstände, die die Stadt der städtischen Sparkasse zum bloßen Gebrauch, also z. B. auf Grund eines Mietvertrags, überlassen hat. Steuerrechtlich gilt solcher Mietvertrag, abgesehen von § 5 AO., als wirksam. RFH. 24. Febr. 27 I A 356/26 S. 20, 265 = RStBl. 1927, 142 = ZStFr. 1927, 141 = StuW. 1927 Nr. 277 = DStBl. 1927, 429.
3. Offene Handelsgesellschaften sind auch dann nicht vermögensteuerpflichtig, wenn ihre Mitglieder subjektiv steuerfrei sind. RFH. 13. Juli 27 I A 382/26 StuW. 1927 Nr. 504.

§ 5.

Nr. 4.

1. Die Zeitungsankündigung einer Sparkasse, daß sie gewisse Geschäfte aufnehme, genügt zum Nachweis, daß sie diese Geschäfte pflegt. Das Wechselkreditgeschäft ist sparkassenfremd. RFH. 8. Febr. 27 I A 134/26 StuW. 1927 Nr. 395 = DStBl. 1927, 548.

Nr. 7.

2. Die üblichen Konsumvereine dienen nicht ausschließlich gemeinnützigen Zwecken. RFH. 9. Dez. 26 I A 296/26 S. 20, 70 = RStBl. 1927, 83 = DStBl. 1927, 184 = DStZ. 1927, 347 = StuW. 1927 Nr. 128.
3. Vermögensteuerpflicht von Logen. RFH. 21. Dez. 26 I A 259/26 JW. 1927, 1777 *(m. Bespr. v. Wrzeszinski)*.
4. Eine Lebensversicherungs-A.-G. ist auch dann nicht ausschließlich gemeinnützig, wenn die Aktionäre satzungsgemäß nur 4 v. H. Gewinnanteil beziehen dürfen und der Gewinnrest nur im Interesse der Versicherten verwendet werden darf. RFH. 4. März 27 I A 13/27 StuW. 1927 Nr. 739.

5. Ein Unternehmen kann ausschließlich gemeinnützigen, mildtätigen oder kirchlichen Zwecken dienen, auch wenn Teile des jährlichen Reingewinns oder gelegentlich der ganze Reingewinn einem Reservefonds zugeführt wird. RFH. 11. Okt. 27 I A 384/27 DStZ. 1927, 1097 = StuW. 1927 Nr. 746.
6. Verbraucher- oder Erzeugerorganisationen können ausschließlich gemeinnützig sein. RFH. 5. Okt. 25 I A 94/26 StuW. 1927, 477.
7. Voraussetzungen der Gemeinnützigkeit einer Genossenschaft, deren Zweck ist, minderbemittelten Familien gesunde und zweckmäßig eingerichtete Wohnungen in eigens erbauten oder angekauften Häusern zu billigen Preisen zu verschaffen. RFH. 9. Dez. 26 I A 274/26 DStZ. 1927, 250 = JW. 1927, 1961 *(m. Bespr. v. Fürnrohr)*.
8. Eine Satzungsbestimmung, durch die eine Auflösung der Personenvereinigung von behördlicher Zustimmung abhängig gemacht wird, kann nicht die, zur Anerkennung der Gemeinnützigkeit erforderliche, satzungsmäßige Festlegung ersetzen, daß bei der Auflösung das Vereinsvermögen für gemeinnützige und dergleichen Zwecke bestimmt ist. RFH. 22. Nov. 27 I A 446/27 StuW. 1927 Nr. 734.

§ 9.

1. a) Der auf Grund eines Pachtvertrags bestehende Anspruch des Pächters auf Überlassung der Nutzungen des verpachteten Grundstücks stellt sich als ein Recht auf wiederkehrende Leistungen dar, dem auf der anderen Seite die Verpflichtung des Verpächters zu solchen gegenübersteht.

   b) Die im § 9 Nr. 5 und § 11 Abs. 1 Nr. 2 vorgeschriebene Mindestbezugsdauer von 10 Jahren beginnt mit dem in dem Pachtvertrage für die pachtweise Überlassung des Grundstücks bestimmten Zeitpunkt. Ist eine Mindestdauer von 10 Jahren vereinbart und hat der Verpächter den Pachtzins im voraus empfangen, so ist dem Pächter grundsätzlich der Kapitalwert des Anspruchs auf die Nutzungen vorbehaltlich der Sonderbestimmungen des Art. II § 10 Abs. 1 der II. StNVO. anzurechnen, während der Verpächter die ihn treffende Verpflichtung zur Überlassung des Grundstücks mit ihrem Kapitalwerte vom Vermögen abgesetzt verlangen kann. Die Feststellung des anrechnungs- bzw. abzugsfähigen Betrags bestimmt sich nach § 144 AO., wobei der Zeitraum zugrunde zu legen ist, für den am Vermögensteuerstichtage der Vertrag noch lief.
2. Die Verpflichtung, auf Grund des § 823 BGB. eine Unfallrente zu gewähren, ist nach § 11 Abs. 1 Nr. 2 in Verbindung mit § 9 Nr. 5 am Vermögen nicht abziehbar, weil sie auf dem Gesetze beruht. RFH. 11. Jan. 27 I A 273/26 DStZ. 1927, 441 = DStBl. 1927, 548 = RStBl. 1927, 140 = StuW. 1927 Nr. 345.

§ 11.

1. Der Begriff „Schuld" umfaßt nicht nur Geldschulden, sondern auch sonstige geldwerte Verpflichtungen zu Sachleistungen, wie z. B. die Verpflichtung zur Übertragung eines Grundstücks. RFH. 4. März 27 I A 305/26 RStBl. 1927, 144 = StuW. 1927 Nr. 418.
2. Abzug eines Garantiefonds-Kontos. RFH. 15. März 27 I A 173/26 JndMitt. 1927, 248 = StuW. 1927 Nr. 495.

3. Kein Abzug für am Vermögensteuerstichtage noch nicht fällige Pensionsverpflichtungen gegen Angestellte; Nichtabzugsfähigkeit einer Aufwertungsrücklage. RFH. 5. April 27 I A 256/27 StuW. 1927 Nr. 419.
4. Verpflichtungen aus einem zweiseitigen Vertrage, die den Wert der entgegenstehenden vertraglichen Rechte übersteigen, sind insoweit abzugsfähige Schulden. RFH. 29. April 27 I A 92/27 StuW. 1927 Nr. 740.
5. Bauverpflichtung in einem Grundstücksmietvertrag keine abzugsfähige Last. RFH. 15. Febr. 27 I A 27/27 RStBl. 1927, 142 = StuW. 1927 Nr. 346.

§ 13.

1. Sind die Voraussetzungen des § 13 für die Zusammenveranlagung beider Ehegatten erfüllt und besitzt der eine Ehegatte als Einzelkaufmann gewerbliches Betriebsvermögen, so müssen auch die dem anderen Ehegatten gehörigen Gegenstände dem Betriebsvermögen zugerechnet werden, soweit sie dazu bestimmt sind, im Betrieb Verwendung zu finden. RFH. 24. Febr. 27 I A 22/27 RStBl. 1927, 142 = StuW. 1927 Nr. 347.

§ 15.

1. Stiller Gesellschafter; Beteiligung am Betriebsvermögen. RFH. 5. Okt. 26 I A 194/26 StA. 1927, 152.
2. Bewertung von G. m. b. H.-Anteilen, wenn die Veräußerung an Außenstehende erschwert ist. RFH. 8. Febr. 27 I A 407/26 DStZ. 1927, 441 = StuW. 1927 Nr. 279.

§ 39.

1. Eine Rückerstattung des in bar überzahlten Reichsnotopfers in Kriegsanleihe oder unter Aufwertung ist nicht angängig. RFH. 24. Mai 27 I A 74/27 RStBl. 1927, 162.

35.

Vermögensteuergesetz

vom 10. August 1925 (RGBl. I S. 233).

Beuck, Das Vermögensteuergesetz v. 10. August 1925. 2. Aufl. (Berlin: Spaeth u. Linde 1927). — Derselbe, Die Vermögensteuererklärung 1927. (Berlin: Spaeth u. Linde 1927). — Herrmann u. Pick, Richtlinien für die Abgabe der Vermögenerklärung 1927. (Reichsverband der deutschen Industrie, Berlin 1927). — Karger, Nachdenkliches zur Vermögenserklärung. DStZ. 1927, 609.

Thoma, Das Unternehmen als wirtschaftliche Einheit im deutschen Vermögensteuerrecht. StFRecht, Lion. 1927, 307. — Uhlich, Aufwertungsforderungen und -schulden bei der Veranlagung der Vermögensteuer und Erbschaftsteuer. ZStFr. 1927, 60.

§ 2.

Becker, Zur Vermögensteuerveranlagung der eingetragenen Genossenschaften. ZStFr. 1927, 88.

§ 3.

Brönner, Die Bewertung des Betriebsvermögens zur Vermögensteuer in der Praxis. DStZ. 1927, 325. — Hefner, Verschiedenartige Regelung der beschränkten Steuerpflicht bei der Einkommen- und Vermögensteuer. DStBl. 1927, 513.

§ 4.

Abraham, Die Abzugsfähigkeit der Gründungskosten gewerbetreibender Erwerbsgesellschaften bei der Veranlagung zur preußischen Gewerbeertragsteuer und Reichskörperschaftssteuer, sowie der Begriff der Gemeinnützigkeit nach der neuesten Rechtsprechung des Reichsfinanzhofs. IndMitt. 1927, 229.

1. Der Betrieb einer Klinik ist an sich auch dann nicht gemeinnützig, wenn er einem allgemeinen Bedürfnis entspricht. RFH. 15. Nov. 27 I A 436/27 StuW. 1927 Nr. 745.
2. Eine Personenvereinigung dient nicht deshalb ausschließlich gemeinnützigen Zwecken, weil ihre Erträge und im Falle der Auflösung ein etwaiger Kapitalüberschuß satzungsgemäß öffentlichen Körperschaften zur Verwendung für gemeinnützige Zwecke zufließen. RFH. 29. Juli 27 I A 254/27 (n. v.).
3. a) Ein Verein, der verschiedene selbständige Aufgaben zu erfüllen hat und für jede dieser Aufgaben ein besonderes Vermögen besitzt, kann für einen Zweig seiner Tätigkeit Steuerfreiheit genießen, kann z. B. nach § 4 Nr. 9 als rechtsfähige Unterstützungskasse befreit werden.

   b) Ein Verein von Ärzten, der für seine Mitglieder das ärztliche Honorar festsetzen und von den Patienten einziehen soll, ist kein Berufsverband. RFH. 5. Aug. 27 I A 183/27 StA. 1927, 381.
4. Kein Eintritt des Reichs ipso jure in völkerrechtliche Verpflichtungen Preußens. RFH. 9. März 27 VI A 429/26 (n. v.).

§ 7.

1. Übersteigt das Gesamtvermögen 250000 RM. und gehört zum Gesamtvermögen sonstiges Vermögen im Sinne des Reichsbewertungsgesetzes, so ist das sonstige Vermögen mit dem Steuersatze heranzuziehen, der im § 7 Abs. 3 Satz 1 für das Gesamtvermögen vorgesehen ist. RFH. 12. Juli 27 I D 1/27 S. 21, 254 = IndMitt. 1927, 308 = StuW. 1927 Nr. 749.

§ 8.

1. Nicht nur vorübergehende Behinderung, seinen Lebensunterhalt durch eigenen Erwerb zu bestreiten. RFH. 10. Mai 27 I A 118/27 StuW. 1927 Nr. 750.
2. Ein Landwirt, dessen körperliche Mitarbeit im landwirtschaftlichen Betrieb im Hinblick auf den Umfang des Grundbesitzes üblich und

geboten erscheint, ist als erwerbsunfähig oder nicht bloß vorübergehend behindert, den Lebensunterhalt durch eigenen Erwerb zu verdienen, anzusehen, wenn er den rechten Arm verloren hat. RFH. 16. Nov. 27 VI A 404/27.

§ 9.

Olbertz, Steuernachteile durch unklare oder widerspruchsvolle Gesetzesfassung. IndMitt. 1927, 362.

§ 11.

Krombach, Sind Zuweisungen auf Pensionsfondskonto abzugsfähig? DStZ. 1927, 518.

§ 13.

Becker, Die Einwirkung des Todes des Steuerpflichtigen auf die Vermögensteuer 1925/26. StA. 1927, 176.

36.

Versicherungssteuergesetz

vom 8. April 1922 (RGBl. I S. 400).

§ 2.

Eggers, Die Versicherungssteuerpflicht und die sogen. „Unterstützungsvereine". DVR. 1927, 116.

1. Das zwischen einer Sterbekasse (E. V.) und ihren Mitgliedern bestehende Verhältnis ist als eine Versicherung im Sinne des VersStG. anzusehen. RFH. 16. Nov. 26 II A 305/26 StuW. 1927, 478 = JW. 1927, 195 *(m. Bespr. v. Gerhard)* = DVR. 1927, 72.
2. Die Steuerpflicht wird dadurch nicht ausgeschlossen, daß ein bäuerlicher Verein für Hilfe in Brandfällen sich als Unterstützungsverein bezeichnet und die Höhe der jeweiligen Unterstützung durch den Vorstand festsetzen läßt, gegen dessen Beschluß nur die Berufung an die Generalversammlung zugelassen ist. RFH. 24. Nov. 26 II A 543/26 RStBl. 1927, 29 = StuW. 1927, 478 = DStBl. 1927, 246 = DVR. 1927, 38.
3. Der Senat hält an seiner Ansicht fest, daß die Annahme einer Versicherung im Sinne des § 2 nicht dadurch ausgeschlossen wird, daß die Vereinssatzung des Versicherers die Klausel enthält, auf die Schadensvergütungen bestehe kein Rechtsanspruch der Mitglieder, wofern nach Lage der rechtlichen und tatsächlichen Verhältnisse Treu und Glauben den Verein zur Schadensvergütung verpflichten. RFH. 7. Mai 27 u. 12. Juli 27 II A 131/27 S. 21, 295 = StuW. 1927 Nr. 397, 751 = DVR. 1927, 72, 116 = JW. 1927, 2824
4. a) Der Senat hält an seiner Rechtsprechung fest, daß ein Verein der Steuerpflicht unterliegt, der seine Leistungen entgegen der tatsäch-

lichen Handhabung als Unterstützungen ohne Rechtsanspruch bezeichnet.
b) Unter Verlust im § 2 ist auch die durch den Tod des Familienhaupts eingetretene Verschlechterung der wirtschaftlichen Lage seiner Hinterbliebenen zu verstehen, so daß auch Gewährung eines Bestattungsbeitrags den Gegenstand der Versicherung bilden kann.
c) Als Versicherungsentgelt sind auch die Umlagen der Versicherten beim Todesfall anzusehen. RFH. 15. März 27 II A 51/27 RStBl. 1927, 114 = DVR. 1927, 73 = StuW. 1927 Nr. 281, 282, 354.

§ 5.

1. Die Musikinstrumentenversicherung ist als Transportversicherung nur dann mit 3 Prozent statt mit 10 Prozent nach § 6 Abs. 1 oder § 7 Abs. 1 zu versteuern, wenn sie sich nur auf eine Reisezeit bezieht, aber nicht, wenn sie auch die Zeit umfaßt, während deren sich das Instrument in der Wohnung des Versicherten befindet. RFH. 29. März 27 II A 58/27 S. 21, 45 = DStZ. 1927, 442 = StuW. 1927 Nr. 284 = DVR. 1927, 105 = DStBl. 1927, 431.
2. Die Reiselagerversicherung ist regelmäßig als Transportversicherung zu versteuern. Vorausgesetzt ist, daß die Ruhezustände während der eigentlichen Reise sich nicht über das durch den Zweck des Reiselagers bedingte Maß ausdehnen und daß das Lager nach Rückkehr an den Herkunftsort höchstens für die Zeit versichert ist, die notwendig ist, um es nach Neuordnung des Inhalts wieder in Bewegung zu setzen. RFH. 29. März 27 S. 21, 42 = DStZ. 1927, 442 = StuW. 1927 Nr. 283 = DVR. 1927, 105 = DStBl. 1927, 430.
3. Bei kleinen Vereinen sind sogenannte Garantiebeträge, die nur dem Zwecke dienen, daß bei Eintritt eines Schadens sofort Ersatz geleistet werden kann, nicht zu den Vorschüssen im Sinne des § 5 Abs. 2 zu rechnen. RFH. 12. Juli 27 II A 308/27 RStBl. 1927, 206 = StuW. 1927 Nr. 421 = DVStR. 1927, 153.
4. Vgl. zu § 2 Anm. 4e.

37.

Wechselsteuergesetz

vom 18. Juni 1923 (RGBl. I S. 404).

Enders, Toleranzfrist und Respekttage bei der Wechselsteuer. DVR. 1927, 52. — Ortlepp, Die Versteuerung der Wechsel. StZdL. 1927, 173. — Weinbach, Wechselsteuergesetz (Berlin, Spaeth u. Linde 1927).

§ 2.

1. Blankowechsel unterliegen der Steuerpflicht, wenn sie unter der Abrede hingegeben werden, daß der Hingebende die Ermächtigung erteilen werde, die fehlenden Erfordernisse in vorgesehenen

Fällen zu ergänzen, und der Hingebende außerdem sich verpflichtet hat, in diesen Fällen die Ermächtigung zu erteilen. RFH. 13. April 27 II A 62/27 = StuW. 1927 Nr. 285 = DVR. 1927, 121.

§ 4.

Kluckhohn, Die Wechselsteuerpflicht von Schecks. IndMitt. 1927, 20.

38.

Weinsteuergesetz

vom 26. Juli 1918 (RGBl. S. 831).

§ 5.

Kraft, Die steuerrechtliche Stellung des versteigernden Vollstreckungsbeamten. ZfZ. 1927, 455. — Derselbe, Die Steuerpflicht für Staatshoheitsakte. DStZ. 1927, 1044.

§ 13.

1. Wein, der zur Probe glasweise unentgeltlich abgegeben wird, ist auch dann von der Steuer befreit, wenn die Abgabe außerhalb des Betriebes erfolgt. RFH. 23. März 27 IV A 394/26 ZfZ. 1927, 203.
2. Durch den Abschluß von Sicherungsübereignungsverträgen über ein Weinlager wird der Sicherungsnehmer nicht zum Geschäftsinhaber des Weinhandelsbetriebs. Bei Sicherungsübereignungsverträgen kann der Sicherungsnehmer aber Bevollmächtigter oder Verfügungsberechtigter im Sinne des § 89 AO. sein. RFH. 1. Juni 27 IV A 478/26 ZfZ. 1927, 346 = StuW. 1927 Nr. 399.

39.

Weinsteuergesetz

vom 10. August 1925 (RGBl. I S. 248).

§ 1.

1. Die Lieferung ist nach § 10 AusfBest. verwirklicht mit der Absendung oder Aushändigung des Weines. Der Begriff der Lieferung ist nach § 9 AusfBest. im weitesten Sinne zu verstehen. Er umfaßt jede Entäußerung, die dazu bestimmt ist, einem anderen die Verfügung über den Wein zu verschaffen. Dabei ist es unerheblich, ob der unmittelbare Besitz übertragen wird oder nicht. Bei der Verschaffung der „Verfügung" über den Wein ist die Verfügungsbefugnis im Rechtssinn gemeint, nicht die Verfügungsgewalt im

tatsächlichen Sinne. RFH. 12. Jan. 27 IV A 345/26 ZfZ. 1927, 105 = DStBl. 1927, 431.

2. Bei Zwangsversteigerung von Wein durch den Gerichtsvollzieher liegt eine Lieferung vor. „Lieferer" ist nicht der Gerichtsvollzieher, sondern das Land, dessen „Organ" er ist. Das Land ist nach §§ 6, 7 des Gesetzes über die gegenseitigen Besteuerungsrechte des Reichs, der Länder und der Gemeinden vom 10. August 1925 steuerfrei. RFH. 25. Okt. 27 IV A 395/26 S. 22, 130.

§ 7.

1. Auf eine nach dem 1. April 1926 erfolgte Zurücknahme kann ein Erstattungsanspruch nicht gestützt werden, da sie sich nicht mehr unter der Geltung des WStG. vollzogen hat. RFH. 7. Dez. 26 IV A 521/26 ZfZ. 1927, 65.
2. Ebenso wie die Weinsteuerschulden, die während der Geltung des Weinsteuergesetzes entstanden sind, vor den Steuerbehörden auch noch nach dem 1. April 1926 geltend gemacht werden können, müssen auch Erstattungen aus Rechtsgründen auch noch nachher zugelassen werden, sofern nur der Tatbestand, an den der Erstattungsanspruch geknüpft ist, sich vorher verwirklicht hat. RFH. 9. März 27 IV A 545/27 ZfZ. 1927, 203.

40.

Zolltarifgesetz

vom 25. Dezember 1902/8. April 1922 (RGBl. 1902 S. 303, 1922 S. 38) samt Tarif und Warenverzeichnis.

§ 2.

Janke, Die Zolltarifauskunft im Lichte der Reichsabgabenordnung. ZfZ. 1927, 129.

1. Durch die Zurücknahme oder Abänderung einer Tarifauskunft wird ein neues Verfahren eröffnet. Ein im Verfahren über die Erteilung der Tarifauskunft aufgestellter Vertreter des Antragstellers gilt nicht ohne weiteres als für das neue Verfahren bevollmächtigt. RFH. 6. April 27 IV A 53/27 ZfZ. 1927, 226.
2. Den Tarifauskünften kommen, auch wenn sie im Reichszollblatt veröffentlicht werden, keinerlei rechtsverbindliche oder rechtsändernde Kraft zu. RFH. 21. Dez. 26 IV A 523/26 ZfZ. 1927, 64.

§ 3.

1. Die Vorschrift, daß bei der Verzollung von Flüssigkeiten, sofern sie in nichthandelsmäßigen unmittelbaren Umschließungen eingehen, dem Eigengewichte der Flüssigkeiten das Gewicht der handelsüblichen Umschließungen hinzugerechnet wird, gilt sowohl für Rohgewichtswie für Reingewichtsverzollung. RFH. 25. Okt. 27 IV A 290/27 ZfZ. 1927, 465.

§ 6.

Kuehn, Die Zollbehandlung der Fahrzeuge nach § 6 Nr. 8 des Zolltarifgesetzes. ZfZ. 1927, 355. — Leimbach, Die Zollbehandlung von Warenmustern und Modellen. ZfZ. 1927, 469. — Siegert, Reichsfinanzhof und Zollbehandlung des grenzüberschreitenden Fahrrad- und Kraftfahrzeugverkehrs nach § 6 Nr. 8 des Zolltarifgesetzes. ZfZ. 1927, 300. — Stephany, Zur Auslegung des § 6 Ziff. 8 Zolltarifgesetz und Reichsfinanzhof. ZfZ. 1927, 391.

1. Die bloße Eignung einer Ware zu einer anderweitigen Verwendung schließt ihre Zollfreiheit als Muster aus. RFH. 23. März 27 IV A 21/27 ZfZ. 1927, 202.
2. Die Zollbefreiung unter Nr. 7 hat zur Voraussetzung, daß die betreffenden Gegenstände beim Grenzeingang auch wirklich zum Verzehr auf der Reise, also zum persönlichen Verbrauch des Reisenden während der Reise, bestimmt sind. Diese Voraussetzung trifft nicht zu, wenn die scheinbar als Reisebedarf einer größeren Anzahl von Reisenden mitgenommenen Zigarren von einem Reisenden für sich eingeführt und an seinen inländischen Wohnort verbracht werden. RFH. 7. Dez. 26 IV A 314/26 ZfZ. 1927, 64 = DStBl. 1927, 245.
3. Fahrräder, die beim Eingang über die Zollgrenze zur Beförderung von Personen dienen und nur aus dieser Veranlassung eingeführt werden, unterliegen nicht der in den §§ 21, 22 VerZollG. vorgesehenen Gestellungs- und Anmeldepflicht.

   Einen etwaigen Mißbrauch der Umgehung des Eingangszolls beim Eingang des Fahrrads hat die Zollbehörde darzutun. RFH. 26. Jan. 27 IV A 359/26 S. 20, 183 = ZfZ. 1927, 142 = DStBl. 1927, 432 = JW. 1927, 2328 *(m. Bespr. v. Hollaender)*.
4. Die Zollfreiheit eines wieder eingehenden Personenkraftwagens wird nicht dadurch aufgehoben, daß der Wagen im Ausland neu bereift wurde. RFH. 28. Juni 27 IV A 177/27 (n. v.).
5. Bekleidungs- und Ausrüstungsgegenstände, die zu Anschauungszwecken beim Heeresbekleidungsamt der Reichswehr bestimmt sind, sind zollfrei. RFH. 18. Mai 27 IV A 507/26 ZfZ. 1927, 283.

§ 9.

1. Bei Verschiedenheit des Zollsatzes je nach der Herkunft der Ware hat der Einbringer bis zur Beendigung der zollamtlichen Abfertigung das Herstellungsland anzugeben, bei Vermeidung der ungünstigeren Zollbehandlung.

   Die Bestimmung in II 24 der Anleitung für die Zollabfertigung ist, soweit sie den Beginn der speziellen Zollbeschau als äußersten Zeitpunkt für die Angabe des Herstellungslandes festgesetzt, ungültig.

   Die Frist für die Angabe des Herstellungslandes ist eine Ausschlußfrist, auf die § 67 AO. keine Anwendung findet.

   Nach Ablauf der Frist sind auch tatsächliche Berichtigungen in der Angabe des Herstellungslandes rechtlich unwirksam und können eine Änderung des Zollsatzes nicht begründen. RFH. 28. Juni 27 IV A 140/27 S. 21, 237 = ZfZ. 1927, 341.

§ 11.

1. Der Einfuhrschein gewährt einen Vergütungsanspruch nach §§ 135, 223 AO. RFH. 13. Okt. 26 IV A 12/26 DStBl. 1927, 186.

Tarif.

Logsch, Der deutsche Gebrauchszolltarif. (Stuttgart: Hess 1927). — Siegert, Möglichkeiten eines einheitlichen internationalen Zolltarifschemas. ZfZ. 1927, 172.

Nr. 11.

1. Verdorbene Speisebohnen können nicht als Futterbohnen verzollt werden. RFH. 28. Sept. 27 IV A 299/27 ZfZ. 1927, 423.

Nr. 27.

1. Mohrenhirserispen. RFH. 26. Jan. 27 IV A 557/26 ZfZ. 1927, 143.

Nr. 45.

1. Holzsteigen sind im Taratarif grundsätzlich den Kisten aus Holz zugerechnet. Als unvollständige Kisten genießen die Holzsteigen, soweit für sie nicht besondere Tarasätze festgesetzt sind, die für unvollständige Kisten vorgesehenen Tarasätze. RFH. 28. Juni 27 IV A 93/27 ZfZ. 1927, 343.

Nr. 108.

1. Rinderköpfe. RFH. 26. Jan. 27 IV A 500/26 ZfZ. 1927, 143.

Nr. 124.

1. Hummer in Dosen, sterilisiert. RFH. 18. Mai 27 IV A 162/27 ZfZ. 1927, 342.

Nr. 130.

1. Wollfettdestillate. RFH. 14. Sept. 27 IV A 207/27 ZfZ. 1927, 423.

Nr. 135.

1. Edamerkäse in Einzelpackungen. RFH. 15. Juni 27 IV A 123/27 ZfZ. 1927, 283.

Nr. 145.

1. Die Tarifnummer 145 unterscheidet nicht zwischen feinen und groben Tierhaaren, sondern zählt nur die Haare verschiedener Tiere auf und umgrenzt durch den vorletzten Teilsatz: „Rindvieh-, Hirsch-, Hunde-, Schweine- und ähnliche grobe Tierhaare" den Begriff der groben Tierhaare insofern, als hiernach Rindvieh-, Hirsch-, Hunde-, Schweinehaare und diesen ähnliche Haare als grobe Tierhaare gelten. Es ist daher nicht ausgeschlossen, daß auch die Haare der anderen in dieser Vorschrift aufgezählten Tiere den groben Tierhaaren zuzurechnen sind, sofern sie den Rindvieh- usw. Haaren ähnlich sind. RFH. 9. März 27 IV A 451/26 S. 21, 25 = ZfZ. 1927, 182.

Nr. 153.

1. „Lymphbecken" als Hohlglas für medizinische Zwecke. RFH. 22. April 27 IV A 143/27 ZfZ. 1927, 226.

Nr. 172.

1. Tallöl. RFH. 1. Juni 27 IV A 42/27 ZfZ. 1927, 283.

Nr. 178, 179.

1. Der Einwand, daß nach der Absicht des Gesetzgebers unter Tarifnummer 178/179 nur solche Waren fallen, die tatsächlich Getränke sind, ist nicht stichhaltig. RFH. 12. Jan. 27 A 340/26 ZfZ. 1927, 104.
2. Zuckerwarenessenzen. RFH. 18. Mai 27 IV A 134/27 ZfZ. 1927, 283.

Nr. 180.

1. Es genügt für die Anwendung des für rote Verschnittweine vorgesehenen Vertragssatzes, wenn der Wein die in der Anlage A zum Handelsabkommen bezeichnete Beschaffenheit besessen hat und zum Verschneiden von Wein verwendet worden ist. RFH. 12. Jan 27 IV A 343/26 ZfZ. 1927, 104.

2. Die Anweisung des Bundesrats zur chemischen Untersuchung des Weines ist für die Ermittlung des Weingeistgehalts von Wein verbindlich. RFH. 9. Nov. 27 IV A 238/27 ZfZ. 1927, 483.

Nr. 192.

1. Haferkleie. RFH. 28. Sept. 27 IV A 235/27 ZfZ. 1927, 483.

Nr. 216.

1. Fruchtsalat. RFH. 1. Juni 27 V A 145/27 ZfZ. 1927, 284.
2. Schildkrötensuppe. RFH. 1. Juni 27 IV A 39/27 ZfZ. 1927, 284.

Nr. 219.

1. Rockfutter. RFH. 4. Juni 27 IV A 514/26 ZfZ. 1927, 284.

Nr. 230.

1. Nach Sprachgebrauch und Verkehrsauffassung, die beim Fehlen einer ausdrücklichen Begriffsbestimmung für die Auslegung des Tarifs maßgebend sind, kann als „gemahlen" nur ein pulver- oder mehlförmiges Erzeugnis angesehen werden. RFH. 7. Dez. 26 IV A 494/26 ZfZ. 1927, 64.

Nr. 239.

1. Die zum Auflösen von Fichtenharz erteilte Erlaubnis zum Bezuge zollbegünstigten Mineralöls gestattet nur die Verwendung derjenigen Mineralölmenge, die zum Auflösen des Harzes technisch erforderlich ist. RFH. 25. Okt. 27 IV A 30/27 ZfZ. 1927, 484.

2. Die Ablassung von Mineralöl zum zollbegünstigten Satze ist durch die Einhaltung der Überwachungsbestimmungen rechtlich bedingt. Wird diese Bedingung — auch ohne Verschulden des Zollbegünstigten — nicht erfüllt, so ist der tarifmäßige Zollsatz geschuldet. RFH. 13. Juli 27 IV A 535/26 S. 21, 292, = ZfZ. 1927, 383.

Nr. 258.

1. Wollfett. RFH. 26. Jan. 27 IV A 387/26 ZfZ. 1927, 143.

Nr. 377.

1. Elastischer Leim. RFH. 23. Febr. 27 IV A 9/27 ZfZ. 1927, 158.

Nr. 386.

1. Auch getrocknete Erzeugnisse können als „Auszüge" im Sinne von Nr. 386 gelten. RFH. 26. Jan. 27 IV A 564/26 ZfZ. 1927, 143.

Nr. 402.

1. Fahnenstoffe. RFH. 28. Sept. 27 IV A 184/27 ZfZ. 1927, 424.

Nr. 422.

Wenig, Likör in der Abgabengesetzgebung. ZfZ. 1927, 444.

Nr. 505.

1. Für die Unterscheidung „grober" und „anderer als grober wasserdichter Gewebe" ist nicht die Beschaffenheit des verwendeten, noch nicht wasserdicht gemachten Gewebes, sondern die Beschaffenheit der

Gewebe nach der Imprägnierung entscheidend. RFH. 23. Nov. 27 IV A 367/27 ZfZ. 1927, 484.

Nr. 512.

1. Isolierzöpfe aus Watte. RFH. 13. Juli 27 IV A 200/27 ZfZ. 1927, 384.

Nr. 517.

1. Schuhverzierungen. RFH. 15. Juni 27 IV A 29/27 ZfZ. 1927, 342.

Nr. 519.

1. Salonbälle. RFH. 28. Sept. 27 IV A 245/27 ZfZ. 1927, 424.
2. Daß Halbfabrikate anders zu verzollen seien, kann aus dem Wortlaut der gesetzlichen Bestimmungen nicht gefolgert werden. Der Zolltarif versteht ebensowenig wie der Sprachgebrauch und der Verkehr unter „Waren" nur Enderzeugnisse des Produktionsprozesses. RFH. 6. April 27 IV A 88/27 ZfZ. 1927, 225.

Nr. 540.

1. Hutstumpen aus Wollfilz. RFH. 13. Juli 27 IV A 201/27 ZfZ. 1927, 384.

Nr. 547.

1. Futterleder. RFH. 18. Mai 27 IV A 13/27 ZfZ. 1927, 284.

Nr. 560.

1. Die von dem Beschwerdeführer eingeführten Leder waren an allen Seiten unregelmäßig beschnitten. Nach Abs. 2 der Allg. Anm. 1 zu dem Stichwort „Leder" im Warenverzeichnisse sind aber durch Zuschneiden zu einem besonderen Zwecke geformte Abschnitte von Leder von der zolltariflichen Behandlung als Lederwaren nur insoweit ausgenommen, als sie lediglich an einzelnen Stellen der Ränder beschnitten sind. Diese Tarifbestimmung kann als Ausnahmevorschrift nicht ausdehnend ausgelegt werden. RFH. 27. Okt. 26 IV A 294/26 ZfZ. 1927, 64.
2. Vgl. zu Nr. 547.

Nr. 580.

1. Ledersatzstoffe. RFH. 26. Jan. 27 IV A 530/26 ZfZ. 1927, 144.

Nr. 601.

1. Zu Waren erkennbar vorgearbeitete Elfenbeinplatten. RFH. 14. Sept. 27 IV A 271/27 ZfZ. 1927, 424.

Nr. 615.

1. Es ist für die Verzollung unerheblich, ob die durch „Hobeln" hervorgerufene Oberflächenbearbeitung im Interesse einer Werterhöhung des Produktes vorgenommen wurde und ob diese Bearbeitung für die weitere Verarbeitung nötig oder zweckmäßig war. Ein sogenanntes „Anhobeln" des Holzes, das zolltariflich anders als „Hobeln" zu behandeln wäre, kennt der Tarif nicht. RFH. 21. Dez. 26 IV A 543/26 ZfZ. 1927, 64.

Nr. 631.

Seidel, Feine und grobe Holzwaren im deutschen Zolltarif. ZfZ. 1927, 50.

Nr. 638.

1. Gebrauchte Schaumweinkorken. RFH. 1. Juni 27 IV A 115/27 ZfZ. 1927, 342.

Nr. 640.

1. Drahtfenster. RFH. 4. Mai 27 IV A 139/27 ZfZ. 1927, 284.

Nr. 670.

1. Vervielfältigungspapiere in Aufmachungen für den Einzelverkauf. RFH. 14. Sept. 27 IV A 176/27 ZfZ. 1927, 424.

Nr. 670, 676.

1. Kataloge, die nicht unter Ziffer 1 des gleichnamigen Stichwortes im Warenverzeichnisse fallen, sind nach Ziff. 2 ebenda stets wie Preisverzeichnisse zu verzollen, also auch dann, wenn sie weder Preisverzeichnisse sind, noch als solche verwendet werden können. RFH. 9. März 27 IV A 57/27 ZfZ. 1927, 182.

Nr. 671.

1. Isoliermaterialien für Hochspannungszwecke. RFH. 18. Mai 27 IV A 26/27 ZfZ. 1927, 285.

Nr. 732.

1. Auf Papier aufgeklebte Kleinmosaikplättchen. RFH. 1. Juni 27 IV A 76/27 ZfZ. 1927, 285.

Nr. 799.

1. Die Beschwerdeführerin geht fehl, wenn sie annimmt, die Unterstellung eines Gegenstandes als Blechware unter Tarifnummer 799 habe zur Voraussetzung, daß es sich um eine Ware im handelsüblichen Sinne handle. RFH. 12. Jan. 26 IV A 468/26 ZfZ. 1927, 104.

Nr. 843.

1. Die Bestimmung, daß den bearbeiteten Eisenwaren diejenigen Waren gleichstehen, welche unmittelbar bei der Herstellung ein blankes Aussehen erhalten haben, kann den auf § 9 und § 32 VerZollG. fußenden Grundsatz, daß für die Zollfestsetzung die Beschaffenheit der Ware im Zeitpunkt der Abfertigung maßgebend ist, nicht außer Wirksamkeit setzen. RFH. 26. Okt. 27 IV A 306/27 ZfZ. 1927, 466.

Nr. 877.

1. Röhren. RFH. 23. Febr. 27 IV A 386/26 ZfZ. 1927, 158.

Nr. 878.

1. Nieten. RFH. 6. April 27 IV A 458/26 ZfZ. 1927, 225.

Nr. 891.

1. Buchungsmaschinen mit Elektromotoren. RFH. 18. Mai 27 IV A 487/26 ZfZ. 1927, 285.
2. Gummitasten für Schreibmaschinen. RFH. 18. Mai 27 IV A 92/27 ZfZ. 1927, 286.
3. Schriftschutzmaschinen. RFH. 14. Sept. 27 IV A 94/27 ZfZ. 1927, 425.

Nr. 915.

1. Grasmähmaschinen mit Motorantrieb. RFH. 12. Jan. 27 IV A 377/26 ZfZ. 1927, 104.
2. Differentialgetriebe. RFH. 14. Sept. 27 IV A 255/27 ZfZ. 1927, 425.

Warenverzeichnis.

Seidel, Die Zollbehandlung zusammengesetzter Waren nach geltendem deutschen Recht. ZfZ. 1927, 189, 218. — Derselbe, Die Zollbehandlung zusammengesetzter Waren de lege ferenda. ZfZ. 1927, 449.

1. Die Bestandteile eines „mechanischen Gemenges" sind im Sinne von Abs. 4 fest miteinander verbunden, wenn ihre Aussonderung bei der Zollabfertigung nicht ohne weiteres durch mechanische Trennung erfolgen kann. RFH. 23. Nov. 27 IV A 379/27 S. 22, 181 = ZfZ. 1928, 17.
2. Zu Ziff. 9 Abs. 4 der Vorbemerkungen: Salmiakschlacke. RFH. 28. Juni 27 IV A 203/27 ZfZ. 1927, 342.
3. Zu Ziff. 14 Abs. 4 der Vorbemerkungen: Luftdicht verschlossene Behältnisse. RFH. 23. Febr. 27 IV A 8/27 ZfZ. 1927, 158.

Stichwort: Gespinst. 1. Zur Auslegung der Vorschrift in Nr. 7 des Stichworts „Gespinste". RFH. 9. Febr. 27 IV A 12/27 ZfZ. 1927, 143.

Stichwort: Ordensdekorationen. 1. Ordensdekorationen sind ohne Einschränkung nach Beschaffenheit des Stoffes zu verzollen. RFH. 23. März 27 IV A 84/27 ZfZ. 1927, 202.

41.

Zuckersteuergesetz

vom 9. Juli 1923 (RGBl. I S. 472).

§ 3.

1. Versteuerter Zucker, der aus dem freien Verkehr in das Ausgangslager einer Zuckerfabrik gelangte, ist bei der erneuten Überführung in den freien Verkehr nochmals zu versteuern. RFH. 9. Nov. 27 IV A 226/27 ZfZ. 1927, 486.

§ 13.

Nausch, Gebundener Verkehr mit unversteuertem Zucker. ZfZ. 1927, 231.

§ 17.

Mundt, Zuckerdiebstahl in einer Zuckerfabrik in strafrechtlicher Betrachtung. ZfZ. 1927, 374.

42.

Zündwarensteuergesetz
vom 9. Juli 1923 (RGBl. I S. 579).

Edlefsen, Zündwarensteuergesetz. (Hamburg: Hermes 1927).

§ 5.

1. Zur Ermittelung des Steuerwertes darf vom Rechnungspreise die Zündwarensteuer nur in dem Betrag abgesetzt werden, mit dem sie dem Abnehmer tatsächlich in Rechnung gestellt wird. RFH. 9. März 27 IV A 342/26 ZfZ. 1927, 183.
2. Die in Rechnung gestellten Kosten der auf den Umschließungen der Zündholzpackungen angebrachten Druckreklame dürfen nicht abgesetzt werden. RFH. 9. März 27 IV A 525/26 ZfZ. 1927, 183 = DStBl. 1927, 432.

Sachregister.

(Die Zahlen bedeuten die Seiten).

A.

B.

D.

E.

F.

G.

R.

S.

W.

FSC
www.fsc.org
MIX
Papier | Fördert gute Waldnutzung
FSC® C083411

Kolibri 360 GmbH
Ferdinand-Jühlke-Straße 7
99095 Erfurt, Deutschland
produktsicherheit@kolibri360.de